Alphamar

**Wege in die Alphabetisierung
für erwachsene Deutschlernende**

Methodenhandbuch

von
Ruth Albert
Anne Heyn
Christiane Rokitzki
Frauke Teepker

Ernst Klett Sprachen
Stuttgart

GEFÖRDERT VOM

Das dieser Veröffentlichung zugrunde liegende *Forschungsprojekt Alphamar* wurde mit Mitteln des Bundesministeriums für Bildung und Forschung unter dem Förderkennzeichen 01AB073201 gefördert.
Die Verantwortung für den Inhalt dieser Veröffentlichung liegt bei den Autorinnen.

Alphamar. Wege in die Alphabetisierung für erwachsene Deutschlernende.
Methodenhandbuch. Von Ruth Albert, Anne Heyn, Christiane Rokitzki, Frauke Teepker

Redaktion: Daniela Blech-Straub in Zusammenarbeit mit Annalisa Scarpa-Diewald
Gesamtkonzept und Layout: Andrea Pfeifer
Umschlaggestaltung: Bettina Lindenberg
Coverfoto: Fotolia.com vivjanna 13
Abbildungen: Alle Fotos stammen aus dem BMBF-Forschungsprojekt Alphamar mit Ausnahme der Abbildung auf Seite 18: Reuter-Liehr, Carola – Verlag Winkler, 2001.
Illustrationen: Kathrin Jauer
Episodische Geschichten nach einer Idee von Katharina Roder

Darstellung der Unterrichtsmethoden:
• Phonetische Methoden, Morphemmethode, Rückgriff auf die Muttersprache: Anne Heyn
• Methodischer Ansatz nach Montessori, Lesen durch Schreiben: Christiane Rokitzki
• Silbenmethode, Spielerisches Lernen: Frauke Teepker

Für die Audio-CD:
Tonstudio: Plan 1 Media, München
Aufnahme, Schnitt und Mischung: Christoph Tampe, Plan 1 Media, München
Sprecher: Marco Diewald, Sarah Diewald, Werner Diewald, Ruth Gelfert, Christof Lenner, Johannes Maier, Silvia Nastav, Annalisa Scarpa, Helge Sturmfels, Peter Veit, Sabine Wenkums, Yola Winhart

Wir danken der VHS Frankfurt und ihren Mitarbeiterinnen und Mitarbeitern sowie den Lehrpersonen der Projektkurse für ihre tatkräftige Unterstützung bei der Erprobung der Unterrichtsmethoden und für Anregungen aller Art, die zum Gelingen des Forschungsprojektes und dieses Lehrwerkes beigetragen haben.

Alphamar verwendet die reformierte Rechtschreibung, sofern keine lizenzrechtlichen, philologischen oder didaktischen Gründe für eine Abweichung sprechen.

1. Auflage 1^5 ^{4} ^{3} | 2019 18 17 16

© Ernst Klett Sprachen GmbH, Stuttgart 2013. Alle Rechte vorbehalten.
Erstausgabe erschienen 2012 bei der Langenscheidt KG, München
www.klett-sprachen.de

Alle Drucke dieser Auflage sind unverändert und können im Unterricht nebeneinander verwendet werden. Die letzte Zahl bezeichnet das Jahr des Druckes.
Das Werk und seine Teile sind urheberrechtlich geschützt. Jede Nutzung in anderen als den gesetzlich zugelassenen Fällen bedarf der vorherigen schriftlichen Einwilligung des Verlags. Hinweis zu § 52 a UrhG: Weder das Werk noch seine Teile dürfen ohne eine solche Einwilligung eingescannt und in ein Netzwerk eingestellt werden. Dies gilt auch für Intranets von Schulen und sonstigen Bildungseinrichtungen. Fotomechanische oder andere Wiedergabeverfahren nur mit Genehmigung des Verlags.

Satz und Litho: Franzis print & media GmbH, München
Druck und Bindung: LCL Dystrybucja Sp. z o.o.. Printed in Poland

ISBN 978-3-12-606625-9

Inhalt

Die *Alphamar*-Komponenten auf einen Blick	5
Das *Alphamar*-Konzept	6
Die Phonetischen Methoden (PH)	10
Die Silbenmethode (SM)	18
Der Ansatz nach Maria Montessori (MT)	24
Lesen durch Schreiben (LS)	32
Rückgriff auf die Muttersprache (RG)	39
Die Morphemmethode (MM)	46
Spielerisches Lernen (SP)	54
Zusammenspiel der *Alphamar*-Komponenten	61
Hinweise zur Buchstabeneinführung	64
Machen Ihre Teilnehmer und Teilnehmerinnen Fortschritte?	66
Didaktisierung der Kursbuchaufgaben	67
Kapitel A: Buchstabeneinführung	67
Kapitel 1: Ernährung	75
Kapitel 2: Körper	81
Kapitel 3: Tagesablauf	88
Kapitel 4: Familie	94
Kapitel 5: Einkauf und Küche	100
Kapitel 6: Wohnen	106
Kapitel 7: Krank sein	110
Kapitel 8: Freizeit und Feste	114
Kapitel 9: Kleidung	119
Kapitel 10: Jahreszeiten und Wetter	123
Kapitel 11: Arbeit	128
Kapitel 12: Bank und Post	132
Kapitel 13: Behörden	137
Kapitel 14: Verkehr	141
Kapitel 15: Umwelt und Umweltschutz	145
Die Plattform: Online-Materialien	149

Materialien zu *Alphamar*

Kursbuch mit Audio-CD 978-3-12-606624-2

Online-Arbeitsblätter zu allen Kapiteln
Eine Auflistung aller Downloads finden Sie auf Seite 149.

Häufig verwendete Abkürzungen

LP	Lehrperson
TN	Teilnehmerinnen und Teilnehmer
KB	Kursbuch
MHB	Methodenhandbuch
PL	Plattform
LS	Lesen durch Schreiben
MM	Morphemmethode
MT	Methodischer Ansatz nach Maria Montessori
PH	Phonetische Methoden
RG	Rückgriff auf die Muttersprache
SM	Silbenmethode
SP	Spielerisches Lernen
▶PL_...	Verweis auf eine Datei auf der Online-Plattform
▶SM	Verweis auf eine Methodendarstellung (im Beispiel: Silbenmethode)

Symbole

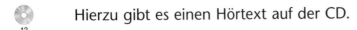

Hierzu gibt es einen Hörtext auf der CD.

Hierzu gibt es einen Hörtext auf der Plattform.

Hier wird ein bestimmtes Grammatikthema geübt.

Weitere Aufgaben finden Sie auf der Plattform.

Die *Alphamar*-Komponenten auf einen Blick

www.klett-sprachen.de/alphamar

978-3-12-606624-2

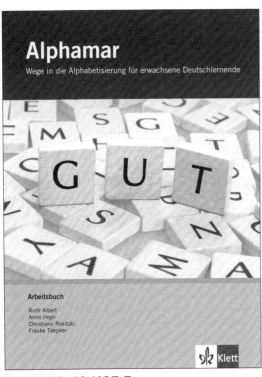

978-3-12-606137-7

978-3-12-606625-9

Das *Alphamar*-Konzept

Alphamar im Überblick

Zielsetzung: Das vorrangige Ziel von *Alphamar* ist die fundierte unterrichtsmethodische Fortbildung von Lehrpersonen, die in zweitsprachlichen Alphabetisierungskursen unterrichten. Hierbei geht *Alphamar* über die Möglichkeiten eines allgemeinen Alphabetisierungslehrwerks hinaus, denn es bietet vielfältige Wege und Lernzugänge an, mit deren Hilfe Sie als Lehrperson sich optimal auf die Bedürfnisse Ihrer Lernenden einstellen können.

Komponenten:

- Das **Methodenhandbuch** führt praxisorientiert in die verschiedenen Alphabetisierungsmethoden ein, beschreibt die Arbeit mit den aufeinander abgestimmten *Alphamar*-Komponenten und gibt umfangreiche didaktische und methodische Hinweise zu den einzelnen Kursbuch-Übungen.
- Das **Kursbuch** mit seinen abwechslungsreichen Übungen ermöglicht die unmittelbare praktische Umsetzung der verschiedenen Unterrichtsmethoden. Die integrierte **Audio-CD** bietet u. a. Übungen zur Lauterkennung und -lokalisierung, Lösungen für schriftliche Übungen und kurze Hörverstehenstexte.
- Die **Online-Plattform** unterstützt die binnendifferenzierte Ausgestaltung des Unterrichts. Sie bietet zahlreiche Arbeitsblätter auf unterschiedlichen Niveaus und ermöglicht die Herstellung eigener Unterrichtsmaterialien, angepasst an die jeweilige Lerngruppe.

Zielgruppe: *Alphamar* richtet sich an Lehrende in Alphabetisierungskursen für erwachsene Deutschlernende.

Lernergruppen: *Alphamar* ist gleichermaßen geeignet für primäre Analphabeten, funktionale Analphabeten und Zweitschriftlerner, die über keine oder nur geringe Kenntnisse der deutschen Sprache verfügen.

Zielniveau: A1

Zeitlicher Rahmen: Im Hinblick auf die Kursstruktur ist *Alphamar* für die ersten 600 Unterrichtseinheiten konzipiert.

Name: *Alphamar* ist nach dem gleichnamigen Forschungsprojekt des Bundesministeriums für Bildung und Forschung (BMBF) benannt, das in den Jahren 2008 bis 2011 an der Philipps-Universität Marburg in Kooperation mit der VHS Frankfurt durchgeführt wurde (▶*www.uni-marburg.de/daf/alphamar*). Im Rahmen des Projekts wurden sieben verschiedene Unterrichtsmethoden für den Einsatz in fremdsprachlichen Alphabetisierungskursen mit Erwachsenen adaptiert und unter realen Bedingungen in der Unterrichtspraxis erprobt. Die Mitarbeiterinnen des Forschungsprojekts haben nun als Autorinnen von *Alphamar* verschiedene Erkenntnisse aus der Methodenerprobung in das vorliegende Lehrwerk eingebracht.

Umgang mit der besonderen Kurssituation

Heterogenität

Wenn Sie bereits in Alphabetisierungskursen unterrichten, ist Ihnen die Situation sicher vertraut. Lehrkräfte in der zweitsprachlichen Alphabetisierung betreuen in der Regel sehr heterogene Lerngruppen. Die Altersstruktur, die Herkunftsländer und die Ausgangssprachen der TN variieren innerhalb einer Gruppe sehr stark. Nicht selten sind die TN großen psychischen Belastungen ausgesetzt oder stehen unter massivem Zeitdruck.
Auch bezüglich der vorhandenen sprachlichen und schriftsprachlichen Kompetenzen weichen die TN in der Regel sehr voneinander ab. Diese Abweichungen fallen deutlich stärker aus als in herkömmlichen Deutschkursen. Wenn TN auch in ihrer eigenen Muttersprache nicht lesen und schreiben können (= primäre Analphabeten), fehlt ihnen meist nicht nur das Verständnis dafür, wie Schrift funktioniert, sondern in der Regel gehen mit der mangelnden Stifterfahrung auch eine für das Schreiben unzureichend ausgebildete Handmotorik und eine recht lückenhafte oder gänzlich fehlende Schulbildung einher. Dies kann von Bedeutung sein, da in der Schule auch Weltwissen und soziale Strategien sowie Arbeitsweisen und Lerntechniken vermittelt werden, die für eine lehrwerksbezogene Arbeit im Unterricht vorausgesetzt werden.
Schon allein aus organisatorischen Gründen werden primäre Analphabeten aber häufig gemeinsam mit funktionalen Analphabeten und Zweitschriftlernern unterrichtet. Dabei gibt es TN, die sich mündlich schon recht gut auf Deutsch verständigen können, deren Sprachproduktion jedoch viele eingeschliffene Fehler aufweist. Andere TN wiederum le-

ben erst seit kurzer Zeit in Deutschland und verstehen kaum Deutsch. Auch das soziale Umfeld, z. B. die Familie, das Stadtviertel, die berufliche Tätigkeit oder die Schulpflicht der Kinder, hat einen großen Einfluss auf die Gebrauchshäufigkeit der deutschen Sprache außerhalb des Kurses und damit auch auf die sprachlichen Kompetenzen der TN.
All diese besonderen Lernbedingungen stellen eine große Herausforderung in der Unterrichtsvorbereitung und -durchführung dar und erfordern besondere Lösungen.

Binnendifferenzierung und Methodenvielfalt

Es gibt verschiedene Möglichkeiten, auf die unterschiedlichen Lerngeschwindigkeiten und Bedürfnisse der TN einzugehen und im Kurs binnendifferenziert zu arbeiten, z. B.:
- Die TN bearbeiten unterschiedliche Aufgaben.
- Die TN erhalten die gleiche Aufgabe mit unterschiedlichem Schwierigkeitsgrad.
- Die TN müssen mit derselben Aufgabe nicht alle gleich weit kommen.
- Einige TN erhalten eine längere Bearbeitungsdauer, und/oder schnellere TN erhalten Zusatzaufgaben.
- Den TN werden durch den Einsatz unterschiedlicher Unterrichtsmethoden verschiedene Lernzugänge angeboten.

Alphamar ermöglicht es Ihnen, mit einem Kursbuch zu arbeiten, das den TN die notwendige Orientierung gibt, das es Ihnen aber gleichzeitig erlaubt, durch eine Weiterqualifizierung im Bereich der Unterrichtsmethoden und durch das passende Zusatzmaterial auf der Online-Plattform eine beständige Binnendifferenzierung im Kurs vorzunehmen.
Der Einsatz unterschiedlicher Methoden bietet Ihnen die Möglichkeit, an unterschiedliches Wissen und unterschiedliche Fähigkeiten anzuknüpfen und auch die jeweiligen Lernstile der TN zu berücksichtigen. Hierbei fördert nicht jede Methode alle Kompetenzen gleichermaßen. Auf der Online-Plattform finden Sie einen Überblick über verschiedene Fertigkeiten, die Ihre TN im Laufe des Alphabetisierungskurses erwerben müssen (▶PL_KapB_Kompetenzen). Im MHB sind zu Beginn jeder Methodendarstellung die wichtigsten Lernziele und Kompetenzen angegeben, die mit der jeweiligen Methode gefördert werden können.
Je größer Ihr Repertoire an Methoden ist, umso leichter werden Sie geeignete Methodenelemente miteinander kombinieren und sich auf die unterschiedlichen Bedürfnisse Ihrer TN einstellen können.

Alphamar und das BAMF-Konzept

Alphamar orientiert sich an den Inhalten und Gesamtzielen des *Konzepts für einen bundesweiten Alphabetisierungskurs* des Bundesamts für Migration und Flüchtlinge (BAMF). Das Lehrwerk eignet sich jedoch natürlich gleichermaßen für den Einsatz in DaF-Kursen, die nicht vom BAMF gefördert werden.
Das sogenannte BAMF-Konzept (▶*www.integration-in-deutschland.de*) versteht sich als Leitfaden für die Unterrichtsgestaltung. Hierbei handelt es sich um ein Rahmencurriculum, dessen Inhalte nicht vollständig umzusetzen sind, sondern das jeweils Maximalziele für die einzelnen Kursabschnitte beschreibt. Es liegt daher im Ermessen der LP, angesichts der Lernziele aus der Fülle der curricularen Vorschläge diejenigen auszuwählen, die für die jeweilige Lerngruppe unter Berücksichtigung weiterer Rahmenbedingungen geeignet erscheinen.

Die Globalziele des Alphabetisierungsunterrichts liegen in der Entwicklung sprachlicher und schriftsprachlicher Kompetenzen sowie in der Förderung der Lernerautonomie. Die inhaltliche Gewichtung dieser Lernziele sollte der Kurssituation und den Bedürfnissen der Lerngruppe bzw. der einzelnen TN angepasst werden. *Alphamar* bietet vielfältige Möglichkeiten, die im BAMF-Konzept formulierten Lernziele und curricularen Vorschläge im Unterricht umzusetzen.

Vermittlung von mündlichen Deutschkenntnissen

Insbesondere in den ersten Kursabschnitten kommt dem Erwerb von grundlegenden Sprachkenntnissen besondere Bedeutung zu, da die Entwicklung schriftsprachlicher Kompetenzen von der mündlichen Basis abhängt – einerseits, damit die TN überhaupt über einen zu schreibenden Wortschatz verfügen, andererseits, damit sie metasprachliche Erklärungen in der Zielsprache verstehen können. Da die Voraussetzungen bezüglich der mündlichen Deutschkenntnisse stark variieren, orientiert sich das KB zunächst an der schriftlichen Progression. Im MHB finden Sie dann zu jeder KB-Aufgabe ausführliche Anregungen für die mündliche Arbeit, ebenso wie auf der Plattform (z. B. ▶**PL_KapA_Anfangskommunikation**) und in den Methodendarstellungen (z. B. ▶**LS**).

Erwerb schriftsprachlicher Kompetenzen

Neben der Beachtung der wichtigsten Prinzipien für die Vermittlung schriftsprachlicher Kompetenzen (z. B. die Arbeit mit Lautwerten statt mit Buchstabennamen, das systematische Vorgehen in kleinen Schritten, die zyklische Progression oder die Verwendung der Druckschrift) werden u. a. verschiedene schriftsprachliche Lernziele auf vielfältige Weise über die jeweiligen methodischen Vorgehensweisen im KB bzw. im MHB angestrebt. Hierzu gehören: Kenntnis von Buchstaben und Buchstabengruppen, Ausspracheübungen und Aufbau eines phonologischen Bewusstseins, Synthese- und Analysefähigkeit, Entwicklung von Sprachbewusstheit, orthografische Kompetenz, Anknüpfung an die Muttersprache, Berücksichtigung graphomotorischer Aspekte usw.

Förderung des autonomen Lernens

Die Befähigung der TN zum selbstständigen Lernen ist von großer Bedeutung, da der Alphabetisierungsprozess bei einigen TN auch nach Absolvieren der zur Verfügung stehenden Unterrichtseinheiten nicht abgeschlossen ist und ihnen damit die Möglichkeit eröffnet wird, den Lernprozess auch nach Beendigung des Alphakurses fortzusetzen. Für viele TN ist das selbstgesteuerte Lernen zudem überhaupt erst die Voraussetzung, um mit Erfolg an einem binnendifferenzierten Unterricht teilnehmen zu können. Neben Unterrichtsmethoden, die u. a. die Lernerautonomie anstreben (▶MT, ▶LS, ▶SP), gibt es im Bereich der Lernstrategien viele weitere Möglichkeiten, die Selbstständigkeit der TN zu fördern.

Vermittlung von Lernstrategien und Arbeitstechniken

Alphamar bietet verschiedene Lernhilfen in Form von Visualisierungen an: Bildimpulse, Wortartsymbole, Morphem-Häuser sowie typografische Mittel, wie z. B. Unterstreichen, Einkreisen, Markieren durch Punkte oder Kreuze, Kennzeichnen von Buchstaben oder Silben durch Farben, zweifarbiges Schreiben usw. Die TN lernen, diese Visualisierungen als Verstehenshilfe zu nutzen und aktiv zu verwenden. Im KB werden zudem erste Arbeitsstrategien vermittelt, z. B. das Lesen von Tabellen (▶LS), das Wegstreichen bereits verwendeter Lückenwörter oder das Korrigieren falsch geschriebener Wörter.

Um einen späteren Wechsel in weiterführende Kurse anzubahnen, enthält *Alphamar* rund 50 verschiedene Übungstypen, die Ihre TN auf die Aufgabenstellungen in klassischen Deutschlehrwerken vorbereiten. Hierzu zählen neben unterschiedlichen Formen von Lückenaufgaben und Zuordnungsübungen auch Kreuzworträtsel, Tabellen und Multiple-Choice-Aufgaben, die jeweils intensiv und kleinschrittig geübt werden können. Zudem wird in den thematischen Kapiteln Wissen vermittelt, das in Deutschkursen häufig vorausgesetzt wird, z. B. Sachkunde (Jahreszeiten, Wasserkreislauf, Umweltschutz), grundlegende Mathematikkenntnisse (Berechnen von Preisen), Landeskunde (kulturkontrastive Fragen zu verschiedenen Themen) sowie Sprachwissen (Vermittlung von Fachbegriffen und ihren Bedeutungen wie z. B. Singular, Plural, Nomen oder Verb).

Herstellung teilnehmerorientierter Unterrichtsmaterialien

Die *Alphamar*-Plattform bietet viele bebilderte Schritt-für-Schritt-Anleitungen, mit deren Hilfe Sie oder Ihre TN selbst eigene, methodenspezifische Unterrichtsmaterialien (z. B. Morphemschieber oder Sandpapierbuchstaben) herstellen können. Die Materialien sind dann auf Ihre Lerngruppe abgestimmt, am Ende besitzt im Idealfall jeder TN ein eigenes Set, mit dem er auch zu Hause üben kann, und „ganz nebenbei" werden durch das Zeichnen, Schneiden und Kleben wichtige motorische Fertigkeiten geschult.

Systematischer Aufbau eines Sicht- und Schreibwortschatzes

Die behandelten Themen orientieren sich am Wortschatz der Prüfung *Start Deutsch 1* für das Niveau A1 (GER). Die unterschiedlichen Domänen (privat, öffentlich, beruflich, bildungsbezogen) werden ebenso berücksichtigt wie Wörter, die aus kultureller Sicht häufig und damit relevant für die TN sind. In jedem Grundkapitel wird unterschieden zwischen Wortschatz, der mündlich erworben wird, und solchem, der auch bereits gelesen und geschrieben werden kann. Ergänzt werden sogenannte Lernwörter, die thematisch bedeutsam sind, aber aufgrund fehlender Buchstabenkenntnisse zunächst als ganzes Wort gelernt werden. In diese Kategorie fallen auch grammatische Wörter (z. B. Artikel und Pronomen). Dem Prinzip der systematischen Wiederholung wird durch die vielfältigen Wortschatzübungen im KB und auf der Plattform sowie durch die Integration der vier Fertigkeiten Rechnung getragen.

Einsatz unterschiedlicher Textsorten

Alphamar arbeitet auf Laut-, Buchstaben-, Silben- und Wortebene, bietet aber auch vom ersten Kapitel an ganze Sätze und Texte an. Die Textsorten reichen hierbei von kurzen erzählenden Texten über Dialoge bis hin zu alltagsrelevanten Schriftstücken, z. B. Anmeldeformularen, Einkaufszetteln, Fahrplänen, Briefen, Anamnesebogen oder Bewerbungsformularen.

Ausbildung der Fähigkeit zur Buchstabenerkennung bei unterschiedlichen Schrifttypen

Alphamar macht Ihre TN mit verschiedenen Schrifttypen vertraut. In den Grundkapiteln (A sowie 1–5) wird eine einfache gedruckte Schulschrift verwendet. Die Aufbaukapitel (6–15) sind in einer etwas komplexeren, aber serifenlosen Schrift gesetzt. Die Lösungsbeispiele ähneln einer Handschrift, und die Lesetexte am Ende jedes Kapitels sind in einer Serifenschrift geschrieben.

Empfehlungen für die Unterrichtspraxis

1. **Entwicklung von Medienkompetenz:** Abhängig von der technischen Ausstattung Ihrer Einrichtung und Ihren eigenen technischen Möglichkeiten sollten Sie den Einsatz verschiedener Medien im Unterricht und zu Hause thematisieren und im Plenum oder in Freiarbeitsphasen üben. Hierzu gehört neben dem PC (Umgang mit Maus und Tastatur), dem Internet sowie möglicher Sprachlernsoftware auch die Bedienung anderer technischer Geräte (z. B. CD-Player, Handy usw.).

2. **Vermittlung einer geordneten Arbeitsweise:** Viele Ihrer TN verfügen über keine oder wenig Schulerfahrung. Es kann daher hilfreich sein, wenn Sie den TN scheinbar selbstverständliche Arbeitstechniken und deren Vorteile zu Beginn des Kurses nahebringen. Das KB kann und soll als Arbeits- und Hausaufgabenbuch verwendet werden. Lassen Sie die TN zusätzlich einen Schnellhefter oder Ordner anlegen, in den sie die (von Ihnen vorgelochten) Plattform-Arbeitsblätter abheften können. Der Hefter könnte außerdem weitere leere, linierte Blätter – bei Bedarf mit Hilfslinien – für Schreibübungen enthalten. Alternativ kann auch ein Kursheft angelegt werden. Hierbei können Sie Ihren TN grundlegendes Wissen über schriftliches Arbeiten vermitteln, wie z. B., dass man mit dem Schreiben im Heft in der Regel ganz vorn beginnt, dass man eine neue Seite verwendet, sobald die vorhergehende voll beschrieben ist oder auch, dass Zeilen bis zum Ende genutzt werden können. Pro Tag kann zudem das jeweilige Datum eingetragen werden. Ihre TN sollten auch unterschiedliche Stifte in verschiedenen Farben besitzen. Eine zusätzliche Box (z. B. ein Karteikasten aus Karton) ermöglicht es Ihren TN, ihre selbst hergestellten Unterrichtsmaterialien geordnet aufzubewahren und zu transportieren.

3. **Methodische Aus- und Weiterbildung:** Sie können mit dem MHB auf unterschiedliche Weise arbeiten, je nachdem, über wie viel methodisches Vorwissen und wie viel Erfahrung in der Alphabetisierungsarbeit Sie bereits verfügen. Es ist möglich, sich zunächst vollständig in die Methoden einzulesen und anschließend erst die Arbeit mit dem KB zu beginnen. Sie können jedoch auch direkt mit der Kursarbeit beginnen und an den entsprechenden Stellen im didaktischen Kommentar die Querverweise zu den verschiedenen Methodenbeschreibungen im MHB nutzen, um sich näher über die methodische Vorgehensweise zu informieren.

Die Phonetischen Methoden (PH)

Anwendungsbereiche der Methode

- Sie möchten mit Ihren TN üben, Laute einzeln wahrzunehmen.
- Ihre TN sollen ein Wort in seine lautlichen Bestandteile zerlegen lernen, d. h. ein Wort Laut für Laut auseinandernehmen und dann Buchstabe für Buchstabe aufschreiben.
- Ihre TN sollen bestimmte Laute korrekt aussprechen oder hören (und dann entsprechend den gehörten Laut dem richtigen Buchstaben zuordnen).

Prinzipien, Elemente und Materialien

Woraus besteht eigentlich mündliche Sprache: aus Einzelwörtern, Phrasen, Sätzen, Buchstaben oder Einzellauten?
Buchstaben sind die schriftlichen Repräsentanten von Lauten; Buchstaben sind Elemente der Schrift. Laute sind das, was wir aussprechen. Dennoch besteht die mündliche Sprache nicht aus Einzellauten. Erst die Verbindung der richtigen Laute zu Wörtern, Phrasen und Sätzen macht mündliche Kommunikation möglich. Der einzelne Laut kann in manchen Sprachen bereits ein Wort mit Inhalt sein, wie z. B. das englische Wort *a* (*ein, eine*) oder *I* (*ich*); auch das französische Wort *eau* (*Wasser*), gesprochen *o*, besteht nur aus einem Laut. Im Deutschen gibt es den Einzellaut als Bedeutungskomponente in Interjektionen, also in Ausrufen (*oh!, ih!*).
Um in einem alphabetischen System schreiben zu lernen, muss man in der Lage sein, den einzelnen Laut zu identifizieren. Dem Schriftkundigen mag dies als eine leichte Aufgabe erscheinen. Doch ein Analphabet muss das Erkennen des einzelnen Lautes innerhalb von Wörtern zunächst trainieren. Die Einteilung von Wörtern in Silben ist wesentlich leichter als die Isolierung der einzelnen Laute im Wort, denn der Zugang zur Silbe ist rhythmisch und damit körperlich wahrnehmbar (▶SM). Die Arbeit mit dem Einzellaut bedeutet aber, sich ohne rhythmische Gliederung vom Inhalt zu lösen und nur die Form zu betrachten. Man nennt die Bewusstmachung des einzelnen Lautes im Sprachfluss und die Arbeit mit Lauten im Wort den Aufbau eines phonologischen Bewusstseins (im weiteren Sinne gehört auch die Gliederung in Silben dazu).
Auch die Segmentierung einer Aussage in einzelne Wörter kann nicht vorausgesetzt werden. Für die mündliche Kommunikation spielt es keine Rolle, ob der Satz vollständig ist oder aus wie vielen Wörtern der Satz besteht. Wortgrenzen sind im Sprachfluss meist nicht markiert. Diese Differenzierung ist aber notwendig für die Schrift.

Eine Vorübung zur Lauterkennung kann das Erkennen von Geräuschen sein. Die TN schließen die Augen und hören ein Geräusch, z. B. mit Münzen klimpern, Wasser eingießen, Kuli öffnen und schließen, mit Plastik rascheln (nach Küspert 2008, 31 und Forster 2009, 24f.). Je nach Sprachkenntnissen können die TN die geräuschverursachenden Dinge noch nicht auf Deutsch benennen. Sie können das Kugelschreiber-Klicken mit dem eigenen Stift nachmachen oder auf die Dinge zeigen. Rechnen Sie damit, dass nicht alle TN sogleich bereit sein werden, die Augen zu schließen. Dieses Unbehagen sollte man als LP ernst nehmen und die TN zunächst davon überzeugen, dass ihnen nichts geschehen wird, dass Sie an Ihrem Platz sitzen bleiben werden, die Geräusche nicht zu laut sind oder Sie nichts durch den Raum werfen werden. Manchmal hilft es, ein Beispiel mit noch offenen Augen zu geben, damit die TN wissen, was auf sie zukommt.
Nicht Geräusche zu erkennen, sondern ganze Wörter wiederzuerkennen, das wird in den *Hörgeschichten* (vgl. Küspert 2008, 33) geübt. Beispiele und Hinweise zur eigenen Gestaltung von Hörgeschichten speziell für Ihre Zielgruppe und den Unterrichtsrahmen finden Sie auf der Plattform (▶**PL_KapB_Hörgeschichten**).

Phonologisches Bewusstsein

Wenn wir sprechen, achten wir nicht darauf, wie viele Wörter das Gesagte umfasst oder gar, wie viele Laute ein gesprochenes Wort enthält. Die Wort- und Lautgrenzen sind für die mündliche Kommunikation unbedeutend. Für die Schrift aber ist es wichtig, zu wissen, wo ein Wort endet, wie viele Laute ein Wort umfasst und wie viele Buchstaben den Lauten zugeordnet werden.

Sich des einzelnen Lautes bewusst zu sein und mit ihm operieren zu können, heißt, ein phonologisches Bewusstsein zu haben. Und dies gilt als Voraussetzung, um in einem alphabetischen System lesen und schreiben zu lernen. Der Schritt vom Mündlichen zum Schriftlichen bedeutet, sich vom Konkreten, also vom Inhalt des Gesprochenen, weg und hin zur formalen Seite der Sprache zu bewegen. Was ist die formale Seite der Sprache? Wenn man ein Vorschulkind fragt, was länger klingt, *Schmetterling* oder *Kuh*, dann ist die Antwort oft *Kuh*, da das Kind die Frage nicht auf die Wortlänge (Form) hin beantwortet, sondern auf die Größe des Tieres (Inhalt) (vgl. Brügelmann 2003, 1).

Bis in die 70er Jahre hinein lernte man Wortbilder, d. h., das Lernen war visuell geprägt. Man sagte, das Wortbild präge sich ein, daher solle man kein falsches Wort schreiben lassen. Coltheart war einer der ersten, der die lautliche Komponente einbrachte. Er erklärte, dass es zwei Wege zum Lesen gebe: Beim indirekten Weg müsse jeder Buchstabe zuerst in einen Laut umgesetzt werden und diese Laute müssten aneinandergefügt werden (Leseanfänger). Beim direkten Weg wird das Wort sofort erkannt (kompetente Leser) (vgl. Coltheart 1978).

Lautiermethoden: Sinnlautverfahren, Interjektionsmethode, Anlautmethode

Interjektionen (Ausrufe) bieten den Vorteil, dass sie im Sprachgebrauch als Einzellaute vorkommen und man damit theoretisch gut den einzelnen Laut bewusstmachen kann. Ähnlich sieht es mit Sinnlauten (also Tierlauten oder Geräusche nachahmenden Lauten) aus. Allerdings muss man beachten, dass solche Laute nicht universell sind, sondern in den unterschiedlichen Sprachen verschieden nachgeahmt werden. Sie liegen also immer innerhalb des phonologischen Systems der Sprache und sind den Konventionen der Sprachgemeinschaft unterworfen.

> Was bedeutet das: „Lautmalerei und Interjektionen liegen im phonologischen System der Sprache"?
> Für Ausrufe und Lautmalerei werden nur diejenigen Laute verwendet, die auch in der Sprache vorkommen. Im Deutschen wird oftmals „Iiih!" gerufen, wenn man Ekel ausdrücken möchte. Gibt es in einer Sprache kein [i], so kann „Iiih" auch kein Ausdruck für Ekel in dieser Sprache sein.

Sie können Situationen vorspielen, in denen Sie Ekel, Schmerz, Schrecken o. Ä. darstellen. Fragen Sie Ihre TN, was sie ausrufen würden. Ähnlich können Sie mit Tierlauten verfahren. Nennen Sie ein Tier und fragen Sie nach den Lauten, die das Tier in den Ländern der TN „macht". Oder Sie schlagen die Tür zu, lassen Wasser laufen und fragen so nach den Sinnlauten dieser Geräusche.

Die Ausrufe, Tierlaute und Sinnlaute (also die Laute, die genannt werden) können zur Arbeit mit dem Einzellaut verwendet werden. Beispielsweise können Sie die genannten Laute aufgreifen und deutsche Wörter mit ebendiesen Lauten im Anlaut nennen. Ihre TN sollen den Laut zunächst nur in unterschiedlichen Wörtern wiedererkennen. Dazu eignen sich Bildkarten mit Wörtern, die möglichst bereits bekannt sind oder zumindest eine gewisse Alltagsrelevanz für die TN haben. Hierbei müssen Sie berücksichtigen, dass unterschiedliche TN unterschiedliche Laute nennen könnten.

Schriftlich kann das Erkennen und Aufschreiben des ersten Lautes (Buchstabens) in einem bekannten Wort über ein *Anlautrebus* geübt werden. Die Anlaute werden unter die Bilder geschrieben. Danach werden alle Anlaute zu einem neuen Wort zusammengesetzt. Diese Aufgaben können Sie sich mithilfe des Bilderpools und der Vorlage ▶PL_KapC_Anlautrebus selbst erstellen.

Beispiel für den Übungstyp Anlautrebus

Ein bestimmter Laut soll neben dem Anlaut auch innerhalb des Wortes und im Auslaut erkannt werden. Die entsprechende Fragestellung wäre also: „Kommt der Laut [a] im Wort *Oma*, *Tisch* usw. vor?"

Schließlich kann auch die Position des gesuchten Lautes im Wort zu nennen sein. Hier können Sie zwischen dem Anlaut, dem Auslaut und dem Inneren des Wortes unterscheiden lassen. Dabei muss noch nicht die genaue Anzahl der Laute im Wort erkannt werden. Nachdem dies mündlich geübt wurde, kann diese Aufgabe auch schriftlich erfolgen. In der Abbildung unten sehen Sie Beispiele mit der Markierung der möglichen Positionen, ohne die Wortlänge außer Acht zu lassen. Diesen Aufgabentyp können Sie sich mithilfe des Bilderpools und der Vorlage ▶PL_KapC_Laut-Lokalisierung selbst erstellen.

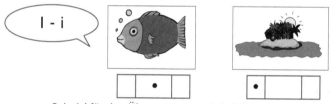

Beispiel für den Übungstyp Laut-Lokalisierung

Die soeben beschriebene Arbeit mit dem Anlaut wird der Anlautmethode zugeordnet. Jedem Laut (und damit auch dem entsprechenden Buchstaben) wird ein Merkwort zugeordnet. Dieses Merkwort sollte gut abzubilden, aber auch einfach in seiner Struktur sein. Einfach sind Wörter, bei denen sich Vokale und Konsonanten abwechseln (*Igel*); je mehr Konsonantenverbindungen vorkommen (*Strumpf*), desto schwieriger das Wort. Zudem sollten die Wörter möglichst kurz und wenig ausgefallen sein (*Oma* ist üblicher als *Indianer*). Beispiele und Hinweise zur Erstellung von Anlautkarten finden Sie unter ▶PL_KapB_Anlautkarten.

Vom phonetischen Standpunkt aus müsste es je eine eigene Anlautkarte für den langen und für den kurzen Vokal geben. Diese Unterscheidung wird auch in der Buchstabentabelle (▶LS) getroffen. Für die Alphabetisierung in der Fremdsprache ist abzuwägen, ob da-

Beispiel für eine Anlautkarte

mit eine Überlastung wegen zu vieler Anlautwörter entsteht, oder ob dies hilfreich ist, um die langen und kurzen Vokale zu unterscheiden. Wie Sie sich auch in Bezug auf die Anlautkarten entscheiden, wichtig ist, dass Sie im Unterricht auf die Unterscheidung der langen und kurzen Vokale eingehen.

Im Kapitel ▶LS finden Sie Informationen zur Buchstabentabelle. Die Buchstabentabelle unterscheidet sich von der Anlauttabelle darin, dass auch Laute (bzw. Buchstaben und Buchstabenverbindungen) mit aufgenommen sind, die nicht im Anlaut stehen, wie *ng*. Sie können die Buchstabentabelle nutzen, um einen Überblick über alle Buchstaben im Deutschen zu geben. Weitere Hinweise zum Gebrauch der Buchstabentabelle sowie zur Erstellung einer eigenen Anlaut- oder Buchstabentabelle ▶LS.

Übungen zur phonlogischen Bewusstheit zielen darauf ab, den einzelnen Laut zu erkennen bzw. mit ihm zu operieren. Für viele TN ist der Anlaut am einfachsten zu erkennen. Andere TN erkennen leichter den Auslaut, da er, als letztes gesprochen, noch am besten in Erinnerung ist.

Zur Anlauterkennung eignet sich – neben den Anlautkarten – auch eine Anlautzuordnung: Gegenstände mit demselben Anlaut müssen einander zugeordnet werden.

Beispiele und Hinweise zur Erstellung von Anlautzuordnungen ▶PL_KapD_Anlautzuordnung und ▶PL_KapB_Anlautzuordnung.

Auch die Reimerkennung gehört in Teilen zur Arbeit mit Anlauten. Ziel ist es, zu erkennen, dass Teile des Wortes sich gleichen und die Anlaute unterschiedlich sind (*Maus – Haus*), bzw. dass ein bestimmter Anlaut vorhanden ist oder nicht (*Maus – aus*). Sie können die Reimerkennung einführen, indem Sie zunächst ein den TN bekanntes Wort nennen und sie dann auffordern, den ersten Laut wegzulassen. Damit Ihre TN die Aufgabenstellung verstehen, müssen Sie es eventuell zunächst vormachen und selbst den ersten Laut benennen; Beispiele für Reimkarten ▶PL_KapB_Reimkarten.

Wenn Sie Ihre TN auffordern wollen, dass sie selbst Reimwörter finden, dann müssen Sie bedenken, dass dies in einer Fremdsprache äußerst schwierig ist. Entweder lassen Sie auch selbsterdachte Reimwörter zu, die keine deutschen Wörter sind, wie *Tisch, *Kisch, *Lisch,* oder Sie geben eine Reihe von Wörtern vor, von denen zwei oder drei sich reimen. Die TN sollen nun herausfinden, welche der genannten Wörter sich reimen.

Lautierübungen sind auch solche, in denen die LP die Laute eines Wortes in der richtigen Reihenfolge nennt (*i, g, e, l*) und die TN sie zum richtigen Wort (*Igel*) zusammensetzen. Umgekehrt kann die LP ein Wort nennen (*Auto*) und die TN sollen das Wort in seine lautlichen Bestandteile zerlegen, also das Wort lautieren: *au, t, o* (nach Küspert 2008, 52f.).

Auf der Plattform finden Sie in Kapitel D zwei Übungsformen dieser Art, die im Unterricht eingesetzt werden können: Sowohl mit dem *Lautpuzzle* als auch mit dem *Buchstabenpuzzle* werden zerschnittene Wörter zusammengefügt. Beim *Lautpuzzle* können die TN sich aber nicht nur am Wort, sondern auch am zerschnittenen Bild orientieren. Die Anleitungen finden Sie unter ▶PL_KapD_Lautpuzzle und ▶PL_KapD_Buchstabenpuzzle.

Im Kursbuch finden Sie den Aufgabentyp *Buchstabensalat*, und zwar in der Form, dass die nötigen Buchstaben in zufälliger Anordnung vorgegeben sind und zum richtigen Wort zusammengesetzt werden müssen. Mithilfe des Bilderpools und der Vorlage ▶PL_KapC_Buchstabensalat können Sie selbst solche Übungen erstellen.

Beispiel für den Aufgabentyp Buchstabensalat

Hinweise zum Lautieren

Es ist sehr wichtig, dass Sie immer den Lautwert des Buchstabens nennen und nicht den Buchstabennamen. Die Buchstabennamen nennt man beim Sprechen des Alphabets: *be, ef, em* usw. Um zu vermeiden, dass der TN annimmt, der Buchstabe *m* trage die Laute *em*, darf am Anfang der Alphabetisierung nur *m* gesprochen werden. Das nennt man *lautieren*. Andernfalls kann es zu Schreibungen ohne Vokale führen: *Hemden* würde zu *Hmdn, da *e* bereits im „em" und „en" enthalten scheint.

Beachten Sie, dass einige Laute in der deutschen Orthografie durch Buchstabenverbindungen wiedergegeben werden: So entspricht den Buchstabenverbindungen *sch, ng* u. a. jeweils nur ein einziger Laut. Beim Lautieren wird der Laut genannt und nicht die einzelnen Buchstaben. Auch Diphthonge (*ei, au, eu*) sind Lautverbindungen. Das Wort *Auto* wird also lautiert als *au, t, o*.

In phonetischen Übungen wird die Schreiblinie oftmals unterteilt. Jeder Buchstabe des Wortes *Apfelsine* wird auf einen eigenen Platzhalter geschrieben. So kann der TN beim Schreiben selbst überprüfen, ob er die korrekte Anzahl der Buchstaben geschrieben hat und wo Lautverbindungen stehen.

Im phonetischen Sinne handelt es sich bei *pf* um eine Affrikata, d. h. um eine Lautverbindung zweier Laute, die an der gleichen Artikulationsstelle gebildet werden, hier an den Lippen bzw. Lippe und Zähnen. Aus didaktischen Gründen werden Affrikaten wie *pf* in diesem Lehrwerk nicht als Buchstabenverbindung markiert, sondern als zwei Laute behandelt.

Beispiel für die unterteilte Schreiblinie in den Aufgabentypen Bilderdiktat, Wort-Bild-Zuordnung u. a.

Zur Markierung von Buchstaben- und Lautverbindungen ist die Linie länger. Auch Doppelkonsonanten erhalten eine längere Linie.

R ei s   Sch o k o l a d e   T a ss e

Beispiel für die unterteilte Schreiblinie mit Markierung von Buchstabenverbindungen und Doppelkonsonanten durch eine längere Linie in den Aufgabentypen Bilderdiktat, Wort-Bild-Zuordnung u. a.

Lautieren bedeutet auch, dass orthografische Schreibweisen noch nicht berücksichtigt werden. Seien Sie sich daher der Schreibweisen bewusst, die von der reinen Lautierung abweichen. Das sind:

- Wörter mit Auslautverhärtung: Das sind Wörter, in denen *b*, *d*, *g* am Silbenende stehen und „hart" (= stimmlos) gesprochen werden. Wörter wie *Wald*, *Tag* und *ab* würden rein lautierend **Walt*, **Tak* und **ap* geschrieben werden.
- Wörter mit Diphthongen: *ei* und *eu* sind lautierend *ai* und *oi*. Lautierend könnten Ihre TN die Wörter *Schwein*, *Leute* und *Bäume* also **Schwain*, **Loite* und **Boime* schreiben.
- Wörter auf *-er*: *R* wird hier nicht als Konsonant gesprochen (wie in *rot*), sondern als *a*-ähnlicher Vokal. Lautierend wäre *Vater* also **Vata* oder **Fata*.

Sie sollten daher bei der Auswahl der zu übenden Wörter die Lautierung vor Augen haben, um die TN nicht mit unvorbereiteten orthografischen Komponenten zu verwirren. Aus lernpsychologischer Sicht ist es durchaus sinnvoll, zunächst nur lautierend zu schreiben, bis die Laut-Buchstaben-Zuordnung vollständig verstanden wurde (Phasen des Schriftspracherwerbs vgl. Sassenroth 1991, 42). Zu bedenken ist aber, dass viele TN zu Hause Unterstützung der Familie beim Üben und Wiederholen der gelernten Wörter erfahren. Die gutmeinenden Helfer werden Ihre didaktische Vorgehensweise vermutlich nicht durchschauen und die TN durch die entsprechenden orthografischen Korrekturen verunsichern oder die Kompetenz der LP womöglich infrage stellen. Daher wird vorgeschlagen, Wörter mit orthografischen Schreibweisen am Anfang des Unterrichts zu vermeiden und, wo es sich nicht vermeiden lässt, die lautierende Schreibweise zu loben, doch das orthografisch richtige Wort danebenzuschreiben.

Artikulatorische Methode

Diese Methode ist auf die Aussprachevermittlung ausgerichtet. Die Sprechwerkzeuge (Lippen, Zunge, Gaumen, Zähne, Rachen, Stimmbänder) sind der Ausgangspunkt der Vermittlung: Jeder Laut wird im Mundraum nachgefühlt. Das kann insbesondere für das Erlernen fremder Laute eine Hilfe sein.
Das Bewusstmachen der Artikulationsbewegung kann auch helfen, über die Bewegung der Zunge und Lippen die Laute voneinander zu unterscheiden. Beispielsweise kann deutlich gemacht werden, dass es sich bei *ma* um eine Silbe aus zwei Lauten handelt, indem die TN spüren sollen, dass die Lippen zunächst geschlossen sind und der Mund dann weit geöffnet wird (Buchstaben- bzw. Lautsynthese). In den Silben *me* und *mi* sind die Lippen ebenfalls zunächst geschlossen, doch die Zunge liegt bei der Öffnung höher als bei *ma*.

Das Wissen um die Zungenlage kann den TN helfen, die Schwierigkeiten haben, bestimmte Laute zu differenzieren. Wenn Sie mit dem Sagittalschnitt (siehe Abbildung unten) arbeiten wollen, dann machen Sie Ihre Teilnehmer zunächst damit vertraut. Zeichnen Sie den Sagittalschnitt an die Tafel (oder projizieren ihn per Overheadprojektor an die Wand ▶**PL_KapB_Sagittalschnitt**), und gehen Sie die Zeichnung Schritt für Schritt durch: „Dies ist die Nase." (Zeigen Sie die Nase auf dem Bild und gleichzeitig Ihre eigene Nase.) Ebenso verfahren Sie mit den Lippen, den Zähnen, der Zunge. Beim Gaumen wird es schwieriger, da dieser Bereich nicht mehr so einfach eingesehen werden kann. Dennoch kann man notfalls den Mund etwas öffnen und den Gaumen mit der Zunge abfahren und die TN auffordern, dies selbst auch zu tun. Welche Wirkung Sie damit erzielen, hängt natürlich davon ab, wie Sie selbst sich darauf einlassen und dabei wohlfühlen. Sie sollten immer darauf achten, dass Sie die Grenzen Ihrer TN nicht überschreiten, also auch einmal vorzeitig abbrechen, wenn ein TN oder Sie selbst angespannt reagieren. Dem einen oder anderen könnte es unangenehm sein, wenn ihm so intensiv auf den Mund geschaut wird oder er vor dem Spiegel Ausspracheübungen machen soll. Die richtige Aussprache ist ein langer Weg, man muss sie immer wieder üben, und sie wird nicht von einem Tag auf den anderen erreicht.

Auf eine Aussprachekorrektur zu verzichten bedeutet aber, dass sich das Falsche einschleift; „von selbst" oder „mit der Zeit" kommt die korrekte Aussprache nämlich nicht.

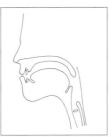

Sagittalschnitt

Unterscheidung der Laute [i] und [e]

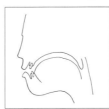 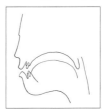

Sagittalschnitt [i]   *Sagittalschnitt [e]*

Die Zunge liegt bei [i] höher als bei [e]. Sie können beide Zungenpositionen in einer einzigen Zeichnung an der Tafel eintragen. Wählen Sie verschiedene Farben, z. B. Rot für die Position bei [i] und Grün für die Position bei [e]. Schreiben Sie die entsprechenden Buchstaben in den entsprechenden Farben daneben. Korrigieren Sie die TN, indem Sie sie für [i] auffordern, die

Zunge weiter nach oben zu nehmen oder für [e] etwas weiter nach unten, bis die Laute deutlich voneinander unterschieden werden.

Unterscheidung der Laute [i] und [u]

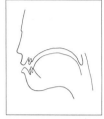
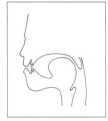

Sagittalschnitt [i]   *Sagittalschnitt [u]*

Die Zunge liegt bei [i] vorne und bei [u] hinten. Was das bedeutet, können Sie leicht nachvollziehen, indem Sie zunächst [i] und [u] nacheinander sprechen. Die Zungenbewegung geht bei [i] nach vorne Richtung Lippen und bei [u] nach hinten Richtung Rachen. Die Laute [i] und [e] werden vorne gebildet, [u] hinten. Zur Unterscheidung von [u] und [o]: Bei [u] liegt die Zunge höher als bei [o].

Die Laute [y] und [ø]

Mit den Umlauten haben sicherlich viele Ihrer TN Schwierigkeiten. Der Laut [y] (entspricht dem Buchstaben *ü*) teilt sich eine Position mit [i]. Für die Aussprachekorrektur bitten Sie den TN, ein [i] zu sprechen und die Lippen zu runden. Die Zungenposition muss gleich bleiben.

Entsprechend können Sie für ö verfahren. Der Laut [ø] wird mit der gleichen Zungenstellung gebildet wie [e], doch die Lippen werden gerundet. Es ist nicht so einfach, die Zungenposition beizubehalten. Wenn diese Übung nicht sofort klappt, ermutigen Sie die TN ein anderes Mal zu einem neuen Versuch, denn Aussprachekorrekturen brauchen häufig etwas Zeit.

Zur Aussprachekorrektur der Vokale eignet sich der Sagittalschnitt gut, wenn Ihnen selbst diese Art der Darstellung liegt. Andernfalls können Sie die Zungenpositionen aber auch mit einer selbstgebastelten Papp-Zunge anzeigen, oder Sie stellen die Zungenpositionen mit der ausgestreckten Hand dar.

Zur Korrektur der Konsonanten – einige Tipps

Die Unterscheidung der Laute [b] und [p] ist z. B. für Arabisch-Muttersprachler ein Problem. Im Arabischen gibt es kein [p]. Beide Laute werden gebildet, indem die Lippen verschlossen und wieder geöffnet werden. [b] ist stimmhaft, man kann es als „weich" oder „leicht" bezeichnen. [p] dagegen ist stimmlos und zeichnet sich im Deutschen (vor Vokalen und im Auslaut) durch eine starke Behauchung (Aspiration) aus. Das bedeutet, dass beim Öffnen zusätzliche Ausatemluft entweicht (alle Laute werden mit Ausatemluft gesprochen, doch bei der Aspiration entsteht ein hörbarer Lufthauch). Man kann sagen, dass dieser Laut „hart" ist und „mit Luft" gesprochen wird.

Die Unterscheidung der Laute [p] und [f] kann für Paschtunen ein Problem sein. Wenn diese beiden Laute verwechselt werden, dann kann die unterschiedliche Artikulation durch die Art und den Ort der Artikulation gezeigt werden: [p] wird gebildet, indem die Lippen komplett verschlossen und dann explosionsartig geöffnet werden. [f] wird gebildet, indem die oberen Schneidezähne eine Enge mit der Unterlippe bilden. [f] kann dauerhaft gesprochen werden (solange Atemluft vorhanden ist), [p] dagegen kann nicht dauerhaft gesprochen werden.

Lautgebärden

Lautgebärden können helfen, sich an die Artikulation der Laute zu erinnern. So kann für [i] ein nach oben gerichteter Zeigefinger helfen, sich daran zu erinnern, dass die Zunge sehr weit nach oben gehoben werden muss; der Zeigefinger oder die Hand horizontal vor dem Mund zeigt an, dass die Zunge weiter unten liegt (als bei [i]). Die Finger der flachen Hand nach hinten zu führen (vom Gesichtsbereich Richtung Ohr) kann die Zungenposition für [u] anzeigen. Über ein Fingerschnipsen o. Ä. von den Lippen nach vorne kann die Behauchung angezeigt werden.

Dies sollen nur Beispiele sein. Sie werden sehen, dass sich Ihre eigenen Lautgebärden im Laufe des Unterrichtens ergeben werden. Sie müssen diese Lautgebärden nicht explizit erklären. Wenn Sie sie immer wieder anwenden, dann werden die Gesten für Ihre TN ganz automatisch eine Erinnerungsstütze.

Hörtraining

1 mo
2 mu
3 ko
4 ku

Das Aussprachetraining sollte immer von einem Hörtraining begleitet werden. Der Laut muss sowohl korrekt ausgesprochen als auch korrekt wahrgenommen werden. Ein Hörtraining kann im Plenum an der Tafel geschehen.

Sprechen Sie die vier Silben einmal langsam vor und zeigen Sie jeweils auf die Silbe, die Sie gerade sprechen. Dann sprechen Sie nur eine der vier Silben, und die TN sollen die Nummer der gehörten Silbe nennen. Wiederholen Sie die Übung so oft wie nötig. Zum Warmwerden können Ihre TN „reinrufen", doch um auch jeden TN einzeln zu fördern, sollte auch jeder einmal einzeln drankommen. Wenn dies zu schwierig erscheint, können Sie auch mit der Drei-Stufen-Lektion (▶MT) in einem Zwischenschritt die Silben zunächst nur wiedererkennen und zeigen lassen („Wo ist *mu*? Wo ist *ku*?").

In diesem Beispiel besteht die Schwierigkeit darin, [o] und [u] zu differenzieren. Die beiden Konsonanten wurden so gewählt, dass sie keine zusätzliche Schwierigkeit darstellen. Erst auf einem höheren Niveau, wenn die Unterscheidung von [o] und [u] gefestigt ist, können auch zwei Schwierigkeiten eingesetzt werden, z. B.:

Diese Art des Hörtrainings eignet sich gut zur Binnendifferenzierung. So können Sie unterschiedliche Übungsreihen an die Tafel schreiben:

1 po
2 pu
3 fo
4 fu

1 po	1 ara	1 so
2 pa	2 ala	2 scho
3 fo	3 ana	3 zo
4 fa		4 to

Links geht es um die Unterscheidung von [p] und [f]. In der Mitte geht es um die Unterscheidung der drei Konsonanten [r], [l], [n] und rechts müssen [z], [ʃ], [ts] und [t] unterschieden werden.

Aufgrund früherer Sprachlernerfahrungen oder muttersprachlicher Schriftkenntnisse im Türkischen bereiten mitunter die Buchstaben *s* und *z* manchen TN Schwierigkeiten; nicht vornehmlich aufgrund der lautlichen Gegebenheiten, sondern durch eine abweichende Laut-Buchstaben-Zuordnung. So wird im Türkischen der stimmlose Laut [s] wie im deutschen Wort *Maus* regelmäßig durch *s* verschriftet und der stimmhafte Laut [z] wie im deutschen Wort *Sonne* regulär durch *z*. Den Lautwert des deutschen Buchstabens *z* können Sie vermitteln, indem Sie ihn zunächst durch ein *ts* im Schriftbild ersetzen. So könnten Sie das Wort *Zoo* zunächst als *Tsoo* schreiben. Noch leichter ist die Aussprache allerdings im Inneren des Wortes, z. B. im Wort *Katze*, lautierend verschriftet als *Katse*, da hier [t] und [s] unterschiedlichen Silben angehören. Es eignet sich hier also ein Wort wie *Katze* für die Heranführung an die Affrikata *z*, also *ts*.

Literatur

Brügelmann, Hans, 2003. Prävention von Lese-/Rechtschreibschwierigkeiten durch ein phonologisches Training vor der Schule? In: Grundschule, 35. Jg., H. 10, 54–57. Aus: www.agprim.uni-siegen.de/logik-r/logik%5B1%5D.03.artikel-grundschule.07–132.pdf [27.11.2009]
Coltheart, Max, 1978. Lexical access in a simple reading task. In: Underwood, Geoffrey (Hrsg.), Strategies in information processing. New York: Academic Press, 151–216.
Forster, Maria; Martschinke, Sabine, 2009. Leichter lesen und schreiben lernen mit der Hexe Susi. Donauwörth: Auer.
Küspert, Petra; Schneider, Wolfgang, 2008. Hören, lauschen, lernen. Würzburger Trainingsprogramm. Göttingen: Vandenhoeck & Ruprecht.
Martschinke, Sabine et al., 2008. Der Rundgang durch Hörhausen. Donauwörth: Auer.
Sassenroth, Martin, 1991. Schriftspracherwerb. Entwicklungsverlauf, Diagnostik und Förderung. Bern und Stuttgart: Haupt.

Vorschläge für einen konkreten Unterrichtsverlauf

Unterrichtsziel: Sensibilisierung für die Arbeit mit Einzellauten

Unterrichtsphase	Aktivität	Material
Lauschen	TN schließen die Augen, und LP macht verschiedene Geräusche, die die TN erraten sollen: Papier knüllen, Plastik(tüte) knüllen, mit einem Stift auf den Tisch klopfen, mit dem Schlüssel klimpern.	Papier, Plastiktüte, Stift, Schlüssel
Lautieren (LP)	„Was ist das?" Die LP lautiert Wörter, die TN sollen die Laute zu einem Wort zusammensetzen. k, au, f, e, n G, e, l, t	Evtl. mit Bildkarten
Lautieren (TN)	Die LP zeigt die Bilder oder nennt ein Wort, und die TN sollen versuchen, die Laute zu nennen.	Evtl. Bildkarten
Lautieren an der Tafel (Verschriftlichung)	Die LP schreibt die entsprechende Anzahl der Platzhalter an die Tafel: (kaufen) _ __ _ _ _ Für *au, eh, ah, ch, sch* etc. ein langer Strich. Ein TN schreibt die Buchstaben auf die Striche.	Tafel
Schreiben	Übungsblatt (mögliche Aufgabentypen: Bilderdiktat, Buchstabensalat, Wort-Bild-Zuordnung)	Kursbuch oder Übungsblatt
Aussprache	Die Laute [i] und [e] unterscheiden lernen, indem die Aussprache geübt wird.	Sagittalschnitt, Lautgebärden
Vorlesen	Silben mit unterschiedlichen Silbenstrukturen an die Tafel schreiben und jeden TN diese Silben vorlesen lassen. Mit einfachen Silben beginnen (*ma, ko, kau, am, ein*) und dann kompliziertere Silbenstrukturen (*bra, kro, ank, elt* sowie *brak, kron, wank, selt*).	Tafel
Hörübung	Die Silben aus einer Übung an die Tafel schreiben. Eine Silbe vorlesen, die TN sollen die Nummer der Silbe nennen, die die LP genannt hat. Im Plenum und einzeln der Reihe nach. Ü 1: *i* und *e*　　　　Ü 2: *i* und *ü* 1 mi　　　　　　　　1 si 2 me　　　　　　　　2 ki 3 bi　　　　　　　　3 sü 4 be　　　　　　　　4 kü	Tafel

Diktat	Silben, Wörter (und Sätze), die an diesem Unterrichtstag behandelt wurden, diktieren. Nach jeder/m diktierten Silbe/Wort/Satz wird kontrolliert.	Heft
	Durch das Kontrollieren nach jeder Silbe können Sie einzelne Schwierigkeiten direkt in der nächsten zu diktierenden Silbe bzw. dem nächsten Wort/Satz weiter zu beheben versuchen.	
Grammatik	Plural bilden: Einführung oder Wiederholung des Plurals bei den behandelten Wörtern.	Tafel
Schriftliche Umsetzung	Die zuvor mündlichen Übungen nun auch schriftlich durchführen, z. B. ▶Kursbuch Kapitel 1, Aufgabe 15.	Kursbuch oder Übungsblatt

Die Silbenmethode (SM)

Anwendungsbereiche der Methode

- Ihre TN haben Schwierigkeiten, beim Lesen eines Wortes die Buchstaben zusammenzuziehen.
- Ihre TN lassen einzelne Silben in einem Wort aus.
- Ihre TN haben Probleme, längere Wörter zu lesen.
- Ihre TN lesen ein Wort nicht von links nach rechts, sondern von rechts nach links (z. B. *tim* statt *mit*).

Prinzipien, Elemente und Materialien

Die Silbenmethode ist ein Ansatz, der häufig in Grundschulen und im Förderbereich (bei legasthenischen Kindern) zum Einsatz kommt (z. B. *Kieler Leseaufbau*, *Marburger Leseambulanz*, *ABC der Tiere*). Grundelement der Methode ist die Silbe als rhythmische Grundeinheit oder „Takt" der Sprache. Es gibt eine enge Verbindung von Sprache und Musik. Wie beim Lied ist auch die gesprochene Sprache rhythmisch. Wenn Kinder diesen Rhythmus der Sprache (die Silbenstruktur der Wörter) beherrschen, können sie nach Kuhn (2002) in der Regel auch einen Großteil der Wörter lesen und schreiben. Deshalb wird in den Schulen, in denen die Silbenmethode zum Einsatz kommt, das rhythmische Sprechen oder auch Singen/Rappen, Klatschen, Schreiten und Tanzen der Silben unterstützend eingesetzt. Viele Erwachsene (und auch viele LP) haben Hemmungen, sich zu bewegen und/oder zu singen. Das rhythmische Sprechen im Chor stellt eine gute Alternative dar.

Grundlegende Überlegung beim Arbeiten mit der Silbenmethode ist die Annahme, dass durch gezielte motorische Übungen der Lese- und Schreibprozess unterstützt werden kann. Beim Silbenschwingen und -schreiten wird das rhythmische Sprechen von Wörtern mit entsprechenden Bewegungen kombiniert (vgl. Abbildung rechts). Dies bereitet das rhythmisch-synchrone Sprechschreiben vor, das den Schreibprozess begleiten soll. Die Lernenden sprechen also beim Schreiben mit.
Beim Silbenschwingen/-schreiten wird ein Wort in Silben zerlegt und dabei in Schwüngen gesprochen. Parallel dazu machen die Lernenden eine weit ausholende Bewegung mit der Schreibhand in Schreibrichtung, die in der Höhe der linken Schulter beginnt und über die Körpermitte hinaus bis in Höhe der rechten Schulter geführt wird. Zu Beginn des Schriftspracherwerbs ist es hilfreich, sich dabei im Raum zu bewegen. Synchron zum Schwingen mit der Hand schreiten die Lernenden mit dem Fuß in Schreibrichtung seitwärts und ziehen den linken Fuß nach, sodass nach Beendigung der Silbe die Füße wieder geschlossen stehen. Wichtig ist hierbei, dass die Bewegung nicht sprunghaft oder abgehackt durchgeführt wird, da dies dem späteren rhythmisch-synchronen Sprechschreiben entgegenwirken würde.

> **Was ist eine Silbe?**
>
> Eine Silbe ist eine Einheit aus einem oder mehreren aufeinander folgenden Lauten, die sich in einem Zug aussprechen lassen (Sprecheinheit). Sie stellt die kleinste Lautgruppe im natürlichen Sprechfluss dar. Die Silbe wird auch als rhythmische Grundeinheit der Sprache bezeichnet, denn nach jeder Silbe kommt es zu einer kurzen Sprechpause. Die Silbe ist somit eine phonetische Einheit, keine Sinneinheit. Das bedeutet, dass die Einteilung in Silben oft nicht mit der Einteilung in bedeutungstragende Einheiten (Morpheme) übereinstimmt ▶MM.
>
> Im Zentrum der Silbe steht immer ein Vokal oder ein Diphthong. Von offenen Silben spricht man, wenn die Silbe auf dem Vokal oder Diphthong endet (z. B. *Ho-se*, *Au-to*). Endet die Silbe auf einem oder mehreren Konsonanten (z. B. *Him-mel*, *Som-mer*), handelt es sich um eine geschlossene Silbe.

Der Ablauf des Silbentanzes (zweisilbiges Wort) in Schreibrichtung

Falls Ihre TN das Silbenschreiten ablehnen, bietet sich statt einer Tanz- oder Schreitbewegung auch das Silbenklatschen, Silbenklopfen oder die Armbewegung am Platz an. Das Ziel dabei ist, auch auf körperlicher Ebene ein sicheres Gefühl für die Silbensegmentierung zu erreichen. Die TN nehmen dabei den Sprachrhythmus auch körperlich wahr. Das weit ausholende Schwingen/Schreiten und Klatschen von Silben verlangsamt das Sprechtempo, denn es entstehen fühlbar Sprech- und Bewegungspausen zwischen den Silben. Die Artikulation wird entsprechend deutlicher, die einzelnen Silben etwas stärker als normal gedehnt. Man nennt diese Art der Aussprache auch Pilotsprache. Diese Pilotsprache erleichtert die Bewältigung langer und komplexer Wörter. Auch Konsonantenhäufungen und -doppelungen in Wörtern werden besser hörbar.

Einführung der Silbenmethode im Unterricht

Da die Silbe als Grundeinheit der gesprochenen Sprache definiert wird, ist der erste Schritt bei der Einführung der Silbenmethode im Unterricht das Erkennen und Lautieren der elementaren Silbenmuster. Dies geschieht im Anfangsunterricht dadurch, dass Buchstaben/Laute nicht isoliert, sondern nach Möglichkeit gleich in Silben eingeführt werden: Beginnen Sie also direkt mit zwei Vokalen und lassen Sie zunächst das *a* und das *e* ein paar Mal sprechen. Wenn das gut klappt, lassen Sie das *m* oder das *l* mitsprechen. Mit entsprechenden Handbewegungen (oder Lautgebärden ▶PH) können Sie die richtige Aussprache der Laute unterstützen. Es folgen immer weitere Konsonanten und Vokale, bis kleine Silbenmosaike entstehen.

> Viele einfache Wörter, die man im Anfangsunterricht benutzt, bestehen aus zwei Silben, wobei die erste in der Regel betont, die zweite unbetont ist (*Hose, Blume*). Die zweite Silbe beginnt meist mit einem Konsonanten vor dem Vokal und endet mit einem unbetonten Vokal (Murmelvokal) oder einem Konsonanten und ist meist unbetont. Dreisilbige Wörter werden meist auf der zweiten Silbe betont (*Ba<u>na</u>ne, To<u>ma</u>te, Bi<u>ki</u>ni*).
>
> Erst mit fortgeschritteneren TN sollten Sie komplexere Wörter oder Wortzusammensetzungen erarbeiten (*Kran-ken-wa-gen*).

Einsatz des Holz-Silbenschiebers im Unterricht

ma	me
la	le
ba	be

Silbenmosaik Anfangsunterricht

Einzelne Schritte und Materialien

Aus den ersten Silben lassen Sie möglichst bald die ersten einfachen Wörter bilden (*Ma-ma, La-ma*). In den ersten Stunden werden nur offene Silben geübt. Später kommen dann geschlossene Silben dazu. Zum Einüben der Silben eignet sich der Silbenschieber, mit dem Sie Silben bilden können, indem Sie die Silbenschieber (drei kleine Holz- oder Pappleisten mit den entsprechenden Lauten) hin- und herschieben. Die TN können mit dem Silbenschieber allein, zu zweit oder auch in der Gruppe üben (siehe auch ▶PL_KapD_Silbenschieber).

ma	me	mi	mo	mu
la	le	li	lo	lu
ba	be	bi	bo	bu
sa	se	si	so	su
ka	ke	ki	ko	ku

Beispiel für ein Silbenmosaik

Sogenannte Silbenmosaike werden von links nach rechts, von oben nach unten oder in Treppen gelesen. Hierbei lässt sich vor allem der Lesefluss trainieren, und das Lesetempo kann kontinuierlich gesteigert werden. Die Silbenmosaike werden ständig erweitert, bis sämtliche Vokale, Diphthonge, Umlaute und Konsonanten eingeführt sind.

> ### Wie funktioniert ein Silbenschieber?
> Ein Silbenschieber besteht aus drei Leisten/Schiebern, auf denen die Laute einer Silbe abgebildet sind. Auf dem ersten Schieber (links) stehen einzelne Konsonanten oder eine Konsonantengruppe (*k, w, sch, sp*), auf dem zweiten Schieber Vokale, Umlaute oder Diphthonge, auf dem dritten Schieber wieder Konsonanten. Mit den ersten beiden Schiebern lassen sich offene Silben (*ma, wau, sei, kä, lo ...*) bilden. Nimmt man den dritten Schieber hinzu, erhält man eine geschlossene Silbe (z. B. *fat, sur, mein ...*). Diese Silben sind häufig bedeutungsleer, nur manchmal lassen sich sinntragende Silben wie *mein, dein, sein, für, Tür* bilden. Da es sich zunächst einmal um eine gezielte Sprechübung handelt, ist es unwichtig, ob die Silbe für sich genommen ein sinnhaftes Wort ergibt oder nicht.
>
>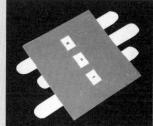

Mit selbst erstellten Silbenmosaiken (entsprechende Vorlagen finden Sie auf der Plattform) können Sie ganz individuell mit einzelnen Lernern problematische Silben üben. Wenn ein TN z. B. Probleme mit der Lautkombination *br* hat, können Sie für diesen TN folgendes Silbenmosaik erstellen:

ba	be	bi	bo	bu
ra	re	ri	ro	ru
bra	bre	bri	bro	bru

Silbenmosaik

Durch wiederholte Übungen mit dem Silbenschieber und dem Silbenmosaik automatisiert sich das Lesen der Silben. Die TN setzen die einzelnen Silben nicht mehr lautierend oder buchstabierend zusammen, sondern lesen die einzelnen Silben immer flüssiger. Immer neue und anders zusammengesetzte Silbenmosaike verhindern, dass Ihre TN die Silbenfolge einfach auswendig lernen.

Silbensynthese

Neben dem Klatschen, Schreiten und Schwingen der Silben werden reale Wörter aus Silben gebildet und wieder zurück in Silben zerlegt. Dieses Silbenpuzzeln ist in Form von Aufgabenblättern oder als tatsächliches Puzzle möglich. Hier einige Aufgabenbeispiele:

Schreibübung
Lesen Sie die Silben und schreiben Sie sie.

Sa, So,

Na, Se,

Schreibübung aus dem Kursbuch, Kapitel A, Aufgabe 6

Silbentabelle
Füllen Sie die Tabelle aus und lesen Sie die Silben.

	a	o	e
n			
s		so	

Silbentabelle aus dem Kursbuch, Kapitel A, Aufgabe 5

Silbenpuzzle Variante 1
Bilden Sie Wörter und schreiben Sie die Wörter in zwei Farben.

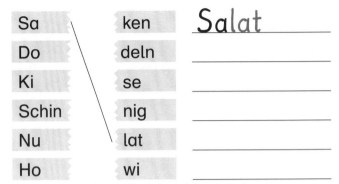

Silbenpuzzle aus dem Kursbuch, Kapitel 1, Aufgabe 9

Silbenpuzzle Variante 2

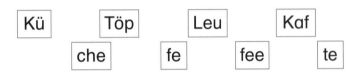

Silbenpuzzle aus dem Kursbuch, Kapitel 5, Aufgabe 11

Grafische Hervorhebung der Silben

Beim Einsatz der Silbenmethode sollte unbedingt darauf geachtet werden, dass die Silben konsequent grafisch hervorgehoben werden. Auf schwarz-weißen Übungszetteln können Sie die Silben durch Silbenbogen kenntlich machen. An der Tafel sollten Sie nach Möglichkeit mit bunter Kreide arbeiten. Auch die TN sollten unbedingt den Stiftwechsel vollziehen.

Ausschnitt aus einem Arbeitsheft eines TN: zweifarbiges Schreiben

Die Verwendung zweier Farben verlangsamt noch einmal den Schreibprozess und imitiert die Sprechpause zwischen zwei Silben. Da, wo beim Sprechen eine Pause gemacht wird, wechseln die TN den Stift. Durch die visuelle Hervorhebung der Silben können sich die TN die Silbengrenzen besser einprägen. In Leseübungen oder auch beim Schreiben sollten die TN die Wörter immer wieder auch klatschen, klopfen oder schwingen. Beim Lesen kann es helfen, wenn die TN einen Silbenbogen mit dem Finger zeichnen, um so die Silbengrenze zu erkennen.

Sobald die Lernenden flüssig lesen können, endet das syllabierende Lesen und Schreiben automatisch. Bei schwierigen, längeren Wörtern (z. B. Komposita oder besonders schwierigen Lautkombinationen) kann die Silbenmethode wieder unterstützend eingesetzt werden.

Unterscheidung von langen und kurzen Vokalen

Die Silbenmethode kann in einer späteren Phase des Schriftspracherwerbs auch bei bestimmten Rechtschreibphänomenen unterstützend eingesetzt werden, z. B. bei der Unterscheidung langer und kurzer Vokale durch Doppelkonsonanten. Zunächst kann man entsprechende Silben rhythmisch sprechen und klatschen, z. B. *Ho-se* (lang/lang bzw. langsam/langsam mit einer längeren Pause zwischen den beiden offenen Silben) und *Kas-se* (kurz/kurz bzw. schnell/schnell mit keiner richtigen Pause zwischen den beiden Silben). Lassen Sie dazu entsprechende Wortpaare mündlich üben. Verdeutlichen Sie den Unterschied durch das Anschreiben an die Tafel. Lassen Sie die doppelten Konsonanten einkreisen. Hier bietet sich das Schreiben in Silbenketten oder – wie in einigen Schreiblehrgängen für Kinder – in Silbenhäuschen an, um lange und kurze Vokale besser voneinander zu unterscheiden. Falls Sie später jedoch mit der Morphemmethode arbeiten möchten, sollten Sie besser die Silbenkette benutzen, um Ihre TN nicht zu verwirren. Im Kursbuch und auf der Plattform finden Sie für die Morphemmethode entsprechende Morphem-Häuser ▶MM, für die hier beschriebene Silbenmethode die Silbenkette. Ist die Silbenkette geschlossen, d. h., stehen die Kettenglieder ganz eng beieinander, ist der Vokal kurz, und es muss ein Doppelkonsonant folgen. Bei langem Vokal stehen die Kettenglieder weit auseinander, d. h. die Silbe ist lang, und es erfolgt hier eine Sprechpause.

> Bei Wörtern mit Vor- und Endsilben wie in *ge-arbeit-et* oder *ein-kauf-en* bietet sich im Hinblick auf die grammatische Funktion der jeweiligen Wortbestandteile die Arbeit mit der Morphemmethode an ▶MM. Wichtig ist dabei, dass Sie Ihren TN den Unterschied zwischen Silben und Morphemen verdeutlichen (▶MM, auch ▶PL_KapB_EinführungMM).

Langer Vokal: Kettenglieder sind auseinander
Kurzer Vokal: Kettenglieder stehen eng beieinander

Literatur

Boulanger, Daniela, 2001. Alphabetisierung als notwendiger Bestandteil der Integration ausländischer Frauen. In: Interkulturell – Forum für Interkulturelle Kommunikation, Erziehung und Beratung 3/4, S. 211–250.
Dummer-Smoch, Lisa; Hackethal, Renate, 1984. Handbuch zum Kieler Leseaufbau. Kiel: Veris Verlag.
Freire, Paulo, 1977. Erziehung als Praxis der Freiheit: Beispiele zur Pädagogik der Unterdrückten. Reinbek bei Hamburg: Rowohlt.
Freire, Paulo, 1980. Dialog als Prinzip (Cartas à Guiné-Bissau). Erwachsenenalphabetisierung in Guinea Bissau. Wuppertal: Jugenddienst-Verlag.
Heintze, Anja, 2008. Alphabetisierung für erwachsene Migrantinnen und Migranten. In: Deutsch als Zweitsprache 3, S. 28–36.
Kuhn, Klaus; Handt, Rosemarie, 2002. ABC der Tiere. Ein integrierter Lese- und Schreiblehrgang nach der Silbenmethode. Offenburg: Mildenberger.
Reuter-Liehr, Carola, 2001. Lautgetreue Lese-Rechtschreibförderung. Eine Einführung in das strategiegeleitete Lernen zum Training von Phonemstufen auf der Basis des rhythmischen Syllabierens. Bochum: Verlag Winkler.
Röber, Christa, 2008. Die Nutzung der phonologischen Informationen der Orthographie für das Lesen deutscher Wörter. Zur Problematik des Leseunterrichts in der Schule. Vortrag, 11. September 2008.

Kopiervorlagen und Bastelanleitungen zur Erstellung von Lehrmaterialien

Die Materialien sind relativ einfach selbst herzustellen. Entsprechende Vorlagen und Bastelanleitungen finden Sie auf der Plattform. Beim *Bundesverband Alphabetisierung und Grundbildung e.V.* können Sie einen einfachen Silbenschieber aus Pappe auch bestellen (http://www.alphabetisierung.de).

Vorschlag 1 für einen konkreten Unterrichtsverlauf

Anfangsunterricht (2./3. Stunde): Einführung von Silben mit Silbenkärtchen, dem Silbenschieber und einem kleinen Lesemosaik

Bekannt sind folgende Silben: *ma, mo, la, lo*

Unterrichtsziel: Einführung von *me, le*, Umgang mit Silbenschieber, Silbenkärtchen und Silbenmosaik

Unterrichtsphase	Aktivität	Material
Mündliche Wiederholung der bereits bekannten Silben	LP zeigt große Silbenkärtchen: *ma, mo, la, lo* Die Silben werden im Chor gesprochen. Bei Bedarf kann die LP eine Lautgebärde für einzelne Laute einführen. LP achtet auf sehr deutliche Aussprache. Silben werden an der Tafel neu zusammengesetzt: *Ma-ma, La-ma, Mo-la, Lo-la, O-ma*. LP schreibt zweifarbig.	Silbenkärtchen groß: *ma, la, mo, lo* ma la Lautgebärden zu *a* und *o* Tafel, bunte Kreide
Silben klatschen	LP klatscht den Takt der Silben und macht dabei eine weit ausholende Armbewegung. TN sprechen nach und klatschen mit.	
Silbenreihen bilden	Wenn das Sprechen der einzelnen Silben gut klappt, kann auch eine Silbenreihe gesprochen werden: *mamolola, lalamomola*.	
Einführung in die Arbeit mit dem Silbenschieber	Silbenschieber einführen (nur 1. und 2. Leiste, 3. Leiste weglassen): die ganze Übung mit dem Silbenschieber wiederholen.	Silbenschieber
Zusammenlegen von Silben	TN erhalten kleine Silbenkärtchen und puzzeln diese mit dem Partner (einer liest, was der andere legt, LP kontrolliert).	Silbenkärtchen klein
Einführung des Vokals *e* und der Silben *me* und *le*	LP zeigt Silbenkärtchen *me* und danach das *le* und führt beide Silben ein. LP spricht laut vor, TN sprechen im Chor nach. Silben: *ma, me, mo, la, le lo ...* Silbenwörter/Silbenreihen: *ma-mo, me-mo, lo-la, le-mo ...* TN üben in Partnerarbeit mit dem Silbenschieber.	Silbenkärtchen groß: *me, le* Lautgebärde zu *e* Silbenschieber groß Mini-Silbenschieber
Einführung des Lesemosaiks	LP teilt Silbenmosaik 1 aus. LP liest vor, TN lesen Silben nach (von links nach rechts und von oben nach unten).	Silbenmosaik 1
Schreiben der Silben	Alle geübten Silben und Silbenwörter werden zweifarbig ins Heft geschrieben.	Zwei verschiedene Buntstifte pro TN

Vorschlag 2 für einen konkreten Unterrichtsverlauf

Fortgeschrittener Unterricht, bekannt sind bereits folgende Silben:
ma, me, mi, mo, mu, la, le, li, lo, lu, fa, fe, fi, fo, fu, sa, se, si, so, su, pa, pe, pi, po, pu, na, ne, ni, no, nu, ka, ke, ki, ko, ku, da, de, di, do, du, ba, be, bi, bo, bu, ta, te, ti, to, tu, ga, ge, gi, go, gu, ha, he, hi, ho, hu, wa, we, wi, wo, wu, ra, re, ri, ro, ru
Unterrichtsziel: Syllabierendes Sprechschreiben mehrsilbiger Wörter

Unterrichtsphase	Aktivität	Material
Sprech-Rhythmus üben	LP spricht einen der beiden Reime vor: langsam, laut und deutlich, TN sprechen nach Arbeit mit dem Silbenschieber: LP zeigt Silben, TN sprechen/lesen laut	16 Silbenschieber
Wiederholung des Wortschatzes	Mithilfe von Bildkarten werden Lebensmittel an der Tafel gesammelt und 2-farbig an die Tafel geschrieben: *Pap-ri-ka, Me-lo-ne, A-na-nas, Kar-tof-fel, Ro-si-ne, Li-mo-na-de, Sa-la-mi, Mar-me-la-de, To-ma-te …*	Bildkarten Tafel, bunte Kreide
Schriftliche Sicherung	TN schreiben die Wörter 2-farbig in ihr Heft.	Heft, bunte Stifte
Silben erkennen Silbenbogen unter Wörter malen	LP zeigt auf die 2-farbigen Wörter und klatscht: *Me-lo-ne, Ba-na-ne*. TN sollen die Wörter lesen, laut sprechen und dazu klatschen. LP malt Silbenbogen unter das erste Wort. TN sollen Silbenbogen unter die anderen Wörter malen.	Tafel, bunte Kreide, Heft, bunte Stifte
Wortstruktur/Silben	Zur Verdeutlichung der Silbenstruktur von Wörtern zeigt LP, dass man aus den einzelnen Silben auch neue Wörter bilden kann: *Ma-ma, O-ma, Ki-wi, Ki-lo, Sa-la-mi, Sa-lat …*	Tafel
Wörter in Silben zerlegen	Jeder TN erhält ein anderes Wort und schneidet dieses an den eingezeichneten Silbengrenzen durch.	Scheren Wörter in Silbenpuzzleformat
Wörter aus Silben zusammensetzen	Die TN reichen ihre zerschnittenen Wörter an den/die Sitznachbarn/in weiter (einzelne Silben/durcheinander), der/die die Silben wieder zu einem sinnvollen Wort zusammensetzen soll.	
Silben puzzeln	Wenn das Zerlegen und Zusammensetzen gut verstanden wurde, können in Einzel- oder Partnerarbeit mehrere Wörter aus Silben zusammengesetzt werden. Dabei können und dürfen auch neue Wörter gebildet werden.	Silbenpuzzle
Schriftliche Sicherung	Arbeitsblatt mit Übungen zum Zerlegen und Zusammensetzen von Silben	▶PL_Kap1_Auf09

Der Ansatz nach Maria Montessori (MT)

Anwendungsbereiche der Methode

- Sie möchten Ihren TN einen systematischen und kleinschrittigen Zugang zum Schriftspracherwerb anbieten.
- Ihre TN haben keine oder nur wenig Stifterfahrung und benötigen Übungen zur Stiftführung, zu einzelnen Buchstabenformen und zur Zuordnung von Lauten und Buchstaben.
- Sie möchten Ihren TN Grammatik auf einfache und anschauliche Weise vermitteln.
- Sie möchten, dass Ihre TN lernen, selbstständig zu arbeiten.

Prinzipien, Elemente und Materialien

Der methodische Ansatz nach Maria Montessori ist ein pädagogisches Gesamtkonzept, das die TN und ihre Interessen in das Zentrum der Aufmerksamkeit rückt. Wichtige Grundprinzipien der Unterrichtsgestaltung sind die Systematisierung und Visualisierung von abstrakten Phänomenen, der Grundsatz der stetigen Wiederholung, die beständige Binnendifferenzierung sowie die materialgestützte Freiarbeit zur Förderung der eigenständigen Arbeit. Montessori-Materialien weisen eine besondere Ästhetik auf, die sich in schlichten Farben und Formen sowie in hochwertigen Materialien, wie z. B. Holz oder Metall, zeigt. Sie bieten in der Regel einen haptischen Zugang zum Lernstoff und beinhalten eine Fehlerkorrektur-Möglichkeit.

Diese Prinzipien lassen sich auf alle Bereiche der Grundbildung übertragen. Für den Alphabetisierungsunterricht von besonderer Bedeutung sind jedoch in erster Linie die methodischen Elemente, die sich auf die Sprachförderung, das Lesen und die Hinführung zum Schreiben beziehen, sowie die jeweils dazugehörigen exemplarischen Montessori-Materialien.

Analyse und Gliederung des Schreibprozesses

In der Fremdsprachendidaktik werden in der Regel – neben Grammatik und Wortschatz – die vier Fertigkeiten Hören, Sprechen, Lesen und Schreiben unterschieden. Für fremdsprachliche Alphabetisierungskurse ist es jedoch notwendig, diese Fertigkeiten noch einmal in wesentlich kleinere Lernschritte zu unterteilen. So geht beispielsweise dem Lesen von ganzen Wörtern das Entziffern und Zusammenziehen einzelner Silben sowie die Verknüpfung von Buchstaben und Lauten voraus. Das Leseverstehen kann also nur gelingen, wenn der TN in der Lage ist, die Laut-Buchstaben-Zuordnung und die Silbenbildung gleichzeitig und automatisiert zu vollziehen, um ein Wort als Ganzes lesen und erkennen zu können.

Das Schreiben ist ebenfalls eine komplexe Tätigkeit, die aus verschiedenen Teilfertigkeiten besteht: Hand-Augen-Koordination, grob- und feinmotorische Bewegung der Hände, kontrollierte Stiftführung, Erkennen und Nachbilden von Buchstabenformen, Lauterkennung, Zusammensetzung von Lauten im Kopf und Kombination der entsprechenden Buchstaben auf dem Papier. Schwierigkeiten, die TN von Alphabetisierungskursen beim Schreiben haben, können also auf ganz unterschiedliche Ursachen zurückgeführt werden. Betrachtet man die ersten Schreibübungen (vgl. Abbildung unten), bei denen Buchstabenformen wiederholt auf der Linie geschrieben werden sollen, so sollte man beachten, dass diese scheinbar einfache Übung aufgrund der notwendigen motorischen und kognitiven Voraussetzungen bereits eine große Herausforderung für viele TN sein kann und daher angemessen vorbereitet werden sollte.

> **Montessori für Erwachsene?**
>
> Der Name Maria Montessori wird häufig ausschließlich mit einem pädagogischen Grundbildungskonzept für Kinder in Verbindung gebracht. Weitgehend unbekannt ist jedoch, dass Montessori auch im Bereich der Erwachsenenbildung tätig war. Eines ihrer großen Anliegen war die Bekämpfung des Analphabetismus und der damit einhergehenden gesellschaftlichen Ausgrenzung der Betroffenen. Nach einem mehrjährigen Aufenthalt in Indien, wo sie auf die Problematik des Erwachsenen-Analphabetismus aufmerksam wurde, übertrug die Reformpädagogin ihren ursprünglich für Kinder entwickelten Ansatz zum Schriftspracherwerb auf die Alphabetisierung von Erwachsenen.

Schreibübung aus dem Kursbuch, Kapitel A, Aufgabe 1

Um die Komplexität des Schreibvorgangs und damit die kognitive Belastung der TN zu reduzieren, schlägt Montessori vor, einerseits alle Teilfertigkeiten sauber voneinander abzugrenzen (vgl. Montessori 1969, 240) und andererseits das Schreiben nicht durch das Schreiben selbst, sondern durch andere Übungen vorzubereiten, die den Schreibvorgang anbahnen. „Wenn man [...] mit dem Lernen des Schreibens beginnt, *indem man schreibt*, trifft man auf Schwierigkeiten, die zwar nicht unüberwindlich, aber doch auf jeden Fall *hinderlich* für die mentale Arbeit sind" (Montessori 1998, 172).

Die Tätigkeiten, die beim Schreiben gleichzeitig ablaufen, sollen also zunächst getrennt voneinander in anderen Kontexten geübt werden, um dann in der Zusammenführung einen erfolgreichen Schreibprozess zu ermöglichen. Für die Übung der einzelnen Teilfertigkeiten hat Montessori jeweils passende Materialien entwickelt.

> **Fähigkeitenansatz**
>
> Auch Gertrud Kamper vertritt die These, dass komplexe Fähigkeiten aus vielen einzelnen Elementen zusammengesetzt sind und dass Lernende zur Ausbildung jeder neuen Fertigkeit bereits beherrschte Fähigkeiten miteinander kombinieren müssen (vgl. Kamper 1985, 55). Der sogenannte *Fähigkeitenansatz* stammt aus der Didaktik zur Förderung des Schriftspracherwerbs bei funktionalen deutschen Analphabeten und unterteilt den Lese- und Schreibprozess in noch kleinere Lernschritte. Folgende elementare Fertigkeiten müssen laut Kamper vorhanden sein, um Schriftsprache erwerben zu können: visuelle Wahrnehmung und räumliche Orientierung (z. B. Erkennen der Lage und Reihenfolge von Buchstaben), auditive Wahrnehmung und Erkennen von Serialität (phonologisches Bewusstsein, Verständnis, dass Laute nacheinander in einer bestimmten Reihenfolge gehört werden ▶PH), Wahrnehmung der Bewegungsabläufe der Hände, Finger und Sprechorgane, Rhythmusgefühl sowie kognitive Fähigkeiten wie logisches Schlussfolgern, Einprägen und Erinnern sowie Fehlerkontrolle. Einige dieser grundlegenden kognitiven Fähigkeiten können mithilfe der Methode *Lesen durch Schreiben* gefördert werden (▶LS). Eine Übungstypologie, die sich am Fähigkeitenansatz orientiert, finden Sie bei Blume et al. 1995.

1. Motorik und Stiftführung

Dass Kinder den Umgang mit dem Stift erst erlernen müssen, liegt auf der Hand. Die kontrollierte Handhabung des Schreibgeräts ist jedoch insbesondere bei erwachsenen Menschen, die als Kinder nicht gelernt haben zu schreiben, eine besondere Herausforderung: „Beim Arbeiter ist nun die Lage noch schlechter, weil er, wenn er schreiben lernt, etwas zerstören muß, was die Gewohnheit der Arbeit schon in seiner Hand festgelegt hat. Dennoch, und zwar genau wegen dieser Schwierigkeit, ist es gut, die Hand des erwachsenen Analphabeten durch einige Übungen mit der Hand indirekt vorzubereiten, besonders durch das Zeichnen" (Montessori 1998, 175).

Die Arbeit mit den sogenannten *metallenen Einsatzfiguren* kann neben der korrekten Stifthaltung und Stiftführung auch die Hand-Augen-Koordination und die Konzentration fördern. Die TN wählen eine quadratische Rahmenplatte aus Eisen (rot) sowie die dazugehörige innere Einsatzfigur (blau). Zunächst wird die äußere Rahmenplatte auf ein weißes Blatt Papier gelegt, mit einem Stift werden die Umrisse der leeren Mitte der Platte aufgezeichnet, und die Platte wird wieder entfernt. Eine geometrische Figur ist zu sehen. Anschließend wird die blaue, innere Metallplatte auf die geometrische Figur gelegt und mit einem andersfarbigen Stift erneut umrissen. Auf dem Papier verbleibt eine in zwei Farben doppelt umrissene Figur. Diese Figur wird nun mit Strichen, Schleifen oder Kurven ausgefüllt. Hierbei sollen die Bewegungen möglichst gleichmäßig und die Striche parallel sein; die Ränder sollen nicht berührt oder übermalt werden. Um Abwechslung in die Übungen zu bringen, können auch verschiedene geometrische Figuren miteinander kombiniert und unterschiedlich gefüllt werden. Zudem können bei dieser Übung verschiedene Stifte angeboten und ausprobiert werden, um herauszufinden, mit welchem Stift der TN am leichtesten schreiben kann.

> **Beschaffung von Montessori-Materialien**
>
> Mittlerweile gibt es zahlreiche Online-Shops, bei denen man Montessori-Materialien bestellen kann. In vielen Publikationen verweist Montessori jedoch selbst darauf, dass einige ihrer Ideen aufgrund zu hoher Kosten nicht umgesetzt werden konnten. Zudem sind die klassischen Materialien aus Holz und Metall aufgrund ihrer Größe und ihres Gewichts schwer zu transportieren. Als Alternative für die metallenen Einsatzfiguren bietet es sich an, handelsübliche geometrische Schablonen (z. B. Geometrie-Dreiecke, vgl. Abbildungen links unten, oder auch Mandala-Schablonen) zu verwenden. Viele der anderen Materialien können ohne großen Aufwand selbst hergestellt werden. Da die Materialien vielfältig eingesetzt werden können und pro Kurs jeweils nur ein Set benötigt wird, lohnt sich in der Regel die einmalige eigene Herstellung. Bebilderte Schritt-für-Schritt-Anleitungen finden Sie auf der Plattform (z. B. ▶**PL_KapD_Anleitung_Sandpapierbuchstaben**).

2. Buchstabenformen und ihre Laute

Zum Erlernen und Üben der Buchstabenformen und der dazugehörigen Laute eignen sich die sogenannten *Sandpapierbuchstaben*. Hierbei handelt es sich um dünne Holztafeln in blau (Vokale) und rot (Konsonanten), auf denen jeweils ein Buchstabe aus Sandpapier aufgeklebt ist. Die LP fährt mit dem Zeige- und Mittelfinger den Buchstaben in der korrekten Schreibrichtung nach und spricht den dazugehörigen Laut aus. Die TN wiederholen diese Übung mehrfach. Die Koppelung des motorischen Vorgangs an die lautliche Bewusstmachung fixiert die Laut-Buchstaben-Zuordnung im sogenannten Muskelgedächtnis. Dieselbe Funktion erfüllt auch das Schreiben im Sandtablett. Insbesondere lange Vokale und dehnbare Konsonanten sowie Laute, deren Unterscheidung den TN z. B. aufgrund ihrer

Arbeit mit den metallenen Einsatzfiguren im Alphabetisierungsunterricht

Einsatz geometrischer Schablonen zum Einüben der Stiftführung

Muttersprache schwerfällt, lassen sich auf diese Weise gut üben, ohne dass die gleichzeitige Handhabung eines Schreibgeräts den Lernprozess beeinflusst.

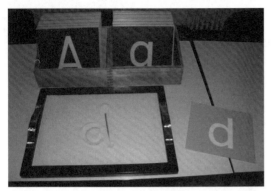

Sandpapierbuchstaben und Sandtablett

Arbeit mit den Sandpapierbuchstaben im Alphabetisierungsunterricht

Die Sandpapierbuchstaben eignen sich aufgrund ihrer Größe zudem sehr gut zu Demonstrationszwecken im Plenum. Viele Aufgaben aus dem Kursbuch können mithilfe der Sandpapierbuchstaben mündlich vorbereitet werden. Beispielsweise kann die LP bei mündlichen Anlautübungen oder bei Aufgaben zur Laut-Lokalisierung den dazugehörigen Buchstaben gleichzeitig zeigen: „Welche Wörter kennen Sie, die mit *A* beginnen? / Wo hören Sie bei den folgenden Wörtern ein *A* – am Anfang, in der Mitte oder am Ende?" Auch Zuordnungsübungen von Groß- zu Kleinbuchstaben oder das Zusammenfügen zweier Buchstaben zu einem Diphtong können mithilfe der Sandpapierbuchstaben für alle TN gleichzeitig veranschaulicht werden. Besonders wichtig ist hierbei, dass die Buchstaben immer lautiert werden, d. h., die TN sprechen beim Berühren, Zusammensetzen oder Schreiben von einzelnen Buchstaben den dazugehörigen Laut immer deutlich aus, und zwar nicht mit dem Buchstabennamen, sondern mit dem Lautwert (z B. *m*, nicht *em*).

Der Ansatz nach Montessori ist also durch ein phonetisches Vorgehen gekennzeichnet, und die Arbeit mit Anlauten spielt eine besondere Rolle (▶PH). Zu beachten ist hierbei jedoch, dass mit dieser Methode die Laute lediglich ihren Basisgraphemen gegenübergestellt werden. Dies hängt zum einen damit zusammen, dass Montessori ihren Ansatz für das Italienische entwickelt hat, das weitgehend lautgetreu geschrieben wird und daher weniger unterschiedliche Laut-Buchstaben-Zuordnungen als das Deutsche aufweist. Zum anderen ging es Montessori bei ihren TN in erster Linie um die Entwicklung eines Grundverständnisses davon, wie gesprochene Laute überhaupt in symbolische Buchstaben des Alphabets übertragen werden. Für das Deutsche müssen die unterschiedliche Realisierung der Laute je nach Position und Lautumgebung und die damit verbundene Graphemzuordnung zusätzlich thematisiert werden.

3. Das Zusammensetzen von Buchstaben zu Wörtern

Das Zusammensetzen von Buchstaben zu Wörtern ist bereits eine so anspruchsvolle kognitive Leistung, dass Ihre TN nicht noch zusätzlich belastet werden sollten durch das Halten eines Stiftes, das Nachdenken über die Buchstabenform und die Frage, wie man die Buchstabenform auf das Papier bringt. Zur Entlastung eignet sich die Arbeit mit dem beweglichen Alphabet.

Bewegliches Alphabet

Arbeit mit Bildkarten und dem beweglichen Alphabet

Hierbei handelt es sich um Holzbuchstaben mit farblicher Codierung (rot = Konsonant, blau = Vokal), die in einem Kasten in alphabetischer Reihenfolge aufbewahrt werden. Die TN legen Wörter aus dem bereits vorhandenen oder zu übenden Wortschatz auf dem Tisch aus, sprechen dabei die einzelnen Laute aus und ziehen sie zu einem Wort zusammen. Damit die Verknüpfung der Laute zu einem Wort gelingt, ist es auch hier erforderlich, dass beim Lautieren nicht die Buchstabennamen, sondern nur die Lautwerte gesprochen werden. Eine besondere Herausforderung des Materials besteht darin, dass die Buchstaben frei beweglich sind, sodass Form, Aussehen und korrekte Lage der Buchstaben intensiv geübt werden. Damit können beim späteren Schreiben z. B. Verwechslungen aufgrund von Buchstabenähnlichkeiten reduziert werden.

> **Schreiben von fremdsprachlichem Wortschatz**
>
> Für den Aufbau des fremdsprachlichen Wortschatzes bietet es sich an, zusätzlich zum beweglichen Alphabet Bildkarten zu verwenden, auf denen auch der Begriff aufgedruckt ist. Zu Beginn können die TN anhand der Bildkarten den Wortschatz zunächst mündlich erwerben. Später kann das Wort von der Karte mit dem beweglichen Alphabet zusammengepuzzelt und abgeschrieben werden. Fortgeschrittene TN können die Bildkarte auch für die Dauer der Übung in eine Leiste aus Holz stecken, sodass das Bild weiterhin sichtbar bleibt, der Begriff aber verschwindet (siehe Abbildung S. 26). Das Wort wird dann aus dem (lautlichen) Gedächtnis heraus mit den beweglichen Buchstaben gelegt und das Ergebnis anschließend selbstständig kontrolliert. Da es hier in erster Linie um das lautgetreue Schreiben geht, werden zunächst nur Kleinbuchstaben oder nur Großbuchstaben verwendet. Die Schreibweise auf der Kontrollkarte ist jedoch orthografisch immer korrekt, sodass die TN im Anschluss das Wort in der richtigen Version abschreiben können. Zu jedem Kapitel des Kursbuches finden Sie auf der Plattform jeweils ein thematisches Set mit Bildkarten und Begriffen unter ▶**PL_KapD_Anleitung_Bildkarten**.

Neben der Wortsynthese eignet sich das bewegliche Alphabet u. a. zum Erlernen und Üben der alphabetischen Reihenfolge oder auch für Aufgaben zur visuellen Differenzierung (▶**Fähigkeitenansatz**, ▶**LS**). Zur Einführung des Buchstabens *P/p* (▶**Kursbuch, Kapitel A, Aufgabe 25**) können Sie beispielsweise die Unterscheidung zwischen *p*, *d* und *b* durch Drehen und Kippen der jeweiligen Buchstaben und das gleichzeitige Lautieren üben. Durch die Farbmarkierungen können auch Vokale und Konsonanten unterschieden sowie Konsonantenhäufungen gut sichtbar gemacht werden. Hierbei sollten Sie jedoch bedenken, dass es bei Ihren TN zu Verwechslungen kommen kann, wenn Sie auch bei der Silbenmethode (▶**SM**) mit verschiedenen Farben arbeiten.

Sinnentnehmendes Lesen

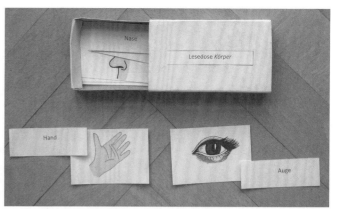

Lesedose mit Bildkarten und Wortkarten

Den Begriff *Lesen* verwendet Montessori nur im Zusammenhang mit einer tatsächlichen Sinnentnahme: „Ich nenne Lesen nicht die Probe, die das Kind macht, wenn es das selbst geschriebene Wort *nachprüft*, also die Zeichen in Laute überträgt wie vorher die Laute in Zeichen. [...] Ich nenne Lesen die *Interpretation* eines Gedankens mit Hilfe von Schriftzeichen. [...] Bevor das Kind aus geschriebenen Worten keine Gedankenübertragungen empfängt, liest es auch nicht" (Montessori 1969, 255).

Zur Förderung dieser Fertigkeit verwendet Montessori sogenannte Lesedosen. Hierbei handelt es sich um Schachteln, in denen sich Papierstreifen oder Karten mit Begriffen befinden, die von den TN als Ganzwörter leise gelesen und verstanden werden sollen. Für die Arbeit mit den Lesedosen gibt es ganz unterschiedliche Möglichkeiten. (1) Die LP legt verschiedene Objekte auf einen Tisch. Die TN erhalten jeweils einen Papierstreifen und erlesen leise das Wort. Anschließend nehmen sie das Objekt vom Tisch, dessen Bezeichnung sie erlesen haben. (2) Die TN arbeiten selbstständig. Sie erhalten eine Lesedose und bis zu zehn Objekte in einem Korb. Nun sollen die Einzelwörter erlesen und dann neben die jeweiligen Gegenstände gelegt werden. (3) Die TN erhalten eine Lesedose mit bis zu zehn Einzelwörtern auf Papierstreifen und ebenso vielen Bildern. Außerdem steht jedem TN ein Kontrollblatt zur Verfügung, auf dem die korrekte Wort-Bild-Zuordnung zu sehen ist. Die TN können nun entweder zunächst nur das Kontrollblatt erlesen und damit ihr Leseverstehen und ihren Wortschatz erweitern, oder sie beginnen direkt mit dem Erlesen der Einzelwörter auf den Papierstreifen und mit der Zuordnung zu den Bildern. Das Kontrollblatt dient am Ende der selbstständigen Überprüfung der Ergebnisse.

Die Überprüfung des Leseverstehens erfolgt also unmittelbar durch die Verbindung der Wortkarte mit dem bezeichneten Objekt bzw. mit der entsprechenden Bildkarte. Durch die Arbeit mit thematischen Lesedosen im Unterricht können die Wort-Bild-Zuordnungsübungen im Kursbuch intensiv vor- und nachbereitet werden. Auf der Plattform finden Sie auch Hinweise darauf, wie Sie aus den Bildkarten thematische Lesedosen herstellen können (▶**PL_KapD_Anleitung_Bildkarten**).

Vorgehen in kleinen Schritten: Drei-Stufen-Lektion

Die sogenannte Drei-Stufen-Lektion eignet sich zur kleinschrittigen Vermittlung von Lerninhalten in Einzel- und Kleingruppenphasen. Dieses methodische Vorgehen besteht aus drei Schritten: Darbietung, Wiedererkennen und Produktion. Die LP präsentiert dem TN einen Lerninhalt („Das ist …"). Bevor dieses Wissen jedoch vom TN wieder abgefragt wird („Was ist …?"), wird in einem Zwischenschritt überprüft, ob der TN den Lerninhalt überhaupt aufgenommen hat. Dem Schritt des Wiedererkennens („Wo ist …?" „Zeigen Sie mir …!") kommt deshalb eine große Bedeutung zu, weil er helfen kann, Lernprobleme sichtbar zu machen, die nicht in der Produktion, sondern in der Rezeption zu suchen sind.

Ein konkretes Beispiel: Sie möchten mit einem TN eine Übung zur Laut-Differenzierung machen und präsentieren die Laute *e* und *i* mithilfe der Sandpapierbuchstaben. Statt nun mit dem TN direkt im Anschluss produktive Übungen zu *e* und *i* durchzuführen, legen Sie ihm die Sandpapierbuchstaben erneut vor und fragen: „Wo ist *e*?" oder „Zeigen Sie *i*." Hierbei können Sie überprüfen, ob der TN den Laut überhaupt korrekt wahrnimmt und dem richtigen Buchstaben zuordnen kann. Wenn dies der Fall ist, können Sie zu Aufgaben übergehen, in denen der TN die Laute auch selbst produzieren muss (▶PH).

Die Drei-Stufen-Lektion eignet sich auch für andere Lerninhalte, wie z. B. für Ganzwörter (Erwerb von fremdsprachlichem Wortschatz) oder auch für die Zuordnung von Wörtern zu ihren Anlauten.

Grammatik zum Anfassen

Eine besondere Herausforderung im fremdsprachlichen Alphabetisierungskurs liegt in der Vermittlung von grundlegenden Grammatikkenntnissen. Die wenigsten TN haben sich zuvor schon einmal systematisch mit Sprache beschäftigt, sodass grammatische Lerninhalte, wie beispielsweise der Plural oder die Konjugation, häufig als völlig abstrakte Einheiten empfunden werden. Eine optisch unterstützte Systematisierung kann die basale Grammatikarbeit anbahnen, denn ein „Teilnehmer, der beispielsweise die Konjugation für die mündliche (und später schriftliche) Anwendung erlernen soll, muss nicht nur wissen, dass er das Verb verändern muss, indem er ein Suffix anhängt oder den Stammvokal austauscht; er muss zunächst einmal in der Lage sein zu erkennen, welches Wort in einer Äußerung das Verb ist" (Rokitzki 2010, 45f.).

Diese notwendige Unterscheidung von Wörtern, die nicht zuletzt auch ihre Reihenfolge im Satz beeinflusst, erreicht Montessori durch die Einführung von verschiedenen, unterschiedlich farbigen Symbolen, die lernergerecht den abstrakten Grammatikstoff veranschaulichen. Die verschiedenen Formen der Symbole stehen in engem Zusammenhang mit der Funktion der jeweiligen Wortart, die sie repräsentieren (vgl. Montessori 1998, 236f.). Das Nomen und alle auf das Nomen bezogenen Wörter werden mit einem Dreieck dargestellt, das Verb mit einem Kreis, wobei jeweils Farben und Größen der Symbole je nach syntaktischer Bedeutung variieren (siehe Übersicht).

Zur Unterscheidung der Wortarten werden den TN einige leichte Faustregeln vermittelt, z. B: „Ein Nomen ist alles, was einen Namen hat / was man anfassen kann / was großgeschrieben wird. Ein Verb ist alles, was man tun kann." Hierbei muss darauf geachtet werden, welche der Regeln in welcher Lerngruppe am erfolgversprechendsten für die Kategorisierung sind. Die Symbolik, dass das Nomen fest auf dem Boden steht (schwarze Pyramide bzw. Dreieck) und das Verb dynamisch ist (roter Ball bzw. Kreis), kann ebenfalls zur Bestimmung herangezogen werden.

Tipp: Arbeit mit Papierstreifen

Besonders in sehr heterogenen Lerngruppen bietet die Arbeit mit Papierstreifen viele Vorteile:

Binnendifferenzierung: Sie können für die Übungsphasen jedem TN je nach Leistungsstand eine individuell passende Anzahl an Wörtern zuweisen und den Schwierigkeitsgrad einer Aufgabe damit stark beeinflussen. Dadurch sind die Arbeitsphasen aller TN ähnlich lang, sodass Leerlauf zwischen den Übungsphasen vermieden werden kann.

Fehlerkorrektur: Zuordnungen und Schreibübungen, die auf einem Arbeitsblatt gemacht werden, müssen in der Regel bei Fehlern noch einmal schriftlich korrigiert werden. Bei der Arbeit mit Papierstreifen kann zunächst die Aufgabe überprüft und per Verschieben korrigiert werden, bevor sie dann schriftlich ins Heft übertragen wird.

Flexibilität: Für die Arbeit mit den Wortartsymbolen sind zudem die Papierstreifen flexibler in der Handhabung, denn der Platz oberhalb der Wörter, der für die Symbole benötigt wird, müsste auf einem Arbeitsblatt extra freigelassen werden, während bei den Papierstreifen der Tisch als Arbeitsfläche mit genutzt werden kann. Sätze auf Papierstreifen können zudem beliebig auseinandergeschnitten und wieder zusammengebaut werden.

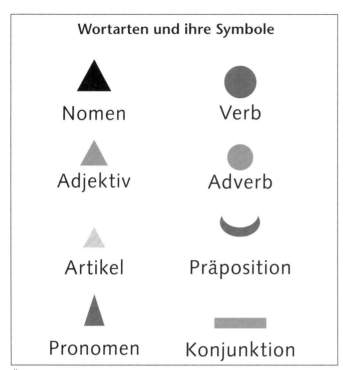

Übersicht über die Wortartsymbole
Die Übersicht in Farbe finden Sie auf der Plattform ▶PL_KapB_Wortartsymbole.

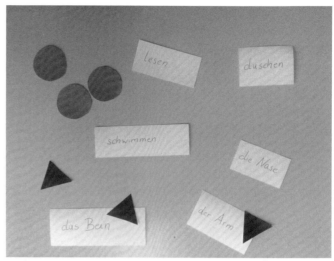

Markierung von Wortarten mithilfe von Symbolen

Bei der Übersicht handelt es sich nicht um eine vollständige Aufstellung aller Wortarten, vielmehr wurden die Symbole aus didaktischen Gründen für die Zielgruppe leicht modifiziert und reduziert. Eine vollständige Übersicht zu den verschiedenen Farben, Formen und Größen der Wortartsymbole – inklusive einer Binnendifferenzierung bei den Verben durch Vollverben, Hilfsverben, finite und infinite Formen – findet sich bei Fischer (2005, 122 ff.).

Nach einer Einführung in die Funktionen und damit in die Erkennungsmöglichkeiten der jeweiligen Wortart erhalten die TN Wörter oder Sätze auf Papierstreifen sowie die farbigen Symbole aus festem Papier, die sie zur Bestimmung oberhalb der entsprechenden Wörter ablegen. Auf diese Weise können zunächst Einzelwörter kategorisiert, später aber auch ganze Sätze analysiert werden.

Die kognitive Fähigkeit der Systematisierung, die zur Lösung von elementaren Grammatikübungen, wie Sie sie im Kursbuch finden, benötigt wird, kann zudem mithilfe der Wortartsymbole und Papierstreifen sehr kleinschrittig angebahnt werden. Während zunächst die Wortart von Einzelwörtern bestimmt wird, kann in einem zweiten Schritt eine Sortierung der Wörter erfolgen, bevor diese dann in der eigentlichen Übung in eine Tabelle geschrieben werden (vgl. die nachfolgenden drei Abbildungen).

Zahlreiche weitere Anregungen für Übungen mit den Wortartsymbolen finden sich bei Bacher/Egouli (2006, 40 ff.) sowie bei Fischer (2005, 104 ff.). Schritt-für-Schritt-Anleitungen zur Herstellung von Wortartsymbolen sowohl für die individuelle Arbeit als auch für die Plenumsarbeit an der Tafel finden Sie auf der Plattform unter ▶PL_KapD_Anleitung_Wortartsymbole.

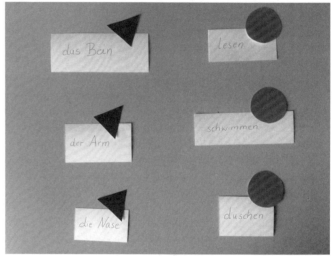

Sortieren von Wörtern der gleichen Wortart

duschen	laufen	Mund	
Po	lesen	trinken	▲ Arm
Bein	schwimmen	Nase	

▲ Nomen	● Verben
Arm	
___	___
___	___
___	___
___	___

Eintragen von Wörtern gleicher Wortart in eine Tabelle,
aus dem Kursbuch, Kapitel 2, Aufgabe 9

Förderung der mündlichen Kommunikation

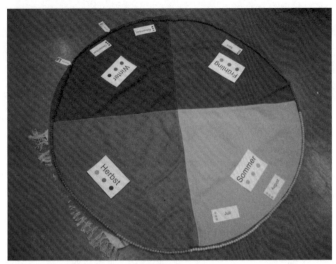

Jahreskreis mit Jahreskette und Wortkarten

Obwohl die Montessori-Materialien ursprünglich für muttersprachliche TN konzipiert wurden, eignen sie sich aufgrund ihres hohen Aufforderungscharakters und ihrer visuellen und haptischen Qualitäten sehr gut als Sprechanlässe auch für fremdsprachliche Kurse. Für die mündliche Erarbeitung der Jahreszeiten, Monate und des Datums eignet sich beispielsweise der Jahreskreis. Die TN lernen das Jahr als Zyklus kennen und verknüpfen die Jahreszeiten symbolisch mit Farben (siehe auch Bildimpuls zu Kapitel 10). Das Material besteht aus einem viergeteilten Kreis aus Fleece-Stoff in den Farben Blau, Grün, Gelb und Rot. Um diesen Kreis herum wird die Jahreskette gelegt, die aus 365 farbigen Perlen besteht, welche wiederum jeweils einen Tag des Jahres repräsentieren. Die Tage können abgezählt und für bestimmte Ereignisse mit beschrifteten Pfeilen markiert werden. Für TN ohne Schulerfahrung bietet der Jahreskreis die Möglichkeit, ein grundsätzliches Verständnis vom zyklischen Ablauf eines Jahres und eine konkrete Vorstellung von abstrakten zeitlichen Einheiten zu entwickeln und damit elementare Kenntnisse der Grundbildung nachzuholen. Fortgeschrittenen TN kann die Veranschaulichung vor allem als visuelle Gedächtnisstütze für den fremdsprachlichen Wortschatz dienen.

Mithilfe von Wortkarten lassen sich im Jahreskreis die Jahreszeiten und Monate festlegen. Zugeordnete Pfeile an der Jahreskette können wichtige Feiertage, Geburtstage oder religiöse Feste markieren. Einige Anregungen und Materialien zur konkreten Arbeit mit dem Jahreskreis finden Sie auf der Plattform unter ▶PL_KapB_Jahreskreis.

Förderung der Lernerautonomie

Ein zentraler Aspekt der Unterrichtsgestaltung nach Montessori ist die materialgestützte Freiarbeit, d. h., die LP stellt geeignete Unterrichtsmaterialien in einer vorbereiteten Umgebung zusammen, aus der die TN Materialien auswählen und konzentriert eigenständig bearbeiten können. Offene Unterrichtsmethoden bieten insbesondere in heterogenen Gruppen die Chance, binnendifferenziert zu arbeiten und den TN bedürfnisgerechte Angebote zu machen. In fremdsprachlichen Alphabetisierungskursen ist die Freiarbeit jedoch nicht ganz unproblematisch: einerseits aufgrund von Verständigungsschwierigkeiten, andererseits aufgrund der Tatsache, dass sich die TN meist nur schwer von der Rückmeldung der LP unabhängig machen können oder möchten und oft nicht in der Lage sind, sich Materialien selbstständig auszusuchen oder ihre Ergebnisse allein zu korrigieren. Die TN müssen daher schrittweise an offenere Unterrichtsformen herangeführt werden, in denen sie lernen können, selbstbestimmter zu arbeiten. Zunächst können einzelne Übungsphasen freier gestaltet und im Wechsel mit gelenktem Unterricht angeboten werden. Die Arbeit an Stationen schließlich kann den TN Orientierung geben, gleichzeitig die erforderliche Wahlfreiheit ermöglichen und so der selbstständigen Vertiefung von Lerninhalten dienen. Hierbei ist zu beachten, dass die LP eine überschaubare Anzahl an Materialien vorbereiten sollte, um die TN mit der Auswahl nicht zu überfordern.

Literatur

Bacher, Kerstin; Egouli, Kerstin, 2006. „Jedes Kind ist anders!" Highlights der Montessori-Pädagogik für Kinder mit sonderpädagogischem Förderbedarf. Donauwörth: Auer.

Blume, Sylvia; Schwarz, Leslie; Witt-Hentschke, Ilka, 1995. Entwicklung und Förderung elementarer Fähigkeiten in der Alphabetisierung und Elementarbildung. Kiel: Landesverband der Volkshochschulen Schleswig-Holsteins e.V.

Fischer, Reinhard, 2005. Sprache – Schlüssel zur Welt. Band 1: Handbuch zur Theorie und Praxis der Spracherziehung in der Montessori-Pädagogik. Donauwörth: Auer.

Kamper, Gertrud, 1985. Der Fähigkeitenansatz. In: Kreft, Wolfgang (Hrsg.). Methodische Ansätze zur Schriftsprachvermittlung. Bonn/Frankfurt a. M.: Deutscher Volkshochschul-Verband. 54–69.

Montessori, Maria, 1969. Die Entdeckung des Kindes. Hrsg. v. Oswald, Paul/ Schulz-Benesch, Günter. Freiburg: Herder. (The discovery of the child, 1948).

Montessori, Maria, 1998. Erziehung für eine neue Welt. Hrsg. v. Ludwig, Harald; Schulz-Benesch, Günter. Freiburg: Herder. (Education for a new world, 1946).

Rokitzki, Christiane, 2010. Der methodische Ansatz nach Maria Montessori in DaF-Alphabetisierungskursen mit Erwachsenen. Anregungen für eine „Grammatik zum Anfassen". In: Zielsprache Deutsch. Eine internationale Zeitschrift für Deutsch als Fremdsprache / Deutsch als Zweitsprache 2/2010. 45–65.

Vorschlag für einen konkreten Unterrichtsverlauf

Unterrichtsphase	Aktivität	Material
Einstieg	Morgenkreis: Die LP fördert mit einfachen Fragen die mündliche Kommunikation.	
Wortschatz (mündlich)	Die LP vermittelt Wortschatz zu den Körperteilen mithilfe der Drei-Stufen-Lektion.	eigener Körper, Folie ▶PL_Kap02_Körperdarstellungen
Lautieren	Die LP demonstriert die Zusammenführung von *a* und *u* zu *au*. Die TN lautieren und nennen anschließend Wörter, in denen *au* vorkommt. Mögliche Folgeaufgabe: Laut-Lokalisierung (▶**Kursbuch, Kapitel 2, Aufgabe 2**).	Sandpapierbuchstaben
Partner-Diktat	Die TN erhalten Papierstreifen mit den Wörtern aus dem Kursbuch, Kapitel 2, Aufgabe 9 (Anzahl der Streifen je nach Leistungsstand des Partners). Die TN diktieren ihrem Partner die Wörter. Dieser legt sie mit dem beweglichen Alphabet. Die Partner korrigieren mithilfe des Papierstreifens gemeinsam das Ergebnis.	bewegliches Alphabet Papierstreifen mit Wörtern
Bestimmung von Wortarten	Die LP wiederholt die Merkmale der Wortarten *Nomen* und *Verb*. Die TN bestimmen die Wortarten der diktierten Wörter, indem sie die richtigen Wortartsymbole oberhalb des jeweiligen Wortes ablegen. Die TN legen anschließend alle Wörter einer Wortart untereinander. Mögliche Folgeübung: Eintragen der Nomen und Verben in eine Tabelle ▶**Kursbuch, Kapitel 2, Aufgabe 9** (vorher ggf. an der Tafel).	Papierstreifen mit Wörtern Wortartsymbole aus Karton ggf. Wortartsymbole aus Moosgummi
Freiarbeit an Stationen	Station 1: Metallene Einsatzfiguren Station 2: Arbeitsblätter von der Plattform Station 3: Wortschatz schreiben (Körper) Station 4: Wortschatz lesen (Körper) Station 5: Lautieren (ausgewählte Buchstaben)	Papier, Stifte, Einsatzfiguren Kopiervorlagen Bildkarten, bewegliches Alphabet Lesedose „Körper" Sandpapierbuchstaben
Abschluss	Die TN berichten kurz von ihren Stationen und präsentieren ggf. Ergebnisse. gemeinsamer Abschluss	

Lesen durch Schreiben (LS)

Anwendungsbereiche der Methode

- Sie möchten die Buchstabenprogression an den Bedürfnissen Ihrer TN ausrichten.
- Sie möchten mit Ihren TN nicht ausschließlich mit Lauten, Silben und einzelnen Wörtern, sondern zusätzlich auch schon mit Sätzen und kleineren Texten arbeiten.
- Sie möchten Sprechanlässe schaffen, um die mündliche Kommunikation Ihrer TN zu fördern.
- Ihre TN sollen lernen, selbstbestimmt zu arbeiten.
- Sie möchten, dass Ihre TN kognitive Fertigkeiten erwerben, z. B. Lernstrategien, logisches Denken, Zuordnen, Lesen von Tabellen sowie Fehlerkorrektur.

Prinzipien, Elemente und Materialien

Lesen durch Schreiben ist eine in den 1970er Jahren von Jürgen Reichen entwickelte Erstlesemethode für die Grundschule. Dieser pädagogische Ansatz soll Kinder zu einem selbstgesteuerten Schriftspracherwerb in der Muttersprache befähigen und bietet zahlreiche Komponenten, von denen einige auch auf den fremdsprachlichen Alphabetisierungsunterricht mit Erwachsenen übertragbar sind.

Die Methode basiert auf der Annahme, dass die TN innere Neugier und großes Interesse an den Lerninhalten mitbringen. Im Vertrauen auf diese Voraussetzung ist es nicht erforderlich, vorwiegend lehrerinduziert vorzugehen, sondern die TN können selbstständig nach ihren eigenen Interessen und in individuellem Tempo lernen (▶MT).

Werkstattunterricht

Das Lernszenario für diese individuelle Arbeit ist der Werkstattunterricht (Freiarbeit), in dem den TN verschiedene methodenspezifische Materialien im Überangebot zur Auswahl angeboten werden. Zu diesen Materialien gehören u. a. buchstabenbezogene Arbeitsblätter mit Anregungen zum Lautieren und Schreiben, wie Sie sie auf der Plattform in Kapitel A finden, thematische Arbeitsblätter und Grammatikübungen von den Plattformkapiteln 1–15, Aufgaben zur Wortschatzerweiterung und Begriffsbildung, spezielle Freiarbeitsmaterialien mit Fehlerkorrektur, wie beispielsweise das Lernkontrollgerät *Kontrollfix®*, sowie im Idealfall ein PC mit Schreiblern- bzw. Diktatsoftware. Zudem können verschiedene Spiele, wie z. B. *Würfelspiele*, *Memo-Spiele* (wie Memory) oder *Domino*, angeboten werden. Im fremdsprachlichen Alphabetisierungskurs besteht beim Werkstattunterricht unter Umständen die Gefahr der kognitiven Überlastung. Die selbstständige Auswahl passender Materialien aus diesem Überangebot und die konzentrierte Bearbeitung der Aufgaben können jedoch durch eine langsame Steigerung der Materialmenge allmählich angebahnt werden.

Das Schreiben kommt vor dem Lesen

Bei der Vermittlung von Lauten und Buchstaben geht es in diesem methodischen Ansatz nicht um das auf Fibeltexten basierende allmähliche Lesenlernen, aus dem sich später die Schreibkompetenz entwickelt, sondern die TN sollen umgekehrt zunächst befähigt werden, Wörter aus ihrem mündlichen Wortschatz lautgetreu aufzuschreiben. Der eigene Ausdruck in schriftlicher Form ist wichtiger als die Sinnentnahme aus fremden Texten.

Die TN produzieren daher zunächst eigene Wörter und Texte und sollen auf diesem Weg das Lesen eigener und fremder Texte nach und nach automatisch erlernen. In diesem Zusammenhang ist es wichtig zu erwähnen, dass Jürgen Reichen nicht von *Lesen* spricht, wenn Wörter langsam entziffert werden, sondern erst dann, wenn bereits eine Ganzworterkennung mit Sinnentnahme stattfindet (vgl. Reichen 2008, 19); siehe auch ▶MT.

Buchstabentabelle und lernerorientierte Progression

Lesen durch Schreiben wendet sich gegen die traditionelle Vorstellung, dass allein die LP darüber zu entscheiden hat, in welchen Lernschritten im Unterricht vorgegangen werden soll. Die Methode stellt dem TN mit der Buchstabentabelle zu einem sehr frühen Zeitpunkt im Lernprozess ein didaktisches Hilfsmittel für den selbstgesteuerten Schriftspracherwerb zur Verfügung. Das lernpsychologische Prinzip des Konzepts geht davon aus, dass Laute und Buchstaben nicht in einer von der LP vorgegebenen, sondern in einer individuellen Reihenfolge und im persönlichen Bezugsrahmen der TN gelernt werden (vgl. Karlas et al. 2008). Die Buchstabentabelle wird daher von Kursbeginn an mit allen Buchstaben des Alphabets gleichzeitig eingeführt und benutzt und sollte sich im Verlauf des Kurses überflüssig machen. Die Progression wird vom TN selbst nach Bedarf und Interesse festgelegt.

Das Grundprinzip des Schriftspracherwerbs nach Reichen ist der Einblick in den Aufbau der Schrift mittels Lauterkennung, Lautanalyse und Lautsynthese. In dieser Hinsicht gibt es eine direkte Verbindung zu den phonetisch vorgehenden Ansätzen (▶PH, ▶MT).

Die Buchstabentabelle enthält Groß- und Kleinbuchstaben des Alphabets sowie Bilder, die den jeweils zugeordneten Laut repräsentieren. Die TN wählen nun ein beliebiges Wort aus, das sie schreiben möchten. Sie suchen sich hierfür aus der Tabelle für jeden Laut im Wort über das Merkwort und die zugehörige Abbildung die entsprechenden Buchstaben heraus (entweder Groß- oder Kleinbuchstaben – nicht beide), setzen diese zu Wörtern zusammen und schreiben auf diese Weise alle Wörter, ohne dass die Buchstaben zuvor in einer bestimmten Reihenfolge eingeführt wurden.

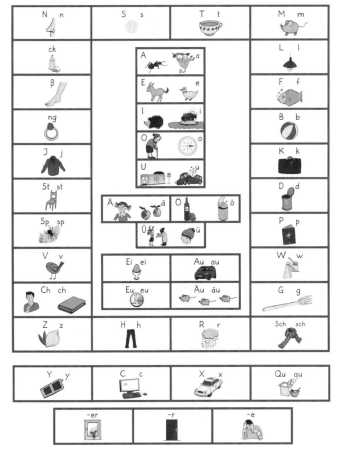

Alphamar-Buchstabentabelle: Konsonanten sind rot und Vokale blau markiert (▶MT)

Lautgetreues oder orthografisches Schreiben?

Bei der Arbeit mit der Buchstabentabelle ist zu beachten, dass es sich bei den Schreibprodukten in der Regel um lautgetreue Verschriftungen handelt, d. h., die TN schreiben die Wörter so, wie sie sie hören und sprechen. Die LP sollte jedoch je nach Lerngruppe gut abwägen, ob und wie lange sie solche teilweise „falschen" Schreibungen zulässt. Dies hängt nicht zuletzt von der zur Verfügung stehenden Zeitspanne (z. B. bis zur Prüfung) und vom Ausmaß einer eventuellen negativen Außenwirkung gegenüber Personen ab, die die Schriftproben der TN außerhalb des Kurses lesen (z. B. Familienmitglieder) und die diese auf die falsche Schreibung aufmerksam machen.

Es ist auch möglich, die adaptierte Buchstabentabelle von Anfang an zeitgleich sowohl für das lautierende als auch für das orthografische Schreiben einzusetzen, denn sie enthält auch Grapheme, die für abweichende Laut-Buchstaben-Zuordnungen erforderlich sind (z. B. ß, -er, äu) sowie jeweils zwei Merkwörter für jeden Vokal, um die Unterscheidung von langen und kurzen Vokalen anzubahnen. Die Abbildungen dieser Merkwörter werden im Kursbuch von Anfang an richtig eingesetzt, aber es bleibt der LP überlassen, ab wann dem TN diese Unterscheidung zuzumuten ist. Zu bedenken ist auch, dass beim Anspruch auf korrekte Orthografie die selbstständige Arbeit der TN eingeschränkt sein dürfte.

Anlauttabelle versus Buchstabentabelle

Eine Anlauttabelle funktioniert nach demselben alphabetischen Prinzip wie eine Buchstabentabelle, jedoch enthält sie ausschließlich Abbildungen, die den entsprechenden Buchstaben tatsächlich im Anlaut verwenden. Eine Buchstabentabelle ist stärker an der Schrift orientiert und enthält neben Anlautrepräsentanten auch Merkwörter für bestimmte In- und Auslaute. Diese Notwendigkeit ergab sich bereits in der Originaltabelle bei Reichen, der die Grapheme für die Auslaute -ng und -ch in seine Tabelle aufnahm. Bei der Adaption im Rahmen des Forschungsprojekts *Alphamar* wurde die Tabelle noch einmal um weitere In- und Auslaute erweitert, um zusätzliche Grapheme (z. B. y oder vokalisches r) und orthografisch relevante Buchstaben (z. B. ß) aufnehmen sowie alle kurzen und langen Vokale jeweils mit einem eigenen Merkwort darstellen zu können (▶PH). So können mithilfe der Buchstabentabelle auch orthografische Verschriftungen angebahnt werden, deren Beherrschung im fremdsprachlichen Alphabetisierungskurs für das Bestehen der entsprechenden Prüfungen unverzichtbar ist.

Auswahl der Merkwörter (Lautrepräsentanten)

Auch die für erwachsene fremdsprachliche TN ungeeigneten Lautrepräsentanten in der Originaltabelle machten eine Adaption erforderlich. Wörter wie *Dinosaurier* (D), *Osterhase* (O), *Überholverbot* (Ü) oder *Eichhörnchen* (Ei) sind recht lang, für die TN schwer auszusprechen und zu merken sowie im Alltag der TN eher irrelevant. Die Merkwörter können für die Zielgruppe u. a. nach folgenden Kriterien ausgewählt werden:

1. Bekanntheitsgrad des Wortes (Vorhandensein und Benutzungsfrequenz im Alltag der TN)
2. Schwierigkeit der Schreibweise und Aussprache
3. Darstellbarkeit

Bei der Entscheidung für oder gegen einen Lautrepräsentanten sollten diese Kriterien gegeneinander abgewogen werden. So ist das Wort *Wolke* zwar leichter zu schreiben als *Wasser*, und *Wolke* lässt sich auch etwas leichter bildlich darstellen, jedoch ist der Begriff *Wasser* den meisten TN besser bekannt, und er wird im Alltag oft benötigt. Bekanntheitsgrad und Relevanz sind ebenso ausschlaggebend für Merkwörter wie *Euro* (statt *Eule*) oder *Osten* (statt *Otter*). Zudem sollte aufgrund der Verwechslungsgefahr bei den Wörtern *Ampel* und *Lampe* möglichst nur eines der beiden als Merkwort eingesetzt werden. Weitere Hinweise zur Konzeption von Anlaut- und Buchstabentabellen finden Sie z. B. bei Thomé (1995).

Für die Buchstabentabelle im Kursbuch wurden folgende Merkwörter zugrundegelegt: *Ameise, Affe, Nase, Oma, Osten, Esel, Ente, Sonne, Tasse, Maus, Lampe, Fisch, Ball, Koffer, Dose, U-Bahn, Unfall, Igel, Insel, Pass, Wasser, Gabel, Schal, Regen, Hose, Mädchen* (Inlaut), *Äpfel, Öl, öffnen, Überfall, Mütze* (Inlaut), *Ei, Auto, Euro, Zitrone, ich* (Auslaut), *Buch* (Auslaut), *Vogel, Spinne, Stuhl, Jacke, Ring* (Auslaut), *Fuß* (Auslaut), *Zucker* (Inlaut), *Mäuse* (Inlaut), *Handy* (Auslaut), *Computer, Taxi* (Inlaut), *Quark, Fenster* (Auslaut), *Tür* (Auslaut) sowie *müde* (Auslaut).

Herausforderungen und Lösungsansätze

Beim Einsatz einer Buchstabentabelle im fremdsprachlichen Alphabetisierungskurs können verschiedene Schwierigkeiten auftreten, denen man bei guter Vorbereitung jedoch angemessen begegnen kann.

1. **Überforderung der TN** durch zu viele Bilder und Buchstaben gleichzeitig
→ Präsentation einer anfangs noch unvollständigen Tabelle:

(a) Wegklappen eines Teils der Tabelle,
(b) Präsentation der Tabelle auf Folie (▶PL_KapA_Buchstabentabelle), wobei zunächst nur die bisher bekannten Buchstaben präsentiert werden und die unbekannten noch abgeklebt sind,
(c) Verteilen einer leeren Tabelle ohne Bilder und gemeinsames Zusammenstellen von Buchstaben und Lautrepräsentanten.

Hierbei können pro Buchstabe auch verschiedene Bilder angeboten werden, die TN wählen ihre eigenen Merkwörter aus und stellen so eine individuelle Buchstabentabelle zusammen. Es ist auch möglich, zu jedem Unterrichtsthema eine neue Tabelle zu entwerfen (z. B. Lebensmittel, Körper usw.), sodass die TN im Verlauf des Kurses nacheinander mit verschiedenen thematischen Tabellen arbeiten und so gleichzeitig ihren Wortschatz erweitern.

2. **Abrufbarkeit von fremdsprachlichem Wortschatz** ist nicht unbegrenzt (Gefahr des Vergessens, Verwechselns und Einprägens einer falschen Aussprache).
→ Einsatz bzw. Zusammenstellung einer muttersprachlichen Anlaut- oder Buchstabentabelle, mit deren Hilfe die deutschen Laute und Buchstaben über ein muttersprachliches Merkwort mit Bild abgerufen werden können.
Zwar weist die Tabelle dann an den Stellen Lücken auf, wo ein bestimmter Laut des Deutschen in der Muttersprache des TN nicht existiert, aber diese Lücken lassen sich auch gut didaktisch nutzen, um phonetische und phonologische Unterschiede zwischen dem Deutschen und der Muttersprache des TN zu thematisieren.

3. **Unbekannter Wortschatz** soll zum Abrufen unbekannter Laute und Buchstaben verwendet werden.
→ Auswahl von Merkwörtern, die für die Zielgruppe geeigneter sind, sowie intensive mündliche Wortschatzarbeit.

4. TN sind nicht in der Lage, die gesuchten **Laute isoliert wahrzunehmen** und im Wort zu lokalisieren.
→ Übungen zur phonologischen Bewusstheit (▶PH).

Kleine Übungstypologie zur Einführung in den Gebrauch der Buchstabentabelle

Sie finden die Buchstabentabelle im Kursbuch (Kapitel A, Aufgabe 8) zu einem Zeitpunkt, zu dem Sie bereits die Buchstaben *a, n, o, e* und *s* eingeführt haben. Diese Buchstaben können Sie nun von den TN zunächst in der Tabelle suchen und die dazugehörigen Bilder benennen lassen, sofern der Wortschatz schon bekannt ist. Um Ihre TN dann an die produktive Arbeit mit der Buchstabentabelle heranzuführen, können Sie bei Bedarf einige der folgenden kurzen Übungen durchführen, die Ihren TN helfen können, das Prinzip der Tabelle zu verstehen und sie als Hilfsmittel anzunehmen.

mündliche Übungen zum Wortschatz und zu An-, In- und Auslauten → Einführung der Merkwörter	Die LP wählt einige Bilder aus und nennt die Merkwörter. Die TN sollen die entsprechenden Abbildungen in der Tabelle finden und den danebenstehenden Buchstaben bzw. die Buchstabenkombination an die Tafel oder ins Heft schreiben.
Wiederholung des Wortschatzes und Erfragen von Merkwörtern Schulung der auditiven Wahrnehmung	Die LP fragt: „Welches Bild steht bei *E*?" „Welches Bild steht bei *T*?" usw.
Zusammensetzen einfacher bekannter Wörter aus den Lauten der Merkwörter	Die LP fragt: „Welche Bilder brauchen wir, um LENA zu schreiben?" „Welche Bilder brauchen wir, um ANTON zu schreiben?" (→ Verständnis des alphabetischen „Baukasten-Prinzips")

Lesen durch Schreiben

schriftliche Übung *Anbahnung der Buchstabentabelle* aus dem Kursbuch (z. B. ▶Kapitel A, Aufgabe 9)	Der Unterschied zum *Anlautrebus* sollte den TN klargemacht werden: In der Buchstabentabelle finden sich viele Bilder, die den danebenstehenden Buchstaben im Anlaut haben, aber die Besonderheit der Tabelle besteht darin, dass auch In- und Auslaute repräsentiert werden.
mündliche *Anbahnung der Buchstabentabelle* („Bilderdiktat")	Die LP diktiert „Bilder" (z. B. *Vogel, Ameise, Tasse, Fenster*). Die TN suchen diese Bilder in der Tabelle und setzen die dazugehörigen Buchstaben zu einem Wort zusammen (→ *Vater*).
selbstständiges Schreiben	Die TN suchen sich kurze, bekannte Wörter aus. Mithilfe der LP (oder in Kleingruppen) versuchen sie, diese Wörter in Laute zu zergliedern, und schreiben die Wörter dann mithilfe der Buchstabentabelle auf.

Lernspiele mit Selbstkorrektur

Materialien für den Werkstattunterricht, mit denen die TN ihr Ergebnis selbstständig kontrollieren können, werden im Rahmen der Methode *Lesen durch Schreiben* „Selbstlerntrainer" oder „Lernkontrollgeräte" genannt, lassen sich aber durchaus in die Kategorie der Lernspiele einordnen (vgl. z. B. *MiniLük®* ▶SP).

Sabefix®, ein weiteres Lernspiel aus der Methode, ist dem Puzzle-Prinzip des Kontrollfix-Lerntrainers sehr ähnlich und enthält neben Aufgaben zum Leseverstehen auch sehr gute Wahrnehmungs-, Anlaut- und Buchstabenübungen sowie zahlreiche Wortschatzaufgaben.

Aufgrund der etwas unübersichtlichen Material-Konzeption ist das System für die fremdsprachliche Zielgruppe jedoch weniger geeignet, da zum Verständnis der Aufgabenstellungen jeweils ausführliche verbale Erklärungen erforderlich sind. Aus demselben Grund sollte auch auf die Verwendung des Original-Denktrainers aus der Methode verzichtet werden, der für die einfache Beantwortung von Leseverständnis-Aufgaben (Richtig-Falsch-Fragen) eine komplexe Steckschablone anbietet, die zwar die Möglichkeit der selbstständigen Fehlerkorrektur eröffnet, jedoch erfahrungsgemäß die kommunikativen Fähigkeiten der meisten TN übersteigt.

Erwerb kognitiver Fertigkeiten

Das Zuordnen von Informationen und das Lesen von Tabellen sind Bereiche der Grundbildung, die in vielen Lehrwerken vorausgesetzt, jedoch nicht explizit geübt werden. Gerade für Gruppen, die hinsichtlich der Schreiberfahrung und Buchstabenkenntnisse sehr heterogen sind, kann der Einsatz einer Buchstabentabelle sinnvoll sein. Die Grundvoraussetzung für ein solches Vorgehen ist jedoch zunächst, dass die TN in der Lage sind, mit tabellarischen Übersichten umzugehen. Dieser Kompetenz sowie anderen präliteralen Fertigkeiten, wie z. B. dem logischen Denken, der Wahrnehmung und Konzentration sowie der Schreibmotorik, wird in der Methode *Lesen durch Schreiben* besondere Aufmerksamkeit gewidmet (siehe auch ▶Fähigkeitenansatz in ▶MT).

Neben Schreibübungen zur Festigung der Buchstabenformen finden Sie daher sowohl im Kursbuch als auch auf der Plattform Übungen zur visuellen und lautlichen Differenzierung sowie Aufgaben, die das Lesen von Tabellen anbahnen. Die Fähigkeit, geschriebene Wörter selbstständig zu kontrollieren und bei Bedarf zu korrigieren, kann ebenfalls mit entsprechenden Übungen gefördert werden (siehe Abbildungen rechts.)

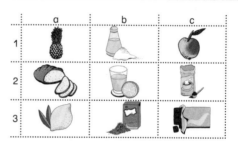

aus dem Kursbuch, Kapitel 1, Aufgabe 13: Sinnentnehmendes Lesen und Angabe der Wortschatzkoordinaten aus einer Tabelle

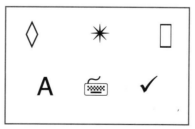

aus dem Kursbuch, Kapitel A, Aufgabe 11: Buchstaben von anderen Symbolen unterscheiden

~~Fuzbal spielen~~
Fußball spielen
_____

fernsen
_____

Katen schpilen
_____

Schport machen
_____

Farrad faren
_____

aus dem Kursbuch, Kapitel 8, Aufgabe 4: Wörter korrigieren

Im Werkstattunterricht können zusätzlich sogenannte Selbstlerntrainer eingesetzt werden, mit deren Hilfe das sinnentnehmende Lesen, das lautierende Schreiben, das analoge Denken sowie die selbstständige Fehlerkontrolle geübt werden. Das Lesetraining *Kontrollfix*® beispielsweise besteht aus 49 roten, nummerierten Kunststoff-Chips, die ähnlich wie Puzzleteile geformt sind. Die TN belegen zunächst die beiden vorgegebenen, grau hinterlegten Zahlen mit den entsprechenden roten Nummernchips. Diese markieren nun den Kontrollpunkt für die jeweilige vertikale Reihe. Anschließend werden die Wörter erlesen und dem richtigen Bild oder Wort zugeordnet, indem der entsprechende Nummernchip auf das Bild oder Wort in der Tabelle gelegt wird. Passen die neu aufgelegten Teile vertikal mit den zuvor aufgelegten Teilen zusammen, ist das Ergebnis korrekt. Das System kann sehr leicht mit passendem Wortschatz für den eigenen Unterricht adaptiert werden. Entsprechende Vorlagen finden Sie auf der Plattform (▶**PL_KapB_Kontrollfix**).

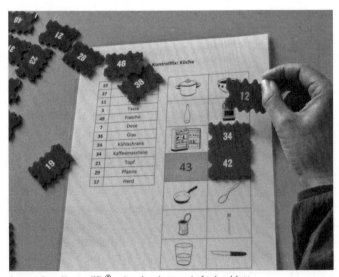

Lerntrainer Kontrollfix® mit adaptiertem Aufgabenblatt

Arbeit mit episodischen Geschichten

Inhaltlich werden die einzelnen Unterrichtsstunden in der Methode *Lesen durch Schreiben* durch episodische Geschichten miteinander verbunden. Im Kursbuch finden Sie zu jedem Thema einen einfachen, kurzen Text über die Familie Rabe, die verschiedene alltägliche Situationen erlebt, wie sie auch im Leben der TN eine Rolle spielen (Einkauf, Arztbesuch, Behördengang etc.), sodass eine Wiedererkennung und Identifikation möglich ist. Zudem gibt es jeweils ein zur Geschichte passendes szenisches Lernbild (▶**PL_Kap..._Bildimpuls**), das zugleich den Beginn und den Abschluss eines jeden Kursbuch-Kapitels markiert.

Die Arbeit mit den Geschichten bietet zahlreiche Möglichkeiten, die mündliche Kommunikation zu fördern:

1. Zum Thema der Geschichte findet zunächst ein Unterrichtsgespräch statt, das das Vorwissen der TN zum Thema aktiviert.
2. Das sehr detailreich gezeichnete Lernbild kann als Sprechanlass für verschiedene Niveaustufen genutzt werden und so auch in heterogenen Kursen gut eingesetzt werden. Schwächere TN benennen zunächst nur Einzelwörter, mündlich fortgeschrittenere TN können bereits Phrasen oder ganze Sätze zur Bildbeschreibung bilden oder auch über Zusammenhänge in der Geschichte mutmaßen.

Episodenbild zum Thema „Familie", aus dem Kursbuch, Kapitel 4

3. Anhand des Lernbildes kann fremdsprachlicher Wortschatz zum jeweiligen Thema eingeführt werden.
4. Die LP kann die Geschichte zunächst mit eigenen Worten erzählen.
5. Auf Grundlage der Erzählung können dann W-Fragen gestellt werden („Wer ist das?" „Wo ist Lena?" usw.). Diese Fragen werden bei jeder Abschlussaufgabe im Kursbuch zusätzlich schriftlich umgesetzt.
6. Die TN können die Geschichte nacherzählen und dabei den erworbenen Wortschatz und gehörte Satzstrukturen wiederholen.
7. Die LP kann die Geschichte schließlich vorlesen oder von der CD vorspielen.
8. Das Hörverständnis kann mit Richtig-Falsch-Aufgaben überprüft werden (z. B. ▶**PL_Kap05_Auf15**).
9. Zusätzlich gibt es auf der Plattform zu jeder Geschichte einen Dialog, der gehört und geübt werden kann.
10. Die TN können die Geschichte schließlich selbst lesen. Der Lesetext kann auch zu Hause von den TN vorbereitet werden.

Wenn die Geschichte für Ihre Lerngruppe noch zu schwer erscheint, ist es auch möglich, im Sinne des sogenannten *Spracherfahrungsansatzes* (vgl. Wagener/Drecoll 1985) die TN selbst einen kurzen Text zum Bild in der Fremdsprache formulieren zu lassen. Hierbei können Sie stellvertretend für die TN diese Geschichte dann aufschreiben und im Kurs als Basis für Schreib- und Leseübungen verwenden. Der Vorteil liegt darin, dass die Texte genau dem Sprachniveau Ihrer Zielgruppe entsprechen, da nur aktiv gebrauchte Wörter und Strukturen einfließen und schriftlich erlernt werden, und dass auch eigene Erfahrungen und Ideen und somit besonders relevanter Wortschatz aus der Lebenswelt der TN Eingang in die Geschichten findet.

Literatur

Karlas, Maria; Karpe, Susann; Siepel, Constance, 2008. Lesen durch Schreiben: Methode zum selbstgesteuerten Schriftspracherwerb in der Primarschule nach Jürgen Reichen. Online: http://www.uni-leipzig.de/herder/projekte/alpha/frames/main5.3.htm. Zugriff am 30.05.2011.
Reichen, Jürgen, 2008. Hannah hat Kino im Kopf. Die Reichen-Methode Lesen durch Schreiben und ihre Hintergründe für LehrerInnen, Studierende und Eltern. 5. Auflage. Hamburg: Heinevetter Verlag.
Reichen, Jürgen, 2001. Kontrollfix plus. Kontrollgerät zum eigenständigen Lernen. Hamburg: Heinevetter Verlag.
Thomé, Günther, 1995. Über die Konzeption von Anlauttabellen. Oder: Schreiben wir mit Buchstaben? In: Brügelmann, Hans; Balhorn, Heiko; Füssenich, Iris (Hrsg.). Am Rande der Schrift. Zwischen Sprachenvielfalt und Analphabetismus. Lengwil: Libelle. 299–305.
Wagener, Monika; Drecoll, Frank, 1985. Der Spracherfahrungsansatz. In: Kreft, Wolfgang (Hrsg.). Methodische Ansätze zur Schriftsprachvermittlung. Bonn/Frankfurt a. M.: Deutscher Volkshochschul-Verband. 34–53.

Vorschlag für einen konkreten Unterrichtsverlauf

Unterrichtsphase	Aktivität	Material
Unterrichtsgespräch	LP: „In meiner Küche gibt es … (einen Tisch, Töpfe, eine Kaffeemaschine usw.) Was gibt es alles in Ihrer Küche?" Wortschatz zu den Lebensmitteln wird ggf. wiederholt; Vorwissen zum Küchenwortschatz wird aktiviert.	
Mündliche Erarbeitung des Wortschatzes zur Geschichte	Besprechung des Lernbildes zur Geschichte mögliche Wörter: *Kartoffeln, Kühlschrank, Käse, Messer, schälen, Topf, Maria, Lena, Tisch, Wasser, Wurst, Flasche*	Lernbild auf Folie ▶PL_Kap05_Bildimpuls
Schreiben mit der Buchstabentabelle	Die TN wählen aus den eingeführten oder wiederholten thematischen Wörtern vom Lernbild einige aus, die sie mithilfe der Buchstabentabelle selbst schreiben.	Buchstabentabelle (selbst erstellt oder ▶Kursbuch, Kapitel A, Aufgabe 8)
Mündliche Kommunikation	LP: Erzählen der Geschichte Formulieren von mündlichen W-Fragen zum Lernbild: „Wo ist …?" „Was ist …?" „Wer …?"	▶Kursbuch, Kapitel 5, Aufgabe 15
Hörverstehen	LP: Vorlesen der Episodengeschichte oder Vorspielen von CD	41
Verständnissicherung	Beantworten von Richtig-Falsch-Fragen zum Text	▶PL_Kap05_Auf15
Werkstattunterricht	schriftliche W-Fragen zum Lernbild	▶Kursbuch, Kapitel 5, Aufgabe 15
	Wortschatz-Arbeitsblätter	▶Kursbuch, Kapitel 5, Aufgabe 9 und PL-AB dazu
	buchstabenbezogene Arbeitsblätter aus Kapitel A	z. B. ▶PL_KapA_ü
	Kontrollfix®: Vorlage *Küche* (je nach Interesse der TN auch mit anderen Themen)	Kontrollfix®-Plättchen und verschiedene Vorlagen ▶PL_KapB_Kontrollfix
Abschluss	Zusammentragen von Ergebnissen aus dem Werkstattunterricht	

Rückgriff auf die Muttersprache (RG)

Anwendungsbereiche der Methode

- Sie wollen grammatische Kategorien und Phänomene vermitteln, doch Ihre TN kennen diese Kategorien selbst in der Muttersprache nicht.
- Sie wollen sprachkontrastiv arbeiten.
- Sie wollen den TN das Lernen des Deutschen vereinfachen, indem Sie Bezüge zur Muttersprache herstellen.

Prinzipien, Elemente und Materialien

Als Erwachsener kann man eine Sprache lernen, indem man sie systematisch in einem Fremdsprachenunterricht lernt oder indem man sie ungesteuert, also ohne Unterricht, lernt. Viele TN im Alphabetisierungsunterricht haben schon ungesteuert Deutschkenntnisse erworben. Wenn man eine Sprache über Unterricht lernt, werden nicht nur Wörter und Sätze (mündlich und schriftlich) gelernt, sondern es wird auch Wissen über Sprache erworben. Dieses Wissen über Sprache sind z. B. Kategorien wie Nomen und Verben. TN, die auch in ihrer Muttersprache nicht oder nicht vollständig alphabetisiert sind, ist das System *Sprache* bisher nicht oder nur wenig bekannt. Sie lernen also nicht nur Lesen und Schreiben **in** einer (und **über** eine!) Fremdsprache, sondern lernen auch zum ersten Mal explizit etwas über grammatische Phänomene.

Grammatische Kategorien zu lernen ist erheblich schwerer, wenn dies in einer Fremdsprache erfolgt. Über den Rückgriff auf die Muttersprache soll dieser Schritt erleichtert werden, indem die Muttersprache an sinnvollen Stellen herangezogen wird, um Grammatik zu verstehen.

Es gibt verschiedene Modelle, sprachkontrastiv zu alphabetisieren. Dabei spielt es eine wichtige Rolle, ob alle TN eines Kurses dieselbe Muttersprache haben und ob neben dem Deutschen auch in der Muttersprache alphabetisiert werden soll. So kann man in der Muttersprache mit der Alphabetisierung anfangen und diese dann im Deutschen fortführen, was sinnvoll ist, wenn z. B. Türkisch (da sie auch in lateinischen Buchstaben verschriftet ist) die Muttersprache aller TN ist. Die Muttersprache dient hier als leichter Einstieg in das Lesen und Schreiben (Modell der zweisprachigen Alphabetisierung vgl. Feldmeier 2005: 4 Modelle nach Verhoeven 1987).

In diesem Kapitel wird von einer TN-Gruppe ausgegangen, die unterschiedliche Muttersprachen hat und deren Ziel es ist, im Deutschen alphabetisiert zu werden. Der Rückgriff auf die Muttersprache erfolgt also nicht mit dem Ziel, in der Muttersprache alphabetisiert zu werden. Es ist auch nicht notwendig, dass die TN explizites Wissen über die Struktur der Muttersprache haben. Dennoch werden Wege beschrieben, wie die Muttersprache genutzt werden kann.

Die LP holt die Muttersprachen der TN in den Unterricht und zeigt Wege zum Sprachvergleich auf, ohne dass sie umfassende Kenntnisse in den Muttersprachen der TN haben muss. Hilfreich ist es aber, wenn Sie etwas Grundwissen haben, und das finden Sie in diesem Kapitel.

> Kategorien wie Wortarten oder syntaktische Strukturen sind abstrakt und deshalb für viele TN schwer zu verstehen. Doch besonders schwer ist es, solche Strukturen über eine Fremdsprache vermittelt zu bekommen. Und noch schwerer, die Strukturen einer Fremdsprache zu lernen, bevor man sie in der Muttersprache gelernt hat. Daher setzt diese Methode an dem Prinzip an, insbesondere grammatische Phänomene zunächst bzw. auch in der Muttersprache zu erkennen.
> Bedeutend ist bei dieser Herangehensweise auch der Vergleich zwischen der Muttersprache und dem Deutschen in Bezug auf Laute, Grammatik und Wortschatz (sprachkontrastives Vorgehen).

Der Rückgriff auf die Muttersprache kann auf drei verschiedenen Ebenen erfolgen:

Lautliche Ebene

Jede Sprache hat ihr eigenes Inventar an Lauten und Phonemen. Das bedeutet, dass es eine bestimmte Menge an Lauten gibt, die in einer Sprache verwendet werden. Wenn Lautunterschiede dazu dienen, Wörter voneinander zu unterscheiden, dann spricht man von Phonemen. Im Deutschen kann sich die Wortbedeutung verändern, wenn zum Beispiel die Laute [u:] und [o:] in einer ansonsten gleichen Lautkette ausgetauscht werden: *tut* und *tot*; *u* und *o* sind somit Phoneme des Deutschen. In anderen Sprachen (z. B. Arabisch und Paschtu) kann man auch beide Laute hören, doch sie unterscheiden keine Wortbedeutungen. Den Sprechern ist oftmals nicht bewusst, dass sie zwei verschiedene Laute sprechen. Probieren Sie aus, ob TN, die Schwierigkeiten mit der lautlichen Unterscheidung von [u] und [o] im Deutschen haben, bekannte Ländernamen mit diesen Vokalen aussprechen, wie *Sudan* und *Oman*. Wenn Sie hier einen Lautunterschied hören, der dem deutschen [u] und [o] ausreichend nahekommt, dann sensibilisieren Sie für diese Unterschiede.

Wenn ein Laut des Deutschen in der Muttersprache des TNs unbekannt ist, muss dieser TN diesen Laut neu lernen. Doch nicht immer entstehen Aussprache- oder Hörschwierigkeiten aufgrund dessen, dass ein Laut in der Muttersprache nicht vorhanden ist. Mitunter ist dieser vermeintlich unbekannte Laut vorhanden, unterliegt aber anderen Gesetzmäßigkeiten als im Deutschen.

Eine solche Gesetzmäßigkeit ist im Deutschen die Aussprache von *ch* aufgrund des vorangehenden Vokals: Steht ein *a*, *o* oder *u* vor dem *ch*, so spricht man [x] (den sogenannten *ach*-Laut, wie in *Buch*). Ansonsten spricht man [ç] (die sogenannte *ich*-Variante, wie in *ich*).

Wenn griechische TN deutsche Wörter mit *ch* falsch aussprechen, dann kann es sein, dass sie die Ausspracheregeln der Muttersprache angewendet haben. Die Laute [ç] und [x] sind in beiden Sprachen bekannt, auch ist die Aussprache von der Stellung im Wort abhängig. Im Griechischen ist aber nicht der vorangehende, sondern der nachfolgende Laut ausschlaggebend für die Aussprache: Folgt *a*, *o* oder *u*, spricht man [x], folgt *e* oder *i*, spricht man [ç]. Wichtig für die LP ist also, dass der griechische TN keinen neuen Laut lernen muss. Man kann bei der Aussprachekorrektur von dem bekannten Laut ausgehen:

1. Das Zielwort *Echo* wird so verändert, dass der Lerner automatisch den gewünschten Laut ausspricht: *Echi* (der gewünschte *ich*-Laut wird gesprochen).
2. Der Ziellaut wird hervorgehoben und bewusstgemacht: *Echchch*. Wichtig ist dabei, dass der TN an das Wort *Echi* (d. h. ein folgendes *i*) denkt. Notfalls das *i* noch stehen lassen, aber *ch* dehnen).
3. Der Ziellaut ist bewusst und die Buchstaben werden ausgetauscht: *Echo* (der *ich*-Laut wird beibehalten, doch die „fremde Umgebung", also ein [o], wird an den *ich*-Laut angehängt) (vgl. Storch 1994, 81).

Auch mit wenigen Sprachkenntnissen von Seiten des TNs können Sie diese Übung durchführen. Falls es nicht sofort klappt, versuchen Sie es am nächsten Unterrichtstag wieder, um dem TN Zeit zu geben, sich an diese Art der Übung zu gewöhnen. Diese Sensibilisierung für einen bestimmten Laut und die Schaffung einer neuen lautlichen Umgebung ist auf andere Ausspracheprobleme übertragbar. Wenn Sie herausfinden möchten, ob es in der Muttersprache des TNs eine solche andere Gesetzmäßigkeit gibt, lassen Sie Silben nachsprechen, in denen unterschiedliche Vokale vor oder nach dem Ziellaut (dem Konsonanten) stehen.

> Ein häufiger „Auslöser" für eine bestimmte Aussprache von Konsonanten sind die hinteren und die vorderen Vokale. Hintere Vokale sind z. B. *o* und *u*. Diese Vokale werden im hinteren Bereich des Mundes gebildet. Vordere Vokale sind z. B. *e* und *i*. Sie werden im vorderen Bereich des Mundes gebildet. Diese unterschiedliche Zungenlage können sie nachfühlen, wenn Sie langsam von *i* zu *u* gehen.

Nicht nur der Nachbarlaut kann eine bestimmte Aussprache provozieren, sondern auch die Position eines Lautes am Wortanfang oder Wortende. Im Thailändischen gibt es die beiden Laute [l] und [n]. Jedoch kommt [l] am Wortanfang und [n] am Wortende vor. Das Wort *Ball* wird also tendenziell wie *Bann* ausgesprochen. Auch hier können Sie zunächst für den Ziellaut in der vertrauten Umgebung sensibilisieren:

1. Sensibilisierung: *Lampe, La*
2. Bewusstes Wahrnehmen: *lllll, llla*
3. Fremde Umgebung schrittweise anfügen: *Ba-llla, Balllla, Ball.*

Falls ein Wort wie *Hund* aus dem Munde eines Thailänders für einen Deutschen eher wie *Huhn* klingt, liegt dies nicht unbedingt daran, dass *t* oder *d* am Wortende im Thailändischen nicht vorkäme. Mit Deutsch als Muttersprache ist man es gewohnt, dass auslautendes *p*, *t* und *k* (stimmlose Plosive) mit einer Behauchung gesprochen werden. Die Zunge löst sich hörbar von der Artikulationsstelle. Im Thailändischen dagegen werden Plosive am Wortende nicht gelöst (vgl. Tingsabadh 1999, 149), d. h., die Stimme verstummt, noch ehe die Zunge sich vom Artikulationsort löst. Da wir vom deutschen Lautsystem nicht auf solche Laute vorbereitet sind, hören wir sie nicht. Wir hören *Hun*. Das Gehirn sucht nach einer passenden Bedeutung und findet das nächstliegende Wort *Huhn*.

Auch hier muss der Thailänder das behauchte und gelöste *p*, *t* oder *k* nicht neu lernen. Er kennt diese Laute am Wortanfang; lassen Sie also Wörter wie *Tasse* oder *Tee* sprechen und verfahren Sie wie oben beschrieben, um den behauchten Laut ans Wortende zu bringen.

Es ist also eine Hilfe, wenn man weiß, dass Laute sich in einer bestimmten lautlichen Umgebung unterschiedlich verhalten können. Bevor man davon ausgeht, dass ein Laut ganz neu gelernt werden muss, kann man also versuchen herauszufinden, ob er nur einer anderen Gesetzmäßigkeit unterliegt.

a) Gewisse Laute kommen in manchen Sprachen nur am Anfang oder nur am Ende des Wortes vor. Wenn also ein Laut in einem Wort nicht korrekt gesprochen wird, dann kann man diesen Laut in Silben am Anfang und am Ende sprechen lassen. Wenn man weiß, an welcher Position ein Laut korrekt gesprochen wird, dann kann man ihn an die Zielposition bringen.
b) Wie am Beispiel des Griechischen gesehen, können sich Laute verändern, wenn gewisse andere Laute neben ihnen stehen.

Das klappt natürlich nicht immer, denn, wie schon oben gesagt, kommen nicht alle Laute in allen Sprachen vor.

Wenn man etwas buchstabenweise entziffert, versucht man sich meist sehr schnell eine Vorstellung von dem zu machen, was man erliest. Man versucht also, eine Bedeutung im Wort zu entdecken. Das geht natürlich nur, wenn man das Wort kennt. Eine Erleichterung wäre es also, muttersprachliche Wörter zu lesen. Dazu können Sie Wörter aus der Muttersprache der TN in lateinische Buchstaben umschreiben und erlesen lassen ▶PL_KapB_Muttersprachen.

Rückgriff auf die Muttersprache

Muttersprachliche Wörter in lateinischen Buchstaben (nach deutscher Laut-Buchstaben-Zuordnung) lesen

Buchstabenebene

Übertragungsfehler können auch auf Buchstabenebene auftreten:

Buchstabenähnlichkeit: Das arabische Zeichen für *a*, ا, sieht dem deutschen *l* und *i* ähnlich.

Schreibrichtung einzelner Buchstaben: Wenn ein Alphabet gelernt wurde, in dem die Schreibrichtung von rechts nach links ist, dann kann es sein, dass ein TN diese Schreibrichtung auch für einzelne Buchstaben umsetzt, auch wenn das Wort, in dem der Buchstabe geschrieben wird, von links nach rechts geschrieben wird:

Schreibrichtung des Buchstabens r von links nach rechts und von rechts nach links

Buchstabenanordnung: Im Thailändischen hat jeder Vokal eine feste Position über, unter, vor oder hinter dem Konsonanten, nach dem er gesprochen wird. Insbesondere vor dem Konsonanten stehende Vokale, die nach ihm gesprochen werden, können zu Interferenzen in der Buchstabenreihenfolge im Deutschen führen.

Interferenzen in Bezug auf das Schreiben der Buchstaben betreffen meist die Schreibökonomie und damit die Schreibgeschwindigkeit oder die Schreibakkuratheit. Jedoch können solche Umsetzungen auch Ausdruck eines persönlichen Stils sein, die zu beheben den TN stärker strapazieren würden als die einmal angewöhnte Schreibweise zu behalten. Es ist also individuell zu entscheiden, ob und wie hier Korrekturen notwendig sind.

Sie können auch zeigen, wie sich verschiedene Alphabete voneinander unterscheiden, indem Sie Freiwillige bitten, das Alphabet an die Tafel zu schreiben. So können Buchstabenähnlichkeiten und -unterschiede sichtbar gemacht werden. Dies kann ein guter, allgemeiner Einstieg in diese Methode sein; Sie können fragen, wer das Alphabet auf Deutsch und in anderen Sprachen aufsagen kann.

Grammatik

Im Bereich der Grammatik geht es auf der einen Seite darum, die Muttersprache so heranzuziehen, dass das Verstehen des zu Erlernenden erleichtert wird. Auf der anderen Seite gelten sprachkontrastive Betrachtungen allgemein für das Lernen als förderlich (vgl. z. B. Karagiannakis 2008, 47).

Konjugationsformen zu lernen und sie anzuwenden setzt voraus, dass erkannt wird, (a) welches Wort das Verb ist, (b) welches Wort das Nomen oder Pronomen ist, das sich auf das Verb bezieht (Subjekt) und (c) zu wissen, wie die korrekte Endung bezüglich des Subjekts lautet. Unter diesem Blickwinkel könnte ein ausbleibender Lernerfolg für dieses sehr abstrakte Schema, das vermutlich im Alltag des TNs seinen mündlichen Kommunikationserfolg für ihn nicht merklich verbessert, verständlich sein. Rückgriff auf die Muttersprache bedeutet hier, das Prinzip der Konjugation zunächst in der Muttersprache bewusstzumachen. Voraussetzung ist natürlich, dass die Sprache eine Konjugation aufweist. Sie können ein bereits bekanntes Verb nehmen, vielleicht *trinken*, und dieses für verschiedene Formen in die Muttersprachen übersetzen lassen: „Was heißt *ich trinke, er trinkt, wir trinken* in Ihrer Muttersprache?" Es kann sein, dass ein TN über die Übersetzung erst nachdenken muss (schließlich ist er kein gelernter Dolmetscher) oder Diskussionen mit TN der gleichen Muttersprache ausgelöst werden. Hier ist selbstverständlich ein wenig Geduld gefragt. Sie können die Übersetzungen, so wie Sie sie verstehen, in lateinischen Buchstaben an die Tafel schreiben (lassen). Dabei könnten solche oder ähnlich transkribierte Formen entstehen:

ich trinke	er trinkt	
se zchem	hara zche	Paschtu *ch* wird hier für den velaren Frikativ wie in *Buch* verwendet.
ana aschrab	huua iaschrab	Arabisch
yeseti alechu	yeseti alo	Tigrinya

41

tschan d<u>üü</u>m	khau d<u>üü</u>m	Thailändisch (Töne unmarkiert)
itschijorum	itschijor	Türkisch Achtung: Das Türkische wird in lateinischen Buchstaben verschriftet. Hier ist aber nicht die türkische Orthografie zu sehen, sondern das türkische Wort in einer deutschen Laut-Buchstaben-Zuordnung, wie man es schreiben könnte, wenn man nicht auf Türkisch lesen und schreiben gelernt hat!

Wenn Laute geschrieben werden sollen, die es im Deutschen nicht gibt, dann kann man sich auf ein bestimmtes Zeichen oder eine Markierung einigen. Im Beispiel oben wurde ü unterstrichen, da der thailändische Laut an dieser Stelle nicht gleich dem deutschen ü ist, sondern allenfalls ähnlich (hier ergeben sich Interferenzen in der Aussprache). Über die Transkription in lateinische Buchstaben werden somit auch lautliche Interferenzen bewusstgemacht sowie das lautliche Hören in der Muttersprache geübt, sofern der TN selbst das Wort an die Tafel schreibt.

Ziel ist es nicht, die TN in ihrer Muttersprache zu alphabetisieren, eine perfekte Transkription in lateinische Buchstaben zu erfinden oder die TN zu genau der Umschrift zu bringen, die Sie selbst als korrekt empfinden. Vielmehr sollten die TN die Möglichkeit erhalten, ihr Wissen über die eigene Muttersprache einzubringen (z. B. Übersetzungen, wie in der Tabelle links zu *trinken*) und zu Erkenntnissen in Bezug auf Sprachsysteme zu gelangen.

Sie können nun verschiedene Strategien ausprobieren: Verwenden Sie das Pronomen zusammen mit der falschen Verbform (*se zche*) und fragen Sie, ob das korrekte Paschtu war. (Es kann Ihnen natürlich passieren, dass die TN Sie nicht korrigieren wollen oder es andere Gründe gibt, die dazu führen, dass dies von den TN nicht als falsch erklärt wird.) Finden Sie zusammen mit den TN die Konjugationsmarkierungen. Stellen Sie den Bezug zur Konjugation im Deutschen her.

Sie benötigen also kein umfangreiches Wissen über die Muttersprachen der TN. Hilfreich ist es aber, wenn Sie wissen, dass es Sprachen gibt, in denen nicht konjugiert wird (z. B. Thailändisch) und dass die Konjugationsmarkierung nicht zwangsläufig hinten steht, sondern auch am Anfang des Verbs stehen kann (z. B. Arabisch, Tigrinya).

Nicht zu vernachlässigen ist der Gebrauch der Muttersprache unter den TN während des Unterrichts, um einander Phänomene zu erklären oder Gelerntes zu diskutieren. So kann ein TN, der ein Prinzip verstanden hat, dies in seiner Muttersprache einem anderen TN erklären, dessen Deutschkenntnisse vielleicht noch nicht ausreichen, um der Erklärung der LP zu folgen, oder dem es aus anderen Gründen schwerfällt, das zu lernende Phänomen über die Vermittlung auf Deutsch zu verstehen. Der Gebrauch der Muttersprachen im Unterricht sollte also nicht prinzipiell als lernhemmend angesehen werden.

Zum Einbezug der Muttersprachen in den Unterricht vergleiche auch das BAMF-Konzept (Feldmeier 2009, 104 f. und 128).

Syntax

	Wörtliche Übersetzung	
▲ ● ▲ Ich trinke Wasser.		
▲ ● ▲ tschan d<u>üü</u>m naam	*ich trinken Wasser.	Thailändisch
▲ ▲ ● se uba skem	*ich Wasser trinke.	Paschtu
▲ ▲ ● me paani pi rahan hoon	*ich Wasser trinke.	Urdu
▲ ▲ ● may yeseti' alechu	*Wasser ich trinke.	Tigrinya

Syntax

Auch im Bereich der Syntax kann es hilfreich sein, zu wissen, worauf man achten muss. Um die Satzstellung zu vergleichen, können Sie mit Symbolen zur Kennzeichnung der Wortarten arbeiten (▶MT). Diese Symbole sollten bereits bekannt sein, wenn Sie sie für den Rückgriff auf die Muttersprache verwenden.

Beim Vergleich des Satzes *Ich trinke Wasser* können Sie und die TN feststellen, dass im Thailändischen die Struktur eines einfachen (vergleichbaren) Hauptsatzes wie im Deutschen ist, nur dass das Verb unverändert (im Infinitiv) bleibt. Im Paschtu steht das konjugierte Verb am Ende des Satzes. Über die Wortartsymbole kann man die unterschiedliche oder gleiche Struktur leicht erkennen (s. Tabelle S. 42).

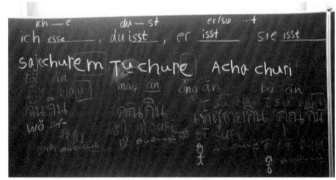

Grammatik-Vergleich (Konjugation) an der Tafel

Feststehende Wendungen können zu falschen Übertragungen führen. So kann es sein, dass die Frage „Was haben Sie gestern gemacht?" eine Antwort wie „Ich habe Arbeit gemacht." hervorruft. Dies kann deshalb entstehen, weil die Struktur des Fragesatzes mit „machen" beibehalten wurde. Es kann sich aber auch um eine Übertragung einer in der Muttersprache üblichen Konstruktion mit *machen* handeln. So können im Paschtu z. B. *arbeiten*, *schlafen* und *anrufen* mit *Arbeit machen*, *Schlaf machen* und *Telefon machen* ausgedrückt werden. Auch in der Sprache Urdu gibt es solche ähnlichen Formen: *me telefoon karr raha hoon* (= *ich tue Telefon) oder *men kaam karr aha hoon* (= *ich mache Arbeit).

Wortschatz

Auch für den Wortschatz bietet sich ein Sprachvergleich an; so können zum Beispiel kulturelle Konnotationen eine interessante Rolle spielen. Die Farbmarkierungen im Jahreskreis (grün für Frühling, gelb für Sommer, rot für Herbst und blau für Winter ▶MT) sind vor dem Hintergrund des Klimas und der kulturell geprägten Farbempfindung hierzulande (in Europa) zu sehen. Die Sonne (als Zeichen des Sommers und der Wärme) wird häufig gelb gemalt. Rot steht für die rote Farbe des Laubes im Herbst, Grün für das Sprießen der Pflanzen im Frühling und Blau für die Kälte des Winters. In diesem Fall beeinflusst der Wechsel der Jahreszeiten die Farbkonnotation. Doch ist auch Rot eindeutig die Farbe der Hitze, wenn man die Farbgebung an Wasserhähnen bedenkt. Im Paschtu werden die Wörter *rot* und *heiß* beide mit *sur* übersetzt. Wenn Sie also z. B. mit dem Jahreskreis arbeiten, können Sie darüber sprechen, welche Farben die TN den Jahreszeiten zuordnen würden und weshalb. Auf Tigrinya heißt *suhul* „kalt", das Wort kann aber auch für jemanden, der sehr langsam arbeitet, verwendet werden.

Weitere Informationen und Übersetzungen finden Sie auf der Plattform unter ▶PL_KapB_Muttersprachen.

Literatur

Feldmeier, Alexis, 2005. Die kontrastive Alphabetisierung als Alternativkonzept zur zweisprachigen Alphabetisierung und zur Alphabetisierung in der Zweitsprache Deutsch am Beispiel der Sprachen Kurdisch und Türkisch. In: DaZ 2/2005. Baltmannsweiler: Schneider. 42–51.

Feldmeier, Alexis, 2009. Konzept für einen bundesweiten Alphabetisierungskurs. Online: www.integration-in-deutschland-de. Zugriff am 14.10.2009.

Karagiannakis, Evangelia, 2008. Sprachliche Heterogenität und Mehrsprachigkeit im Unterrichtsraum – kostbare Ressource für den DaZ-Unterricht. In: DaZ Sonderheft 2008. Baltmannsweiler: Schneider. 43–51.

Storch, Günther, 1994. Kontrastivität als ein Grundpfeiler der Ausspracheschulung. In: Breitung, Horst (Hrsg.). Phonetik, Intonation, Kommunikation. München: Goethe-Institut. 75–89.

Tingsabadh, M. R. Kalaya; Abrahmson, Arthur S., 1999. Thai. In: Handbook of the International Phonetic Association. Cambridge [u. a.]: Cambridge University Press. 147–150.

Verhoeven, Ludo, 1987. Ethnic minority children acquiring literacy. Foris Publications, Dordrecht, Holland/Providence, USA: Foris.

Vorschlag für einen konkreten Unterrichtsverlauf

Unterrichtsziele: Veranschaulichung der Konjugation unter Zuhilfenahme der Muttersprachen, sowohl sprachkontrastiv als auch im Hinblick auf die Bewusstmachung in der Muttersprache; Wortschatzarbeit und Kommunikation zum Thema *Ernährung*

Unterrichtsphase	Aktivität	Material
Einstieg	Gesprächsrunde z. B. zu Ernährung, was man gerne isst	
Wortschatz	Wortschatz zu Nahrungsmitteln (neu einführen oder bekannten Wortschatz wiederholen) z. B. mit Bildkarten	Bildkarten
Schreiben	Übungsaufgabe zum Thema *Nahrungsmittel*	Übungsaufgabe z. B. Wort-Bild-Zuordnung, Wortschatzkoordinaten, Bilderdiktat
Grammatik	Wiederholung mündlich: Was sind Verben? Was sind Pronomen? evtl. auch: Was sind Nomen?	
	LP nennt ein Wort (z. B. *essen, ich, Tomate*) und die TN sollen sagen, ob es sich dabei um ein Verb, ein Pronomen (oder ein Nomen) handelt.	
Festigung	Zur schriftlichen Übung und Festigung könnte nun eine Aufgabe zur Zuordnung der genannten Wortarten in eine Tabelle erfolgen.	Übungsaufgabe (*Nomen,*) *Pronomen und Verben*
Grammatik	Übersetzen von *trinken* in die Muttersprachen, zunächst nur mündlich. Übersetzen von *ich trinke, er trinkt* (oder auch weitere Formen, je nach Bedarf) in die Muttersprachen. LP oder TN schreiben die Formen in lateinischen Buchstaben oder muttersprachlichen Schriftzeichen an die Tafel. Markierung der Pronomen und Verben mit den Wortartsymbolen (▶MT). Kennzeichnen der Konjugationsmarkierung im Verb. Das Phänomen Konjugation wird bewusstgemacht und die Konjugation im Deutschen und in der Muttersprache werden verglichen.	

Sprechen	Sätze mit *trinken* bilden lassen. Beispiele: – ein Pronomen vorgeben (*ich*). LP zeigt eine Bildkarte (*Saft*), und ein Satz soll gebildet werden (*Ich trinke Saft.*). Wenn einige Sätze gebildet wurden, gibt die LP ein neues Pronomen vor, usw. – verschiedene Pronomen an die Tafel schreiben. LP zeigt auf ein Pronomen (*er*) und zeigt eine Bildkarte (*Wasser*). Aus beiden Wörtern soll ein Satz gebildet werden (*Er trinkt Wasser.*), usw. – Fragen beantworten: Was trinken Sie? / Was trinken Sie morgens/mittags/abends? Was trinken Ihre Kinder? Was trinkt *Name eines TNs*?	Bildkarten	
Schreiben	Beispiele: LP zeigt eine Bildkarte (*Kaffee*). Ein TN konstruiert einen Satz mit einem beliebigen Pronomen (*Er trinkt Kaffee.*). Alle schreiben diesen Satz ins Heft. Ggf. Korrektur des geschriebenen Satzes, usw.		

Die Morphemmethode (MM)

Anwendungsbereiche der Methode

- Sie wollen orthografische Phänomene wie die Auslautverhärtung oder die Umlautbildung im Plural vermitteln.
- Sie wollen Wortfamilien vermitteln.
- Sie wollen morphologische Strategien, Phänomene und Zusammenhänge zielgruppengerecht vermitteln.

Prinzipien, Elemente und Materialien

Man unterscheidet zwischen Morphemen mit grammatischer und solchen mit semantischer Bedeutung; dies wird unten am Wort (*du*) *lebst* gezeigt. Da man die Morpheme als „Bausteine" der Sprache bezeichnen kann und sich diese Art der Verbildlichung als hilfreich herausgestellt hat, werden die Morpheme hier in Bausteine geschrieben. (Zur Art der Einführung in die Arbeit mit den Bausteinen siehe weiter unten.)

Was ist ein Morphem?

Ein Morphem ist die kleinste Einheit der Sprache, die eine Bedeutung trägt. Morpheme und Silben sind nicht dasselbe (und sollten nicht verwechselt werden). Wenn im Unterricht bereits mit Silben gearbeitet wurde, dann muss den TN der Unterschied verdeutlicht werden, um Irritationen und Verwechslungen zu vermeiden (siehe auch unter *Silben oder Morpheme?* auf Seite 49).

Morpheme können einsilbig (*Haus*) oder mehrsilbig (*Arbeit*) sein. Eine Silbe kann wiederum aus mehreren Morphemen bestehen (*leb/st*).

leb	st
Lexikalisches Morphem: Es benennt einen Inhalt: *leben, das Leben*.	Grammatisches Morphem: Es zeigt eine Funktion an: Verb-Endung für 2. Person Singular.

Morpheme können unterschiedliche Funktionen haben. Zur Verdeutlichung können Sie den Wortbestandteil *-er* in den folgenden Beispielwörtern genauer betrachten:

In *Lehrer* zeigt es an, dass es sich um einen Mann handelt.
In *schöner* steigert es das Adjektiv *schön*.
In *Eier* zeigt es den Plural an.

Im Alphabetisierungsunterricht geht es selbstverständlich nicht darum, die Morphologie im Detail zu besprechen. Es sollen nur solche Phänomene herausgegriffen werden, die es dem TN erleichtern, die Systematik hinter einigen grammatischen Phänomenen zu erkennen. So kann die Nomenmarkierung bei Berufen für die maskuline und feminine Form wie folgt herausgestellt werden:

Im dunklen Baustein steht der Wortteil, der den Inhalt anzeigt, im hellen Baustein das grammatische Element, in welchem zu sehen ist, dass es sich um eine Person (Nomen) handelt und um einen Mann (maskulin). Für die weibliche Form wird ein weiterer grammatischer Baustein benötigt:

Wenn Sie im Verlauf Ihrer Arbeit mit der Morphemmethode auch Präfixe thematisieren wollen, dann können Sie von Anfang an eine Bausteinreihe mit mindestens drei Bausteinen zugrunde legen: heller (z. B. weißer) Baustein für das Präfix. Er bleibt leer, wenn kein Präfix einzusetzen ist. Der TN lernt so von Anfang an, den Inhalts-Baustein zu erkennen und ihn in den dunklen (also hervorgehobenen) Baustein zu schreiben.

Für Übungen mit mehr als einem grammatischen Baustein nach dem Inhalts-Baustein wird die entsprechende Anzahl an hellen Bausteinen angefügt.

Die Morphemmethode

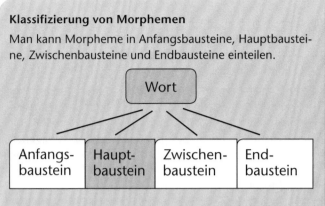

Klassifizierung von Morphemen

Man kann Morpheme in Anfangsbausteine, Hauptbausteine, Zwischenbausteine und Endbausteine einteilen.

Anfangsbausteine sind z. B.: _ver_/kaufen, _ab_/schreiben, _aus_/füllen, also Präfixe. Die Hauptbausteine sind die Wortstämme, also ver/_kauf_/en, ab/_schreib_/en. Zwischenbausteine sind Fugen zwischen Wörtern: Verkauf/_s_/kiosk. Endbausteine sind: verkauf/_en_, Verkäuf/_er_, höf/_lich_, Lehr/_er_/_in_.

Wie kann man die Morphemmethode im Alpha-Unterricht einführen?

Wenn wir von Begriffen wie _Bausteine der Sprache_ sprechen, dann muss zunächst einmal bekannt sein, was ein Baustein im konkreten Sinne ist. Danach muss die abstrakte Bedeutung klar werden.

Dennoch müssen Sie nicht mit der Einführung der Methode warten, bis Ihre TN ein umfangreiches Sprachvermögen im Deutschen erworben haben.

Zeigen Sie einfach ein Bild, auf dem jemand etwas baut (Kopiervorlage: ▶PL_KapD_EinführungMM). Ihre TN können erzählen, was zu sehen ist. Sie können in dem Zusammenhang sicherstellen, dass das Wort _bauen_ verstanden wird. Auch Wörter wie _Baustelle_ oder _Bauarbeiter_ könnten zur Sprache kommen.

Was ist ein Baustein?

Der Mann baut also etwas.

Womit baut der Mann?

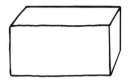

Er baut mit Steinen, also mit Bausteinen.

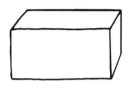

Das ist ein Baustein.

Auch Wörter kann man bauen.

Was heißt das?

Wenn das Prinzip der Bausteine verstanden wurde, können Sie zeigen, dass man die Bausteine auf unterschiedliche Weise zusammen"bauen" kann. Dazu sollten Sie ein bereits bekanntes Wort nehmen. Ausgehend von diesem bekannten Wort werden die Bausteine getrennt dargestellt, um zu zeigen, wie sie zusammengesetzt werden können.

In diesem Beispiel sehen Sie, dass ein Vokalwechsel im Wortteil mit der Bedeutung (Wortstamm) angezeigt wird. Des Weiteren sehen Sie, dass Wörter auch über zwei Bedeutungsbausteine zusammengesetzt werden können (_Fahrrad_). Wichtig ist, dass Ihre TN verstehen, dass Wörter auf diese Weise „gebaut" werden können.

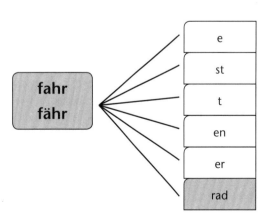

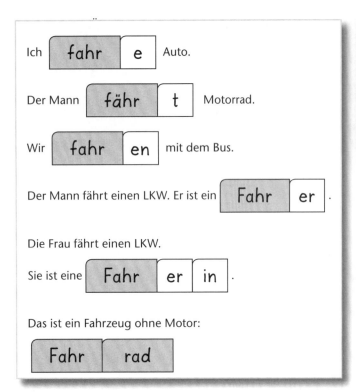

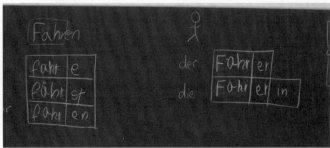

Wörter werden – nach Verben und Nomen getrennt – in Morphem-Häuser geschrieben

Nomen und Verben können auch gleichzeitig thematisiert werden. Die Zugehörigkeit zu einer Wortfamilie kann auch in einem einzigen Haus dargestellt werden. Auch hier ergeben sich mitunter Umlautschreibungen, die über die Morphem-Häuser leicht vermittelt werden können.

	wasch	en
	Wäsch	e
ge	wasch	en
	wäsch	t
	wasch	e

Nomen und Verben in einem gemeinsamen Morphem-Haus

Andere Darstellungsformen

Wortfamilien können auch über andere Darstellungsformen in den Unterricht gebracht werden. Sie als LP müssen selbst entscheiden, welche und wie viele verschiedene Darstellungsformen Sie wählen möchten, je nachdem, was Sie für Ihre TN-Gruppe für angemessen halten. Sofern ein zukünftiger Wechsel in Sprachkurse absehbar ist, wird es Ihren TN helfen, wenn sie bereits mit verschiedenen gebräuchlichen Präsentationen für Wortfamilien vertraut sind, wie z. B. mit dem Wortigel.

Morphem-Häuser

Mehrere Bausteine zusammen können ein Haus ergeben. Ein solches Haus kann dazu dienen, die Wörter nach Morphemen getrennt aufzuschreiben. Im folgenden Beispiel sehen Sie eine Aufgabe mit Lösung für ein Morphem-Haus (Vorlagen finden Sie in ▶PL_KapB_Morphem-Häuser) zur Übung der Konjugation. Im Haus selbst (hier dreispaltig) wird nur das Wort *fahren* in seinen Konjugationsformen eingetragen. Da *fahren* kein Präfix hat, bleibt die erste Spalte leer. In die mittlere Spalte ist der Wortstamm zu schreiben. Dabei wird herausgestellt, dass der Stamm immer gleichgeschrieben wird; durch die Wiederholung kann hier die Schreibweise mit Dehnungs-*h* verinnerlicht werden. Hinzu kommt, dass bei veränderter Aussprache in der 2. und 3. Person Singular (Vokalwechsel) die Schreibung mit *a* beibehalten wird, indem ein Umlaut (*ä*) zu schreiben ist. Die Pronomen gehören nicht zum Wort dazu, daher werden sie vor das Haus geschrieben.

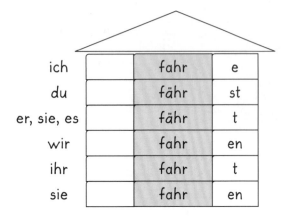

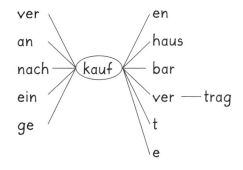

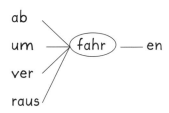

Wenn die Wörter, die mit dem Wortigel „gebaut" werden sollen, verstanden wurden, können diese wiederum in Sätze eingefügt werden (diese sollten zuvor mündlich besprochen worden sein).

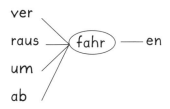

1. Martin hat sich in der fremden Stadt

.

2. Ich muss mit dem Zug um 8:39 Uhr vom Hauptbahnhof

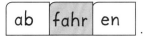.

Sie finden die Aufgabe im ▶**Kursbuch Kapitel 14, Aufgabe 10**.

So können Sie die Schreibweise des Präfixes *ver-* im Unterricht üben:

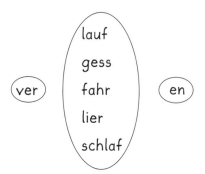

1. Der Schlüssel ist weg. Ich muss den Schlüssel suchen.

2. Die Arbeit beginnt um 7 Uhr. Ich muss um 6 Uhr aufstehen. Aber ich stehe nicht um 6 Uhr auf. Ich stehe zu spät auf.

| ver | schlaf | en |

Sie finden die Aufgabe auf der Plattform unter ▶**PL_Kap14_Auf10**, dort ist es die **Aufgabe 5**.

Morpheme können auch mit einem Morphemschieber geübt und gelernt werden. Mit dem Morphemschieber können Sie Wörter zusammenfügen (Wortstamm + Konjugationsendung) oder die Änderung von Wörtern über die Präfixe veranschaulichen. Der Morphemschieber wurde nach der Vorlage von Fuchs-Brüninghoff 1985 (in Magin 1991, 71) weiterentwickelt ▶**PL_KapD_Morphemschieber**.

Silben oder Morpheme?

Wenn Sie bereits mit der Silbenmethode gearbeitet haben, dann sollten Sie Ihre TN darauf hinweisen, dass diese Herangehensweise nicht gleichzusetzen ist mit der Arbeit mit Silben. Dies kann erfolgen, indem Sie das Wort, mit welchem Sie in die Morphemmethode einsteigen möchten, kontrastiv an die Tafel schreiben, in dem Sinne, dass jetzt NICHT so gearbeitet wird:

Holen Sie dabei das in Erinnerung, was dabei zentral in Ihrem Unterricht war, z. B. das Klatschen der Silben (▶**SM**). Sie zeigen, dass dies nun etwas anderes ist, dass es diesmal um „Grammatik" geht:

Hier kann man nicht klatschen. Hierbei ist es wichtig, zu lernen, warum man manchmal *fahre, fahren*, manchmal aber auch *fährt* sagt.

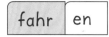

Aufbau der deutschen Orthografie

Mit den folgenden drei Fragen sollen zwei grundsätzliche Prinzipien der deutschen Orthografie in den Fokus gerückt werden:
1. Wie schreiben Sie [ʃ]?
2. Wie schreiben Sie [aɪ]?
3. Welchen Lautwert hat *e*?

zu 1: [ʃ] ist das Lautzeichen für *sch*. Wir schreiben hier für einen Laut drei Buchstaben.
zu 2: Der Diphthong [aɪ] kann auf verschiedene Weisen verschriftet werden, wie die folgenden Wörter zeigen: *Bein, Mai, Bayern, Meyer*. Zwei davon sind in der Alphabetisierung zu thematisieren. Es ist also nicht immer eindeutig, mit welchen Buchstaben ein Laut (oder eine Lautkombination) geschrieben wird.
zu 3: Achten Sie auf die Aussprache von *e* in den folgenden Wörtern: (*ihr*) *lest, Name, Bett*. In jedem Wort hat der gleiche Buchstabe einen anderen Lautwert (wird also anders ausgesprochen). Es ist demnach am Buchstaben nicht immer eindeutig zu erkennen, wie man das Gelesene aussprechen muss.

> **Schreibprinzipien des Deutschen:**
> *Phonetisches Prinzip:* Jedem Laut wird ein Buchstabe bzw. eine Buchstabenverbindung zugeordnet (*Lama, Gast, schön, lang*).
> *Morphologisches Prinzip:* Schemakonstanz, d. h. Aufrechterhaltung der zugrunde liegenden Schreibung (*Tag* wegen *Tage*; *Häuser* wegen *Haus*).
> *Homonymie-Prinzip:* Unterschiedliche Schreibung von gleichklingenden Wörtern mit unterschiedlicher Bedeutung (*malen – mahlen*); dieses wird allerdings nicht durchgängig eingehalten wie z. B. in *Schloss* (Gebäude) – *Schloss* (Türverriegelung).
> *Syllabisches Prinzip:* Trennung von Silben (Fugen-*h*: *sehen*), Silbentrennung nach Sprechsilben und nach Morphemen (*Blumentopf-erde*).
> *Eugraphisches Prinzip:* unästhetische Schreibweisen vermeiden: kein doppeltes *i* wegen Verwechslung mit *ü*, keine Doppelschreibung der Umlaute (*ä, ö, ü*).
> *Pragmatisches Prinzip:* Anredepronomen (heute noch *Sie*) und Titel großzuschreiben ist auf Ehrerbietung zurückzuführen (vgl. Altmann 2007, 124ff.).

Zusammenfassend ist zu sagen:
Es besteht keine Eins-zu-eins-Zuordnung zwischen Buchstaben und Lautwerten im Deutschen. Das bedeutet, dass das Lesen- und-Schreiben-Lernen im Deutschen erfordert, dass sowohl feste Laut-Buchstaben-Zuordnungen (z. B. *f* wird immer [f] gesprochen – phonetisches Prinzip) als auch Zusammenhänge in morphologischer Hinsicht (z. B. es wird *fährt* geschrieben und nicht *fehrt*, weil das Schema *fahren* konstant gehalten wird – morphologisches Prinzip) gelernt werden müssen.

Über die Morphemmethode können auch hier Zusammenhänge verdeutlicht werden, die über die reine Laut-Buchstaben-Zuordnung hinausgehen. Die folgenden Beispiele verdeutlichen, wie über die Morphemmethode orthografische Schreibweisen des Deutschen erklärt werden können (für Sie zur Übersicht in einem einzigen Morphem-Haus zusammengefasst).

Tag	
Tag	e
Wald	
Wäld	er
Haus	
Häus	er

Die Wörter *Tag* und *Wald* enthalten eine sogenannte Auslautverhärtung. Würden wir diese Wörter so schreiben, wie wir sie sprechen (phonetisches Prinzip), müssten wir *Tak und *Walt schreiben. Damit wäre die Wortfamilie *Tak – *Tage* bzw. *Walt – *Wälder* allerdings nicht mehr erkennbar. Im zweiten Beispiel kommt eine weitere Schemakonstanz zum Ausdruck: Der Vokalwechsel *a – ä*. Auch diese kommt zustande, da statt der phonetischen Schreibweise *Walt – *Welder das Schema *Wald* aufrechterhalten wird, erkennbar in der Umlautbildung *Wälder*.
Dem gleichen Prinzip folgt das dritte Beispiel. Auch *äu* entsteht aus einer Umlautbildung im Sinne von *a – ä*. So wird nicht *Heuser geschrieben, sondern es bleibt die Wortfamilie über *au – äu* erkennbar.

Die Morphemmethode nach Pilz (1979) ist ursprünglich als Therapie für Legastheniker entwickelt worden. Die Schwierigkeiten von lese-rechtschreibschwachen Kindern liegen oftmals in der Differenzierung von ähnlichen Buchstaben, der Lage der Buchstaben, der Reihenfolge der Buchstaben und in der akustischen Gliederung. Diese Schwierigkeiten sind auch bei Erwachsenen im Schriftspracherwerb zu erkennen.
Viele Methoden arbeiten vor allem am Laut – sie zielen darauf ab, ein phonologisches Bewusstsein aufzubauen (▶PH). Die Morphemmethode hat einen ganz anderen Ansatz: Sie setzt an einer visuell-kognitiven Aneignung an. Mit der Morphemmethode wird sozusagen inhaltsbezogen vorgegangen; so können auch wichtige Wörter wie *kaufen/Käufer* und *fahren/fährt* schon früh eingeführt werden (vgl. Magin 1991). Die PH und die MM bieten Ihnen – neben den anderen Methoden – also zwei sehr unterschiedliche Lernwege.

Literatur

Fuchs-Brüninghoff, Elisabeth, 1985. Beratung – ein durchgängiges Element in der Alphabetisierung. Zur Theorie und Praxis der Alphabetisierung. Heft 5, 7–14.
Magin, Ulrike, 1991. Methodische Ansätze der Alphabetisierung in der Muttersprache Deutsch. In: Deutsch Lernen 1–2. Baltmannsweiler: Pädagogischer Verlag Burgbücherei Schneider. 62–116.
Pilz, Dieter, 1979. Die Morphemmethode – ein psycholinguistischer Ansatz in der Legastehnietherapie. In: Pilz, Dieter; Schubenz, Siegfried (Hrsg.): Schulversagen und Kindergruppentherapie. Köln: Pahl-Rugenstein. 256–285.

Die Morphemmethode

Vorschlag für einen konkreten Unterrichtsverlauf

Unterrichtsphase	Aktivität	Material
Einführung in die Methode	„Was ist ein Stein? Was ist ein Baustein?" z. B.: über die Analogie des Hausbauens zum „Bauen" von Wörtern (▶MM) Die LP nennt ein Verb, das bereits gut bekannt ist. Am Anfang ist es günstig, wenn das Verb keinen Vokalwechsel im Stamm hat, z. B. *trinken*. Wir „bauen" dieses Wort: Es hat eine „Bedeutung", und es hat „Grammatik". Verwenden Sie einen Begriff (Bedeutung, Sinn o. Ä.), der Ihren TN am ehesten verständlich ist. Was ist die „Bedeutung"? Die Bedeutung kann pantomimisch dargestellt werden (Becher zum Mund führen, Schlucken). Was ist die „Grammatik"? ich trink*e*, du trink*st* usw.: Das *e, st* usw. ist die „Grammatik".	Folie ▶PL_KapB_EinführungMM
Grammatik wiederholen und damit weiter in die Methode einsteigen	Malen eines Morphem-Hauses an die Tafel: „Bedeutung" „Grammatik" Das genannte Verb nun in das Haus schreiben. Die Pronomen kann man links neben das Haus schreiben, um den Bezug zwischen Pronomen und dem grammatischen Baustein des Konjugationsmorphems herzustellen. Wenn die Konjugation bereits ein Thema im Kurs war, kann jetzt schon ein freiwilliger TN *trinkst* in das Haus schreiben.	

		ich		trink	e	
du		trink	st	
er		trink	t	
wir		trink	en		 „Bedeutung" „Grammatik" In diesem Unterrichtsbeispiel werden noch nicht alle Formen behandelt. Sie müssen je nach Lernstand der Gruppe entscheiden, wie viele Zeilen das Haus bekommt, d. h. mit wie vielen Pronomen Sie arbeiten möchten.	
	Übungsblatt	entsprechend ▶PL_KapB_Morphem-Häuser
Anwendung	Über Dinge sprechen, die man gerne trinkt. Anhand der konjugierten Formen im Haus sollen die TN nun mündlich Sätze bilden: „Ich trinke Kaffee. Was trinken Sie?" – „Ich trinke Tee." usw. „Was trinkt *Name eines TN*?" – „Er/Sie trinkt Saft." usw.	
Grammatik schriftlich umsetzen	Sie können auf einer anderen Seite der Tafel Pronomen untereinanderschreiben (in einer anderen Reihenfolge als vor dem Haus). Dann zeigen Sie eine Bildkarte mit einem Getränk. Ein TN schreibt hinter das erste Pronomen den Satz mit der korrekten Form von *trinken* und dem auf der Bildkarte abgebildeten Getränk. (Vorbereitung auf das Übungsblatt)	
Schreiben	z. B. Übungsblatt entsprechend der geübten Form	
Lesen	Die TN lesen vor, was sie geschrieben haben.	

Anwendung auf weitere Verben	Wenn Sie nun weiter mit der Methode arbeiten möchten, können Sie über das Morphem-Haus weitere Verben konjugieren lassen. 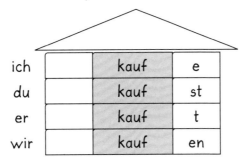 Falls Ihre TN schon Erfahrung in der Konjugation haben oder das Verb *essen* bereits in konjugierter Form kennen, so können Sie auch dieses Verb im Haus thematisieren. Zeigen Sie besonders den Vokalwechsel. 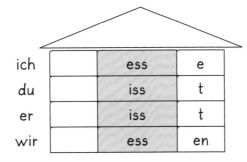	
	Zum Unterrichtsgeschehen passen Übungen mit Texten (Episodengeschichten ▶LS). Sie können Diktate schreiben lassen, in denen die geübten Wörter vorkommen.	

Spielerisches Lernen (SP)

Anwendungsbereiche der Methode

- Sie möchten den Lernprozess durch spielerische Übungsformen unterstützen.
- Sie möchten, dass Ihre TN viel und häufig Deutsch sprechen.
- Sie wünschen sich einen angstfreieren Umgang mit der Fremdsprache.
- Sie möchten die soziale Kompetenz Ihrer TN fördern und Verhaltensregeln einüben.
- Sie möchten die Kommunikationsfähigkeit Ihrer TN stärken.
- Sie möchten eine aktivere Teilnahme am Unterrichtsgeschehen fördern.
- Sie möchten, dass sich Ihre TN besser kennenlernen, miteinander kooperieren und Teamgeist entwickeln.
- Sie möchten die Motivation Ihrer TN steigern und den Spaß am Lernen erhöhen.

> **Merkmale, die dem Spielen zugeschrieben werden**
> - freies Handeln/Freiwilligkeit
> - Spielwelt = Scheinwelt
> - Abgeschlossenheit und zeitliche Begrenztheit
> - Wiederholung möglich
> - gewisser Grad an Spannung
> - es gibt Regeln
> - erfordert Wissen über Regeln
> - Spaß/Unterhaltungswert
> - Spielziel (= indirektes Lernziel)
> - Lernzuwachs durch das Spiel selbst
> - fördert soziale Kompetenz
> - erfordert Interaktion und Kommunikation (auch in der Fremdsprache)
> - wirkt motivationsfördernd
> - Wettbewerbscharakter
> - Glücks- und Zufallsfaktor
> - keine Sanktionen

Prinzipien, Elemente und Materialien

Der Begriff des Spiels ist nicht einfach und eindeutig zu fassen, und so findet man auch in der Literatur kaum eine zufriedenstellende Definition. Dies liegt daran, dass es unendlich viele verschiedene Spielformen gibt und sich die Frage stellt, ob man z. B. ein Kreuzworträtsel ebenso wie ein Memory als Spiel deklariert. Einfacher ist es deshalb, die Merkmale von Spielen zu beschreiben.

Spiele sind zunächst einmal dadurch gekennzeichnet, dass sie freiwillig und aus Freude, meist zum Zeitvertreib, gespielt werden. Die Spieler tauchen dabei häufig in eine Scheinwelt ein, aus der sie nach dem Ende des Spiels wieder in die Realität zurückkehren. Spiele sind zeitlich begrenzt und in der Regel abgeschlossen. Man kann sie immer wieder spielen. Interessante Spiele erzeugen einen gewissen Grad an Spannung. Es gibt Regeln, über die sich die einzelnen Mitspieler verständigen. Ohne Regelkenntnisse kann man ein Spiel nicht richtig spielen. Viele Spiele zielen darauf ab, einen Gewinner zu ermitteln. Sie sind somit durch einen Wettbewerbscharakter gekennzeichnet. Bei vielen Spielen muss man sich strategisch klug verhalten, um zu gewinnen. Häufig gibt es jedoch auch ein Glücks- oder Zufallsmoment, das den Spielausgang entscheidend beeinflussen kann. Dies kann dazu führen, dass schwächere Spieler durch ein glücklicheres Händchen beim Ziehen guter Karten oder beim Würfeln hoher Zahlen gewinnen können. Somit können nicht nur leistungsstarke, sondern auch schwächere TN mit etwas Glück gewinnen, was wiederum motivationsfördernd wirkt.

Beim Spielen im Fremdsprachenunterricht werden in der Regel sowohl die Mutter- als auch die Fremdsprache angewandt, denn das Spiel ist durch Kommunikation und Interaktion gekennzeichnet. Sozialformen und soziale Kompetenz zu erlernen, gehört dazu, da die meisten Spiele in Partner- oder Gruppenarbeit gespielt werden. So kann die Chance zu sozialem Lernen durchaus gegeben sein.

> **Ergebnisse der Unterrichtsforschung**
> In der Unterrichtsforschung wurde in den vergangenen Jahren sehr stark für den Einsatz von Spielen im Unterricht plädiert und versucht, in empirischen Studien die Effektivität von Lernspielen nachzuweisen. Sieht man sich die verschiedenen Studien an, kristallisiert sich im Grunde eine Binsenweisheit heraus: Spiele können den Lernprozess fördern, die Lernenden motivieren, das Kursklima verbessern und die Kommunikation steigern, aber sie sind kein Allheilmittel und sollten punktuell eingesetzt werden. Dies umso mehr, da Spiele genauso negativ empfunden werden können wie andere Unterrichtsmethoden oder -elemente auch.
>
> Mögliche negative Effekte:
> - Unlust oder Unwohlsein, da Erwachsene es oft nicht gewohnt sind zu spielen
> - Gefühl der TN, nicht ernst genommen zu werden (zu kindliche Spiele und/oder Materialien)
> - Gefühl der TN, nicht wirklich etwas zu lernen, da die Lernziele nicht deutlich werden
> - Rollenspiele können Ängste und Hemmungen verursachen
> - Versagensängste („meinetwegen verliert die Gruppe")
> - Furcht vor Wettbewerb
> - Unlust der TN, sich zu bewegen, vom Platz aufzustehen
> - Angst, mit TN in eine Gruppe zu kommen, mit denen man sich nicht versteht
> - zu komplexe Spielregeln
> - zu hoher Zeitaufwand/Ineffektivität
> - zu viel Chaos und „Unordnung" im Klassenraum

Aus lerntheoretischer Sicht liegen die Vorteile des Spielens in der Erhöhung der Konzentrationsfähigkeit (vgl. Jentges 2007, 36) sowie dem Lustgewinn; aus psychologischer Sicht ist die Vermeidung von Stress und Leistungsdruck beim Einsatz von Spielen ein großer Vorteil. Grundsätzlich gilt nämlich das Prinzip des sanktionsfreien Handelns (Fehler sind erlaubt), sodass ein angstfreier Umgang mit der Fremdsprache gewährleistet ist.

Erkenntnisse aus Entwicklungspsychologie und Hirnforschung

Aus der Entwicklungspsychologie (vgl. Mogel 2008 u. Hillebrand 2004) weiß man, dass Kinder die ersten Jahre spielen, um ihre Umwelt zu verstehen oder Eindrücke und Erlebnisse zu verarbeiten. Grundlage für das Spielen im Unterricht sind zudem Erkenntnisse der Hirnforschung über spezifische Lerneffekte beim Spielen. Emotionen, die ein wesentliches Charakteristikum von Spielen sind, spielen auch bei der Informationsverarbeitung eine extrem wichtige Rolle. Sprachlernspiele bieten sich somit an, um sprachliche Sequenzen besser im Gehirn zu vernetzen und diese Vernetzungen zu stabilisieren (vgl. Dauvillier/Lévy-Hillerich 2004).

Diese Merkmale können, müssen aber nicht alle zutreffen, je nachdem, wie weit oder eng man den Begriff *Spiel* fasst. Die Verunsicherung spiegelt sich auch in der Vielfalt der Begrifflichkeiten innerhalb der Fremdsprachendidaktik wider: So gibt es Sprachlernspiele, Sprachspiele, Lernspiele, Unterrichtsspiele usw. In der Regel haben alle ein gemeinsames Kennzeichen: Es handelt sich um ein Spiel oder eine spielerische Übung, mit dem oder mit der bestimmte Kompetenzen bzw. Lernziele wie Wortschatz, Grammatik oder freies Sprechen in einer fremden Sprache eingeübt werden sollen. Das Besondere am Einsatz von Spielen im Unterricht ist eine Art „Überlistung" der TN, denn nicht das Lernziel, sondern das Spielziel steht im Moment des Spielens im Vordergrund, auch wenn natürlich jedes Sprachlernspiel mit einem sprachlichen Lernziel verbunden ist. Es gibt also keine generelle Zweckfreiheit, denn schließlich soll das Lernspiel den Lernprozess fördern.

Zusammengefasst geht es bei den Sprachlernspielen, die in der Regel im Fremdsprachenunterricht eingesetzt werden, darum, Lerninhalte auf spielerische Weise zu vermitteln und zu festigen.

Welche Sprachlernspiele gibt es?

Es gibt eine Vielzahl von unterschiedlichen Spielen und Spielformen, die man im Unterricht einsetzen kann. Unterschieden werden meist folgende Spielarten: Würfelspiele, Legespiele, Puzzlevarianten, Brettspiele mit Aufgaben- oder Aktionskarten, Rate-, Quiz- und Denkspiele, Rätsel, Memo-Spiele, Computer- und Internetspiele, Rollenspiele (Standbilder, Pantomime, Dialoge etc.) sowie Bewegungsspiele. Der folgende Überblick über die verschiedenen grundsätzlichen Kategorien von Lernspielen erhebt keinen Anspruch auf Vollständigkeit, sondern stellt lediglich eine Auswahl an Spielen dar. Sie können diese Liste durch eigene Spielideen und -varianten ergänzen. Die verschiedenen Spieltypen und -formen lassen sich für unterschiedliche Lernziele (Grammatik, Wortschatz, Lesen, Schreiben, Hören, Sprechen, Phonetik, Landeskunde etc.) einsetzen und sind mit unterschiedlichen Sozialformen (Plenum, Einzelarbeit, Partnerarbeit, Gruppenarbeit) verbunden.

Würfelspiele (z. B. Verben würfeln)

Die TN würfeln reihum. Auf dem Würfel stehen die verschiedenen Personalpronomina. Zu dem jeweils gewürfelten Personalpronomen ziehen die TN eine Verbkarte (Verb im Infinitiv, z. B. *laufen*). Sie sollen nun die richtige Verbform nennen, z. B. *du läufst*. Man kann solch einen Pronomenwürfel aus Pappe selbst basteln oder aber die Augen eines etwas größeren Zahlenwürfels einfach mit den Pronomina überkleben.

TN beim Würfelspiel

Legespiele (z. B. Domino, Puzzle, Satzstreifen)

Beispiel für Wort-Domino
▶ PL_KapD_Domino

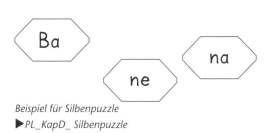

Beispiel für Silbenpuzzle
▶ PL_KapD_ Silbenpuzzle

Die   Hose   ist   rot.

Beispiel für „Wörter nach Symbolen legen"
▶ **PL_KapD _Satzstreifen**

Beim *Domino* werden passende Wortenden aneinandergelegt, sodass eine Wortkette entsteht. *Puzzles* gibt es in allen Varianten. Man kann Silben puzzeln, Buchstaben ordnen, Komposita oder Sätze bilden. Diese Legespiele lassen sich sehr schnell am Computer erstellen und auf Papier ausdrucken. Zur besseren Haltbarkeit sollten Sie diese Puzzles laminieren, sodass Sie diese immer wieder und in verschiedenen Unterrichtskursen einsetzen können.

Eine weitere Variante ist das Legen von Wörtern, also das Üben der Wortstellung, mithilfe von Symbolen. Nachdem für die einzelnen Wortarten bestimmte Symbole nach Maria Montessori (▶MT) eingeführt wurden, puzzeln die TN Sätze. Dabei werden unter die bekannten Symbole die Wörter gelegt und damit die richtige Reihenfolge der Wörter im Satz geübt. Auch für diese Symbole gibt es Vorlagen auf der Plattform ▶**PL_KapD_Anleitung_Wortartsymbole**.

Auch das Spiel *MiniLük®* eignet sich: Plättchen mit Zahlen von 1–12 oder 1–24 müssen in ein Kontrollkästchen gelegt werden. Dazu gibt es verschiedene Arbeitshefte oder Arbeitsblätter mit entsprechenden Zuordnungsaufgaben. Für Ihre Zielgruppe sollten Sie eigene, thematisch abgestimmte Arbeitsblätter erstellen. Möglich sind beispielsweise das Zuordnen von Anfangslauten zu Wörtern, das Zusammensetzen von Silben zu einem Wort oder das Suchen von Anfangs-, Mittel- oder Endsilbe in einem Wort sowie Wort-Bild-Zuordnungen u. v. m. Wenn die Plättchen richtig gelegt werden, der Spieler die Aufgabe also korrekt löst, ergibt sich auf der Rückseite ein bestimmtes Muster (als Selbstkontrolle für die TN).

TN beim MiniLük®-Spiel

TN beim Brettspiel

Brettspiele (z. B. Spielplan mit Aktions- oder Aufgabenkarten)

Sehr variantenreich und vielfältig einsetzbar ist folgende Abwandlung des klassischen Brettspiels mit Würfel und Figuren: Die TN würfeln reihum und ziehen mit ihrer Figur so viele Felder auf dem Spielfeld vorwärts, wie die Augenzahl des Würfels vorgibt. Kommen sie z. B. auf ein grünes Feld, dürfen sie noch einmal würfeln, gelangen sie auf ein rotes Feld, müssen sie eine Aktionskarte ziehen und die entsprechende Aufgabe lösen (z. B. den richtigen Artikel oder die richtige Pluralform eines Wortes nennen, das Wort erlesen oder Vokale ergänzen). Wer zuerst ins Ziel kommt, hat gewonnen. Das Erstellen von Spielplänen und Aktionskarten ist nicht schwierig. Entsprechende Vorlagen und Bastelanleitungen finden Sie auf der Plattform unter ▶**PL_KapD_Anleitung_Spielplan**.

Rate-, Quiz- und Denkspiele (z. B. Spinne, Montagsmaler, Pantomime)

Die *Spinne* oder das *Galgenmännchen* ist ein sehr beliebtes und altes Spiel. Die TN dürfen nach vorn an die Tafel kommen und sich ein Wort ausdenken oder eine Wortschatzkarte ziehen. Sie müssen die Anzahl der Buchstaben zählen und genauso viele Striche an die Tafel zeichnen. Jeder Strich steht für einen Buchstaben. Die übrigen TN raten, welche Buchstaben in dem Wort vorkommen. Für jeden falsch geratenen Buchstaben darf der TN an der Tafel einen Strich oder eine Linie einer Spinne oder einer anderen Figur malen. Da einige TN vielleicht ein Problem mit dem Galgenmännchen haben könnten, ist die Spinne oder ein einfaches Strichmännchen eine gute Alternative. Wenn die Figur fertig ist, hat der TN, der vorn steht, gewonnen und darf sich ein weiteres Wort ausdenken. Errät ein TN aus dem Plenum das richtige Wort, darf er oder sie nach vorn kommen.

Ihre TN müssen sich untereinander verständigen, wie komplex die zu zeichnende Figur sein soll, denn je komplexer sie ist, desto häufiger darf geraten werden. Mit diesem sehr einfachen Spiel können Sie das Alphabet, das richtige Lautieren, eine korrekte Aussprache sowie den Wortschatz trainieren.

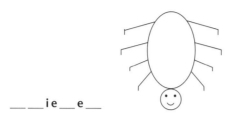

Beispiel einer Galgenmännchen-Variante mit „Spinne" und dem gesuchten Wort „spielen"

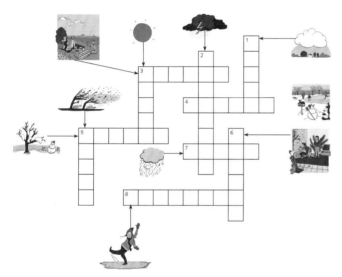

Kreuzworträtsel mit Bildern, aus dem Kursbuch, Kapitel 10, Aufgabe 3

Rätsel (z. B. Kreuzworträtsel, Buchstaben- und Silbenrätsel, Wortschlange)

Gerade im Anfangsunterricht ist das Lösen eines Kreuzworträtsels eine große Herausforderung, denn die TN können Definitionen von Begriffen oder Synonyme häufig noch nicht verstehen und/oder lesen. Deshalb kann man hier sehr gut Bilder statt Definitionen einsetzen. Eine weitere Schwierigkeit stellt das Ausfüllen eines Kreuzworträtsels dar, insbesondere das Schreiben der Buchstaben in kleine Kästchen, die dann noch entweder waagerecht oder senkrecht geschrieben werden müssen. Zu jedem Kreuzworträtsel finden Sie Anbahnungsübungen auf der Plattform.

Erst wenn diese wirklich gut klappen, sollten Kreuzworträtsel eingesetzt werden. Der Schwierigkeitsgrad, aber auch der Reiz des Spiels kann dann im Laufe der Zeit erhöht werden, indem man z. B. ein Lösungswort suchen lässt. Bei fortgeschrittenen TN können dann auch Kreuzworträtsel mit einfachen Wortdefinitionen zum Einsatz kommen. Weitere Rätselvarianten sind das *Buchstabenfeld*, die *Wortschlange* und das *Silben-* oder *Buchstabenrätsel*.

Beispiel für Wörterrätsel, aus dem Kursbuch, Kapitel 7, Aufgabe 9

AntonundMariahabenzweiKinder.

Beispiel für Wortschlange, ▶*PL_Kap06_Auf10*

Memo-Spiele (z. B. Wort-Bild-Zuordnung)

Die TN müssen zu einem Wort das passende Bild suchen. In einer einfacheren Variante kann man zunächst nur Wörter und Bilder zusammenlegen lassen und lässt alle Wörter und Bilder offen liegen. Später kann auch ein Memo-Spiel im eigentlichen Sinne gespielt werden: Jeder TN deckt zwei Karten auf und dreht sie wieder um, wenn sie nicht zusammenpassen. Dann ist der nächste an der Reihe. Gewonnen hat, wer die meisten Paare finden konnte. Neben der Wort-Bild-Zuordnung können natürlich auch Wortpaare gesucht werden, z. B. gegensätzliche Adjektive *(klein – groß, dick – dünn)* oder zusammengehörende Nomen und Verben *(z. B. Bäcker – backen, Frisörin – schneiden)*. Hier sind Ihrer Kreativität keine Grenzen gesetzt. Memo-Spiele sind zudem schnell und einfach herstellbar, insbesondere wenn Sie sich einmal eine Vorlage erstellt haben. Sie brauchen dann die Begriffe und Bilder nur für die verschiedenen Lernziele immer wieder auszutauschen. Auch hier sollten Sie die ausgedruckten Memo-Spiele laminieren, um diese wiederholt einsetzen zu können. Eine entsprechende Vorlage finden Sie auf der Plattform unter ▶**PL_KapD_Memo-Spiel**.

Beispiel für Wort-Bild-Memo-Spiel

Rollenspiele (z. B. kleine Dialoge)

Rollenspiele sind mit TN, die wenig Deutsch können, sehr schwierig. Kurze Dialoge können aber durchaus eingeübt werden. Dazu sollten Ihre TN die Redewendungen gut üben. Dies können Sie gemeinsam an der Tafel erarbeiten. Hilfreich ist dabei auch das Vorspielen von Dialogen mittels CD. Zu jeder Aufgabe *Lesetext mit Aufgabe und Hörtext* gibt es einen Beispieldialog auf der Plattform.

Eine weitere Variante sind Pantomime oder typische Gesten, die ein TN machen kann, während die anderen z. B. ein gesuchtes Adjektiv (bei Befindlichkeiten etwa *gut, schlecht, traurig, lieb, böse*) oder einen bestimmten Beruf (*der Bäcker, der Koch* etc.) erraten müssen.

Bewegungsspiele

Bewegungsspiele sind nicht unproblematisch, wenn Ihre TN nur wenig Lust haben, sich im Raum zu bewegen. Es gibt aber Bewegungsspiele, die auch am Platz gespielt werden können und bei denen Ihre TN weniger Hemmungen überwinden müssen. Dies kann zum Beispiel im Rahmen von Hörübungen erfolgen. Lesen Sie z. B. verschiedene Silben (Minimalpaare) laut vor. Wenn Ihre TN z. B. ein *i* hören, sollen sie den Arm heben. Hören sie ein *e*, sollen sie aufstehen. Entsprechend können Sie spielerische Hörübungen zu allen Lauten entwickeln, deren Differenzierung Ihren TN Probleme bereitet (z. B. zur Unterscheidung von *o* und *u* oder der Diphthonge *ei, au, eu* oder *g* und *k* usw.).

> **Positive Einstellung zum Spielen**
>
> Beim Einsatz von Spielen kommt der LP eine entscheidende Rolle zu: Sie muss den TN die Lernziele immer wieder verdeutlichen und sollte dem Spielen grundsätzlich offen gegenüberstehen. Persönliche Ressentiments können hier eher hinderlich wirken und übertragen sich unter Umständen auf die TN. Nur wer selbst Spaß an den Spielen hat, die im Unterricht zum Einsatz kommen, kann seine erwachsenen, häufig spielunerfahrenen TN überzeugend zum Spielen animieren.

Laufdiktat

Schreiben Sie einen kurzen Text (einige wenige Sätze) auf einen Zettel und hängen Sie diesen an die Wand oder an die Tafel. Die TN müssen zum Zettel gehen, lesen, was dort steht, an ihren Platz zurückgehen und aufschreiben, was sie behalten haben. Sie laufen so oft, bis sie den Text möglichst fehlerfrei und vollständig aufgeschrieben haben. Dieses Spiel dient dazu, das Gedächtnis zu trainieren und sich Wortbilder einzuprägen.

Umsetzung im Unterricht

Die gute Planung und Vorbereitung eines Spiels ist unbedingte Voraussetzung, d. h., die Materialien müssen vorbereitet werden, die LP muss den Spielablauf und die Spielregeln gut kennen und schnell und mit einfachen Worten erklären können (oder das Spiel vorspielen). Viele Spiele für Deutsch als Zweitsprache (vgl. z. B. Hölscher/Piepho 2003) oder auch klassische Kinderspiele sind thematisch und optisch häufig nicht erwachsenengerecht. Für die Zielgruppe der erwachsenen TN sollten die Materialien entsprechend angepasst werden und nicht zu kindlich oder verspielt wirken. Das kostet zunächst einmal viel Vorbereitungszeit. Wenn man aber erst einmal eine Grundvariante der Spiele erstellt hat, kann man diese sehr variabel in den verschiedenen Kursen einsetzen.

Sie sollten unbedingt darauf achten, dass die Lerneffekte/Lernziele beim Einsatz von Spielen deutlich zutage treten und den TN bewusst werden, damit die Motivation erhalten bleibt. Arbeitsanweisungen sollten nicht lauten: „Jetzt spielen wir mal ein Spiel", sondern explizit das Lernziel beinhalten: „Jetzt üben wir die richtige Form der Verben." Ihre TN sollten nicht den Eindruck bekommen, dass Sie die Spiele wahllos und nur um des Spielens willen einsetzen. Insbesondere TN, die zunächst kaum zum Spielen zu bewegen sind, können Sie durch klar formulierte Lernziele für spielerische Übungen gewinnen.

> **Tipp für die Praxis**
>
> Funktionieren Sie bekannte Spiele um und adaptieren Sie typische Kinderspiele für Ihre erwachsenen TN. Sie können die in Spielkästen enthaltenen Materialien an Ihre Lerngruppe anpassen, indem Sie z. B. neue Karten zum aktuell erworbenen Wortschatz ergänzen. Auch Spielpläne lassen sich am Computer oder manuell selbst herstellen. Spielkarten, Spielpläne, Memo-Spiele und Puzzles sollten Sie grundsätzlich laminieren, damit die Spiele länger haltbar bleiben. Speichern Sie entsprechende Vorlagen für Spielkarten oder Puzzles ab, sodass Sie die einmal erstellten Vorlagen immer wieder nutzen können.
> Viele Materialvorlagen, Basteltipps und Hinweise finden Sie auch auf der Plattform.

Um binnendifferenziert zu arbeiten, sollten die Gruppen strategisch gut zusammengesetzt werden. Entweder entscheiden Sie sich dafür, starke und weniger starke TN zu trennen und den Gruppen unterschiedlich schwierige Spiele zuzuteilen, oder Sie mischen starke und schwächere TN, sodass sich die TN gegenseitig helfen können. Falls es TN gibt, die nicht gerne mit anderen spielen oder grundsätzlich das Spielen ablehnen, bieten sich Spielstationen an. Hier können Sie dann auch denjenigen entgegenkommen, die lieber für sich allein eine Spielaufgabe lösen möchten. Für Einzelspieler bieten sich Rätsel- oder Legespiele an. Wer gar nicht spielen möchte, kann natürlich auch ein Arbeitsblatt bearbeiten.

Auch um die Eigenständigkeit Ihrer TN zu fördern, eignen sich Spielstationen, z. B. eine Rätselstation, eine Puzzle-Station, eine Memo-Spiel-Station usw. Sobald die Spielzeit beginnt (dies kann z. B. ein bestimmter Kurstag in der Woche sein oder das letzte Drittel eines Kurstages), sollen sich die TN mit der Zeit ganz eigenständig eine Spielstation aussuchen und dann von Station zu Station rotieren. Das Spielmaterial sollte an das jeweilige Unterrichtsthema angepasst sein, d. h., Unterrichtsinhalte sollten an den Stationen spielerisch vertieft und geübt werden. Die verschiedenen Spiele und Spielregeln können von den TN selbst auch abgewandelt, neu ausgehandelt und variiert werden.

Literatur

Angermeier, Wilhelm u. a., 2002. Lernpsychologie: mit 11 Tabellen. 2. Auflage. München und Basel: Reinhardt.
Bednorz, Peter; Schuster, Martin, 2002. Einführung in die Lernpsychologie. München: Verlag UTB Reinhardt.
Belke, Gerlind, 2003. Mehrsprachigkeit im Deutschunterricht. Sprachspiele, Spracherwerb und Sprachvermittlung. Baltmannsweiler: Schneider Verlag Hohengehren.
Dauvillier, Christa; Lévy-Hillerich, Dorothea, 2007. Spiele im Deutschunterricht. Berlin (u. a.): Langenscheidt.
Feldmeier, Alexis, 2004. Der Einsatz von Spielen in der Alphabetisierung ausländischer Erwachsener. In: Deutsch als Zweitsprache, Heft 4/2004, S. 35–42.
Hamann, Katrin, 2007. Lerntypen, Lernstile, Lerntheorien: Eine didaktische Herausforderung für elektronisches Lernen. Saarbrücken: VDM Verlag Dr. Müller.
Hillebrand, Dana, 2004. Spiel und Spielen in der kindlichen Entwicklung – Bezüge zur motologischen Ansatzdiskussion. Univ. Marburg: unveröffentl. Dilpomarbeit.
Hölscher, Petra; Piepho, Hans-Eberhard (Hrsg.), 2003. DaZ-Lernen aus dem Koffer – Lernszenarien für Deutsch als Zweitsprache. 3 Koffer für die Grundschule. Oberursel: Finken-Verlag.
Institut für Integratives Lernen und Weiterbildung:
  http://www.iflw.de/wissen/lerntypen_II.htm, 12.10.09.
Jentges, Sabine, 2007. Effektivität von Sprachlernspielen. Zur Theorie und Praxis des Spieleinsatzes im Deutsch-als-Fremdsprache-Unterricht. Baltmannsweiler: Schneider Verlag Hohengehren.
Mogel, Hans, 2008. Psychologie des Kinderspiels. Von den frühesten Spielen bis zum Computerspiel. Die Bedeutung des Spiels als Lebensform des Kindes, seine Funktion und Wirksamkeit für die kindliche Entwicklung. Berlin, Heidelberg: Springer.
Tracy, Rosemary, 2007. Wie Kinder Sprachen lernen und wie wir sie dabei unterstützen können. Tübingen: Francke.

Vorschlag für einen konkreten Unterrichtsverlauf

Unterrichtsphase	Aktivität	Material
Mündlich: Üben von Aussprache, Buchstaben, Wortschatz, Rechtschreibung	Galgenmännchen/Spinne: Spielregel: Ein(e) TN wählt ein Wort aus (Wortkarten) und zählt die Buchstaben. Für jeden Buchstaben malt er/sie einen Strich an die Tafel. Dann müssen die anderen raten, welche Buchstaben in dem Wort vorkommen. Für jeden falsch geratenen Buchstaben darf derjenige, der an der Tafel steht, einen Strich vom Galgenmännchen oder einer Spinne malen. Wenn die Spinne / das Galgenmännchen fertig ist, darf nicht mehr geraten werden. Wer das richtige Wort errät, ist als nächstes an der Reihe.	Wortkarten für Spinne Tafel, Kreide
Mündlich: Wortstellung im Satz üben	Partnerarbeit: Sätze mit Adjektiven bilden (Satzschnipsel legen). Die TN legen Sätze aus den Wörtern und sortieren die Wortartsymbole darüber.	Puzzle mit Wörtern Wortartsymbole
Schriftliche Sicherung	Die gepuzzelten Sätze werden ins Heft geschrieben.	Heft
Mündlich Wortschatz üben: gegenteilige Adjektive	Jeder TN bekommt ein Kärtchen mit einem Adjektiv. Die Gegensatz-Paare sollen sich finden. TN bewegen sich dabei durch den Raum. *schön – hässlich* *klein – groß* *eng – weit* *kurz – lang* *dick – dünn* *teuer – billig*	Wortkarten-Paare
Stationenarbeit mündlich und schriftlich	TN arbeiten gemeinsam oder allein an den verschiedenen Stationen. Jede Station ist ein Angebot, keine Pflicht. Station 1: - Wort-Wort-Memo-Spiel: Adjektivpaare finden - Wort-Bild-Memo-Spiel: Wortschatz Kleidung Station 2: Brettspiel mit Aufgabenkarten - zur Wortstellung: einfache Sätze mit Adjektiv - mit phonetischer Aufgabe (Vokale in bekannten Wörtern müssen ergänzt werden) - zur Rechtschreibung: TN müssen falsch geschriebenes Wort verbessern Station 3: thematisches Kreuzworträtsel lösen Station 4: Puzzles - Silbenpuzzle: Silben müssen zu Wörtern gelegt werden - Satzpuzzle: einfache Sätze werden gelegt - Buchstabenpuzzle: einzelne Buchstaben müssen zu einem sinnvollen Wort gelegt werden	Station 1: Memo-Spiel Adjektive (Wort-Wort) Memo-Spiel Kleidung (Wort-Bild) Station 2: Brettspiel mit Aufgabenkarten (s. Spalte Mitte), Figuren, Würfel Station 3: Kreuzworträtsel Station 4: Silben-, Buchstaben- & Satz-Puzzle

Zusammenspiel der *Alphamar*-Komponenten

Aufbau des Kursbuches

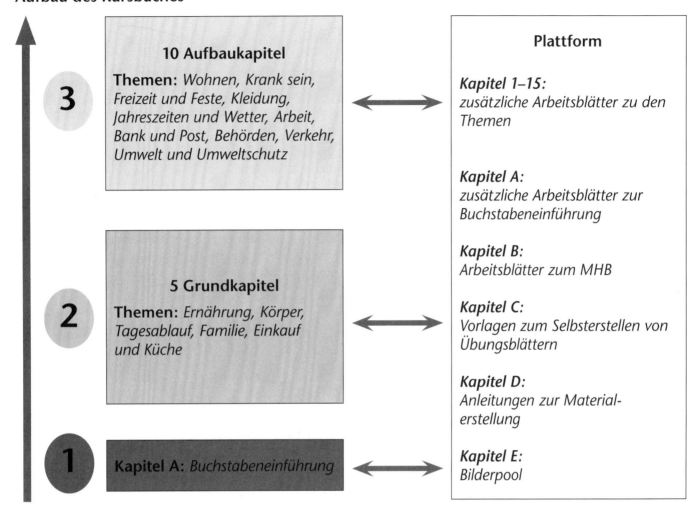

Das Kursbuch besteht aus drei Blöcken. In Kapitel A werden die ersten Buchstaben eingeführt. Die fünf nachfolgenden Grundkapitel behandeln alle weiteren Buchstaben und gleichzeitig bereits die ersten alltagsrelevanten Themen. In den Aufbaukapiteln werden dann alle Buchstaben als bekannt vorausgesetzt, jedoch immer wieder innerhalb der verschiedenen Themen wiederholt und geübt. Die Kapitel 1–5 bzw. 6–15 sind innerhalb ihres Blocks nicht linear angelegt, sondern untereinander austauschbar, je nachdem, welche Themenschwerpunkte Sie in welcher Reihenfolge behandeln möchten. Zur besseren Orientierung sind die Blöcke im Kursbuch farblich voneinander abgesetzt (orange, grün und blau). Die Bezeichnungen *Grundkapitel* und *Aufbaukapitel* beziehen sich hierbei nicht unmittelbar auf festgelegte Kursabschnitte (z. B. Basis- und Aufbaukurs laut BAMF-Konzept). Es wird nicht genau vorgegeben, welcher Lernstoff in welcher Zeit bewältigt werden muss, da dies immer nur in Abhängigkeit von der Kurssituation entschieden werden kann (vgl. BAMF-Konzept S. 21).

Alphamar ist damit sowohl für LP geeignet, die bisher noch nie in einem Alphabetisierungskurs unterrichtet haben, sich systematisch Methodenwissen aneignen und das Kursbuch linear durcharbeiten möchten, als auch für LP, die bereits über Berufserfahrung verfügen, sich neue methodische Anregungen wünschen und eine flexiblere thematische Progression bevorzugen.

Orientierung in den didaktischen Kommentaren

Zu jeder Übung im Kursbuch finden Sie im dazugehörigen didaktischen Kommentar verschiedene Hinweise auf die vorbereitende und weiterführende Arbeit mit dem jeweiligen Lerninhalt. Hierzu gehören nähere Erläuterungen zur Durchführung der Aufgabe, Lösungsskizzen, Querverweise auf die verwendete Unterrichtsmethode, Anregungen für die Grammatikarbeit, die Binnendifferenzierung und die mündliche Kommunikation, genaue Angaben zu den für die jeweilige Aufgabe auf der Plattform bereitgestellten Materialien sowie Hinweise zum Einsatz der Audio-CD.

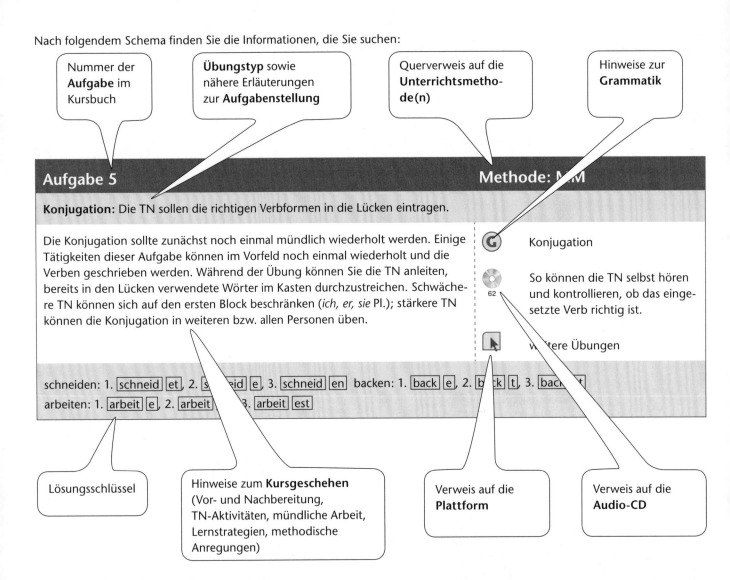

Überblick über die Lernziele und Themen eines Kapitels

Im Kursbuch ist jedem Kapitel eine Startseite vorangestellt. Diese enthält ein szenisches Bild zum jeweiligen Thema sowie die Lernziele: Welche Buchstaben sollten bekannt sein, welche werden neu eingeführt bzw. besonders wiederholt? Wird Grammatik vermittelt? Welcher Wortschatz wird behandelt? Bei den neuen Wörtern wird zwischen mündlichem und schriftlichem Wortschatz unterschieden, da die TN gerade zu Beginn mehr Wörter mündlich erlernen, als sie mit ihren Buchstabenkenntnissen in der Lage sind zu schreiben. Auf der Startseite jedes Kapitels finden Sie in der Buchstabenleiste auch einige sogenannte Lernwörter, d. h. thematisch wichtige Wörter, deren Schreibung die TN jedoch noch nicht verstehen müssen, sondern zunächst als ganzes Schriftbild lernen.

Die thematischen Kapitel 1–15 schließen jeweils mit einem kurzen Lese- und Hörtext ab, der das Szenenbild der jeweiligen Kapitelstartseite wieder aufnimmt und mit Übungen vertieft. Durch diese episodischen Texte und Dialoge, die aus dem täglichen Leben einer fünfköpfigen Familie erzählen, werden die Kapitel inhaltlich miteinander verbunden. Die Situationen, die die wiederkehrenden Protagonisten durchlaufen, bieten durch ihre Anbindung an die Lebenswelt der Lernenden authentische Sprechanlässe (z. B. Familie, Arztbesuch, Arbeitslosigkeit, Einkauf usw.). Zur ausführlichen Besprechung des Szenenbildes im Plenum finden Sie den Bildimpuls jeweils als A4-Vorlage (z. B. für Folien) auf der Plattform.

Orientierung an der Buchstabenzeile

Im Kapitel A lernen Ihre TN die ersten Buchstaben und Buchstabenverbindungen kennen, wobei von Anfang an Wert darauf gelegt wird, dass möglichst früh sinnvolle Wörter geschrieben werden können. Daher werden gelegentlich auch zwei oder drei Buchstaben gemeinsam eingeführt. Für eine kleinschrittigere Einführung der Buchstaben sind Arbeitsblätter auf der Plattform (▶PL_KapA) vorhanden. Weitere Buchstaben werden dann in den darauffolgenden fünf Grundkapiteln immer im Zusammenhang mit dem thematischen Schreibwortschatz vermittelt.

Sie können mit den ersten Aufgaben eines thematischen Grundkapitels (z. B. Ernährung) bereits beginnen, bevor Sie das gesamte Kapitel A durchgearbeitet haben. In der Buchstabenzeile im Kasten rechts oberhalb jeder einzelnen Übung können Sie auf einen Blick sehen, ob Ihre TN diese Aufgabe mit den bisher erworbenen Buchstabenkenntnissen bereits bewältigen können. Buchstaben, die für die Bearbeitung der Übung bereits bekannt sein sollten, werden – in der Reihenfolge ihrer Einführung in Kapitel A – aufgezählt. Buchstaben, die zum ersten Mal vorkommen, werden – außer im Kapitel A, in dem alle Buchstaben neu sind – abgesetzt und farbig markiert:

> a, n, o, e, s, t, m, l, b, k, i, r
> ei, z

Aus didaktischen Gründen sollten Sie Ihre TN jedoch immer wieder auch mit Wörtern konfrontieren, die „unbekannte" Buchstaben enthalten. Hierbei kommen nämlich häufig Erschließungsstrategien zum Tragen, die für Ihre TN nicht zuletzt auch relevant für die Bewältigung ihres Alltags sind. Eine gute Möglichkeit, diese Fertigkeit zu schulen, bieten Ihnen die kurzen episodischen Geschichten am Ende jedes Kapitels. Zudem werden Sie feststellen, dass Buchstabenkenntnisse oder das Wissen um vermeintlich unbekannte Laut-Buchstaben-Zuordnungen durchaus bei einigen TN vorhanden sind, ohne dass Sie diese explizit vermittelt hätten.

Die Buchstabeneinführung innerhalb der Grundkapitel 1–5 erfolgt daher auch weniger ausführlich als im Kapitel A. Vielmehr finden Sie Aufgaben, in denen die neuen Buchstaben nach und nach vorkommen. Falls einige Ihrer TN für bestimmte Buchstaben noch einmal intensive Übung benötigen, finden Sie verschiedene Materialien dazu auf der Plattform (▶PL_KapA).

In den Aufbaukapiteln 6–15 wird davon ausgegangen, dass alle Buchstaben mindestens einmal behandelt wurden. Je nach Thema stehen dann bestimmte Buchstabenkombinationen und orthografische Besonderheiten (z. B. *eu*, *sp* oder *ck*) im Vordergrund und werden auf der Startseite des Kapitels sowie im Kasten oberhalb jener Übungen, die explizit diese Buchstaben wiederholen, angegeben.

Vor- und Nachbereitung der Aufgaben

Die Bedeutung der Wörter muss häufig zunächst mündlich geklärt werden, wobei Sie insbesondere in den Grundkapiteln 1–5 möglicherweise bereits auf ein Vorwissen der TN zurückgreifen können. Diese Semantisierung kann z. B. mithilfe von Bildern aus dem Bilderpool oder Bildkarten von der Plattform erfolgen. Neben den Wortschatzübungen, die Sie im KB oder als Arbeitsblätter auf der Plattform finden, können Ihre TN unabhängig vom Buch zu jedem Thema eine Vielzahl freier Wortschatzübungen bearbeiten (z. B. Schreiben mit dem beweglichen Alphabet, Lesen mit Lesedosen, Puzzeln von Silbenwörtern usw.). Konkrete Hinweise dazu finden Sie in den Methodendarstellungen im MHB (▶MT, ▶SM u. a.). Die Materialien befinden sich in den Kapiteln B und D auf der Plattform.

Lesen Sie zusätzlich im didaktischen Kommentar zu jeder Übung nach, mithilfe welcher Unterrichtsaktivitäten und Zusatzmaterialien eine Aufgabe vor- oder nachbereitet werden kann.

Nutzen Sie die Möglichkeiten der Plattform, die wie das KB in übersichtlichen Kapiteln strukturiert ist, um Lerninhalte – auch unabhängig vom KB – auf unterschiedliche Weise darzubieten. Nicht nur im Bereich der Wortschatzarbeit, sondern auch im Zusammenhang mit der Grammatikvermittlung und bei der Buchstabeneinführung bietet Ihnen *Alphamar* vielfältige Hilfen, um Ihren Unterricht abwechslungsreich und teilnehmerorientiert zu gestalten. So werden beispielsweise bei der Vermittlung von Buchstabenkenntnissen im Kapitel A des KBs die neuen Buchstaben immer gemeinsam mit einem grafisch dargestellten Merkwort eingeführt (z. B. *P* wie *Pass*).

Zum zusätzlichen Einüben der Buchstabenformen und ihrer lautlichen Zuordnung eignen sich die Buchstabentabelle (▶LS) oder auch die Montessori-Sandpapierbuchstaben (▶MT, ▶PL_KapD_Anleitung_Sandpapierbuchstaben). Sollten Ihre TN motorische Schwierigkeiten beim Schreiben der Buchstaben haben, können Sie ihnen helfen, indem Sie das Schreiben zunächst mit geeigneten Übungen vorbereiten (metallene Einsatzfiguren: ▶MT). Im Kursbuch finden Sie bei einigen Buchstaben auch Schreibübungen auf der Linie. Sollen einige Ihrer TN die Formen aller Buchstaben auf diese Weise üben, so finden Sie ergänzende Buchstabenarbeitsblätter mit Linien zum Vervollständigen auf der Plattform (▶PL_KapA).

Hinweise zur Buchstabeneinführung

Didaktisch sinnvolle Buchstabenprogression

Die Buchstaben werden nicht in der Reihenfolge des Alphabets eingeführt (a, b, c, d usw.), da dies aus didaktischer Sicht nicht unbedingt naheliegend ist.

Auf folgenden didaktischen Kriterien beruht u. a. die Buchstabenprogression des *Alphamar*-Kursbuches:

- *Häufigkeit:* Führen Sie am Anfang zunächst Buchstaben ein, die in der deutschen Sprache häufig vorkommen und daher von den TN benötigt werden (also z. B. das *e* vor dem *c*).
- *optische Einprägsamkeit:* Beginnen Sie möglichst mit Buchstaben, die einfach aufgebaut und deren Buchstabenform daher leicht zu erlernen ist (z. B. *o*).
- *optische Unterscheidung:* Führen Sie optisch ähnliche Buchstaben (wie z. B. *b* und *d* oder *h* und *n*) nach Möglichkeit nicht gleichzeitig oder kurz nacheinander ein, da es sonst leicht zu Verwechslungen kommt.
- akustische Unterscheidung: Zunächst sollten Buchstaben eingeführt werden, die gut zu hören sind (z. B. Vokale und Konsonanten, die dehnbar sind und daher über eine längere Dauer gesprochen werden können, z. B. *n*, *s* oder *f*, im Gegensatz zu *p* oder *k*, die nur sehr kurz produziert werden können). Buchstaben, deren Laute ähnlich klingen oder die ähnlich produziert werden (wie z. B. *k* und *g* oder *t* und *d*) sollten nicht gleichzeitig eingeführt werden, um Verwechslungen zu vermeiden.
- *Vorkommen in den Muttersprachen Ihrer TN:* Beginnen Sie möglichst mit einem Buchstaben, dessen Laut in der Muttersprache Ihrer TN ebenfalls existiert (▶PL_KapB_Muttersprachen). Unbekannte Laute und abweichende Laut-Buchstaben-Zuordnungen können das Lernen erschweren.
- *sinnvolle Verwendung:* Es bietet sich an, solche Buchstaben gemeinsam einzuführen, mit denen möglichst früh erste sinnvolle Wörter geschrieben werden können. Sobald mehrere Buchstaben bekannt sind, sollte dann auch auf die Alltagsrelevanz der Wörter geachtet werden.

Für das Kapitel A zur Buchstabeneinführung wurde daher die folgende Progression zugrunde gelegt:

a, n, o, e, s, t, m, l, f, b, k, d, u, i, p, w, g, sch, r, er.

Die Buchstabenprogression in den nachfolgenden, austauschbaren Grundkapiteln orientiert sich dann jeweils am thematischen Schreibwortschatz. Daher liegt dem Kursbuch zwar eine Progression zur Orientierung zugrunde; diese können Sie bzw. Ihre TN jedoch einerseits durch die flexible Reihenfolge der Kapitel, andererseits mithilfe der Buchstabentabelle (▶LS) entsprechend den Interessen und Bedürfnissen Ihrer TN modifizieren.

Lautieren Sie im Unterricht – vermeiden Sie das ABC

Mit den Buchstaben werden jeweils auch die dazugehörigen Laute eingeführt. Verwenden Sie in der Anfangszeit Ihres Kurses möglichst ausschließlich die Lautwerte der Buchstaben (z. B. *b* und *m*) und nicht die Buchstabennamen (z. B. *be* und *em*). Viele Lernende tendieren nämlich dazu, die Buchstabennamen beim Zusammenziehen von Buchstaben zu Silben und Wörtern mitzusprechen, und werden so daran gehindert, das entsprechende Wort korrekt vorzulesen und zu verstehen. Auf der anderen Seite werden beim Schreiben häufig Vokale ausgelassen, weil diese in den Namen der Konsonanten mitgedacht werden (z. B. *nt* statt *Ente*; vgl. auch ▶MT, ▶PH).

Für eine spätere Einführung der Buchstabennamen eignen sich u. a. häufige Abkürzungen, in denen die Buchstaben regelmäßig nicht mit den Lautwerten, sondern mit ihrem Namen ausgesprochen werden. Im Zusammenhang mit Kapitel 7 (*Krank sein*) können Sie mit Ihren TN das Alphabet und die alphabetische Reihenfolge einführen, um z. B. mit dem alphabetischen Register in Branchenverzeichnissen nach bestimmten Ärzten zu suchen. Die Buchstabennamen benötigen Sie hierbei z. B. für die Aussprache der Abkürzung im Wort *HNO-Arzt* oder auch im Kapitel 14 (*Verkehr*) für die Bezeichnung bestimmter Züge (*IC®*, *ICE®*).

Groß- oder Kleinbuchstaben?

Zu Beginn des Alphabetisierungskurses steht zunächst die Zuordnung von Lauten zu ihren Buchstaben im Vordergrund. Die Buchstabenformen von Groß- und Kleinbuchstaben werden im Kursbuch jedoch immer gleichzeitig eingeführt. Es hängt jeweils von Ihrer Lerngruppe ab, wann Sie die Groß- und Kleinschreibung thematisieren können, ohne Ihre TN zu irritieren.
In den Grundkapiteln des Kursbuches wird bei vorgegebenen Wörtern immer die orthografisch korrekte Form dargeboten. Wenn Wörter geschrieben werden sollen, können Sie als LP die Groß- und Kleinschreibung bei Ihren TN zunächst außer Acht lassen oder mit dem Hinweis kommentieren, dass der erste Buchstabe möglicherweise großgeschrieben wird, aber alle nachfolgenden Buchstaben immer klein. Bei der Einführung des Begriffs *Nomen* können dann bereits erste orthografische Regeln thematisiert werden.

Druckschrift oder Schreibschrift?

Im Alphabetisierungskurs wird am Anfang die Druckschrift eingeführt. Sie kommt im Alltag häufiger vor und ist für die TN zunächst einfacher zu erlernen als gebundene Schriftarten. Die Schreibschrift kann und sollte im späteren Kursverlauf jedoch ebenfalls thematisiert werden. Übungen dazu finden Sie auf der Plattform (▶Kapitel A).

Machen Ihre Teilnehmer und Teilnehmerinnen Fortschritte?

Die Dokumentation von Lernfortschritten in Alphabetisierungskursen ist für die LP eine mindestens ebenso anspruchsvolle Tätigkeit wie die teilnehmerorientierte Unterrichtsgestaltung. Im Laufe des Kurses lernen Ihre TN neben der deutschen Sprache sowie dem Lesen und dem Schreiben auch viele weniger deutlich „sichtbare" Fertigkeiten, die jedoch direkt mit dem Lernprozess zu tun haben, wie beispielsweise das selbstständige Arbeiten oder die Korrektur von Fehlern. Ob ein TN schreiben „kann", zeigt sich nicht nur darin, ob er Laute in Buchstaben umsetzen kann. Es spielt auch eine Rolle, wie er den Stift hält und ob er die Buchstaben angemessen zu Papier bringt (dass sich auf den ersten Blick z. B. das *h* vom *n* unterscheiden lässt). Auch eine erfolgreiche Vermittlung von Grammatikkenntnissen lässt sich nicht ohne Weiteres überprüfen. So kann ein TN vielleicht ein grammatisches Phänomen, das gerade im Unterricht besprochen wurde, in gelenkten mündlichen Übungen gut anwenden (*ich gehe*), jedoch plötzlich nicht mehr, wenn der Fokus im Unterricht auf einem anderen Thema liegt. Dann fällt er zurück in die alte Gewohnheit (*ich gehen*). Ab wann kann man also davon sprechen, dass ein TN Fortschritte gemacht hat? Und wie ermitteln Sie die Kompetenzen, in denen Ihre TN noch gefördert werden müssen?

Lernfortschrittskontrollen

Zum einen können hier detailliertere Kann-Beschreibungen zu den einzelnen Kompetenzen hilfreich sein (▶**PL_KapB_Kompetenzen**). Zum anderen lassen sich durch regelmäßige Lernfortschrittskontrollen (LFK) die Fortschritte, Stagnationen oder auch Rückschritte Ihrer TN in den einzelnen Kompetenzen messen und grafisch sichtbar machen. Einen solchen Test können Sie ganz leicht selbst erstellen (▶**PL_KapB_LFK-Erstellung**). Einen fertigen Test, der die Inhalte von Kapitel 1 abprüft, finden Sie ebenfalls auf der Plattform (▶**PL_KapB_LFK_Kapitel1**). Die Durchführung einer solchen LFK ist kein großer Aufwand. Für die TN ist es so, als würden sie an einem Tag besonders viele Arbeitsblätter ausfüllen und nicht wie gewohnt gemeinsam korrigieren. Ist der Test zu lang, können Sie ihn auf zwei Tage verteilt durchführen. Neben der Ermittlung der Fortschritte kann die LFK auch dazu dienen, die TN allmählich an schriftbasierte Testformate und die gesamte Testsituation zu gewöhnen. Sie dürfen nicht beim Nachbarn schauen und sich nicht mit ihm beraten. Solche Regeln sollten behutsam, vielleicht sogar spielerisch und mit einem Augenzwinkern eingeführt werden. Die LFK wird nach bestimmten Kriterien ausgewertet, um jeweils einen Wert pro Kompetenz zu ermitteln. So können Sie die Werte mit der vorherigen LFK vergleichen (▶**PL_KapB_Skalen_Auswertung**).

Alpha-Portfolio

Unabhängig von der Dokumentation der messbaren Fortschritte Ihrer TN im mündlichen und schriftsprachlichen Bereich empfehlen wir Ihnen, kursbegleitend ein sogenanntes Alpha-Portfolio anzulegen. Viele LP empfinden eine solche Aufgabe als zusätzliche Belastung in der Kursgestaltung. Wenn Sie sich jedoch vor Augen führen, dass mithilfe einer solchen Sprachmappe auch die Kompetenzen und Fortschritte sichtbar gemacht werden können, die sich mit standardisierten Testverfahren nicht messen lassen, kann sich der Aufwand durchaus lohnen. Sie können mit den TN kleine, individuelle Ziele vereinbaren und mithilfe des Alpha-Portfolios das Erreichen des Ziels dokumentieren. Dieses Instrument kann helfen, die Motivation Ihrer TN zu stärken, die selbstständige Arbeit zu fördern und ein Bewusstsein für den eigenen Lernprozess zu entwickeln. Einige Anregungen für eine einfache Anwendung des Alpha-Portfolios zusammen mit einer Übersicht über mögliche sinnvolle Inhalte finden Sie auf der Plattform (▶**PL_KapB_Alpha-Portfolio**).

Kapitel A – Buchstabeneinführung

Im Kapitel A des Kursbuches finden Sie vor allem Übungen zum Schreiben und Lesen. Das Kapitel orientiert sich also zunächst an den Buchstaben. Die Kapitel 1 bis 15 sind dann thematisch orientiert.
Wenn Sie zu Kursbeginn Hinweise und Übungsvorschläge zur Wortschatzarbeit insbesondere der ersten Stunden (*sich vorstellen, begrüßen*) benötigen ▶PL_KapA_Anfangskommunikation.

Aufgaben 1, 3, 4, 6   Methoden: MT, LS

Schreibübung: Die Buchstaben sollen auf die Linien geschrieben werden. Neben der Form des Buchstabens müssen auch Größe und korrektes Setzen auf die Linie beachtet werden.

Diese Art der Übung verlangt mehr Fertigkeiten, als dem Schreibgeübten bewusst sein mögen. Wenn Ihre TN Schwierigkeiten mit dem Abschreiben der Buchstaben haben, so wenden Sie Motorikübungen an, die die notwendigen Fertigkeiten einzeln trainieren (▶MT).

Zeigen Sie die beiden Buchstaben zunächst an der Tafel und nennen Sie den Lautwert des Buchstabens (*a*). Lassen Sie den Laut in Wörtern erkennen, zunächst im Anlaut, entsprechend der Anbahnung eines phonologischen Bewusstseins (▶PH).

> Im Kursbuch werden nur einige Buchstaben auf diese Weise eingeführt. Weitere Übungsblätter mit jedem Buchstaben, der in diesem Kapitel eingeführt wird, finden Sie unter ▶**PL_KapA_Schreibübungen** plus den entsprechenden Buchstaben im Dateinamen.

Aufgaben 2, 7   Methoden: PH, MT

Anlautschreiben: Die TN sollen entscheiden, ob im Anlaut des abgebildeten Wortes ein *a* vorkommt oder nicht. Wenn ein *a* vorkommt, wird es auf die Linie geschrieben, wenn nicht, wird die Linie durchgestrichen. Bei Aufgabe 7 sind alle Anlaute bekannt und sollen geschrieben werden.

Diese Übung muss zunächst mündlich mit Bildkarten im Plenum durchgeführt werden (▶PH).

> 2
> weitere Übungen

Aufgabe 2: A, –, –, A, – (Affe, Sonne, Regen, Apfel, Esel); –, A, –, –, A (Fisch, Arzt, Wind, Dose, Ampel)
Aufgabe 7: E, A, S, O, E, S, A, A, O, N, (Esel, Affe, Sonne, Oma, Ente, Socken, Apfel, Ameise, Opa, Nase)

Aufgabe 3, 4: s. Kommentar zu 1

Aufgaben 5, 10   Methode: SM

Silbentabelle: Die TN sollen die beiden Buchstaben, die sich im jeweiligen Tabellenfeld treffen, nebeneinanderschreiben und dann als Silbe laut vorlesen. In Aufgabe 5 werden Konsonant und Vokal, in Aufgabe 10 Vokal und Konsonant zusammengesetzt.

Diese Aufgabe bahnt zwei Fertigkeiten gleichzeitig an: (a) das Zusammenziehen einzelner Laute zu Silben (Silbensynthese) und (b) das Lesen und Verstehen von Tabellen. Die Übung sollte vorher einmal an der Tafel durchgeführt werden.
Die Leserichtung von links nach rechts kann hier bei Bedarf thematisiert werden.

> Mithilfe der Vorlage in Kapitel C können Sie sich weitere Aufgaben dieses Typs erstellen.

Aufgabe 5: na, no, ne, sa, so, se
Aufgabe 10: an, as, on, os, en, es

Aufgabe 6: s. Kommentar zu 1

Aufgabe 7: s. Kommentar zu 2

Aufgabe 8 — Methode: LS

Buchstabentabelle: Die TN sollen in der Buchstabentabelle alle bisher eingeführten sowie ggf. weitere bekannte Buchstaben suchen und benennen.

Es kann in diesem Zusammenhang geklärt werden, wie die abgebildeten Dinge auf den Bildern auf Deutsch heißen. Die TN können überprüfen, wie viele Buchstaben und Wortbedeutungen sie bereits beherrschen; gleichzeitig können sie sehen, dass die Anzahl der zu lernenden Schriftzeichen überschaubar ist. Ausführliche Erläuterungen zur Einführung der Buchstabentabelle, zu ihren Einsatzmöglichkeiten und zu Anbahnungsübungen ▶LS.

Ab sofort kann bei der Einführung jedes neuen Buchstabens immer auf die Buchstabentabelle als zusätzliches Hilfsmittel zurückgegriffen werden.

Bei den Vokalen gibt es immer zwei Bilder (jeweilige Repräsentanten für den kurzen und den langen Vokal, z. B. kurz: *Affe*, lang: *Ameise*). Diese Unterscheidung wird in den Übungen konsequent umgesetzt, Sie können jedoch als LP für Ihre Gruppe entscheiden, wann Sie die Vokallänge tatsächlich thematisieren.

Im unteren Teil werden die unbetonten Endungen *-e*, *-er* sowie das vokalische *r* (vgl. Aufgabe 29) eingeführt. Während die *Tür* für das vokalische *r* und das *Fenster* für die unbetonte Endung *-er* steht, wird als einziges Adjektiv in der Tabelle das Wort *müde* als Merkwort für die unbetonte Endung *-e* verwendet. Diese Zuordnung lässt sich didaktisch gut anbahnen, wenn Sie darauf hinweisen, dass der gesamte Sprechapparat sehr locker und sozusagen „müde" ist, wenn er das *-e* am Ende des Wortes produziert (Schwa-Laut).

Sie finden die Buchstabentabelle noch einmal als Vorlage auf der Plattform, um sie auf Folie ziehen und im Unterricht mit Overheadprojektor zeigen und besprechen zu können.

Aufgabe 9 — Methode: LS

Anbahnung der Buchstabentabelle: Die TN sollen mithilfe der Buchstabentabelle die zugeordneten Buchstaben bzw. Buchstabenkombinationen zu den Bildern finden. Diese Buchstaben (für Anlaut, Inlaut oder Auslaut) schreiben sie dann unter die Bilder im Kursbuch. Zusätzlich notieren sie das neu entstandene Wort noch einmal zusammenhängend auf die darunterstehende Zeile und lesen es laut.

Dieser Aufgabentyp ist nicht zu verwechseln mit dem Anlautrebus, bei dem ausschließlich die Anlaute zu einem Wort verbunden werden. Da die Buchstabentabelle gleichzeitig die Orthografie anbahnt und daher auch verschiedene Aussprachevarianten berücksichtigt (lange und kurze Vokale, unbetonte Endungen usw.), beziehen sich die Merkwörter in der Buchstabentabelle auch auf Laute im Wort (z. B. kurzes *ü* wie in *Mütze*) oder am Wortende (z. B. das unbetonte *-e* in *müde*). Weitere Anbahnungsübungen für den Umgang mit der Buchstabentabelle sowie Tipps für den Unterricht ▶LS.

weitere Übungen

Mithilfe des Bilderpools und der Vorlage in Kapitel C können Sie sich weitere Aufgaben dieses Typs erstellen.

<u>N</u>ase, <u>A</u>meise, <u>S</u>onne, müd<u>e</u> → Nase

Aufgabe 10: s. Kommentar zu 5

Didaktisierung der Kursbuchaufgaben **A**

Aufgaben 11, 17, 20 — Methode: LS

Visuelle Differenzierung: In diesen drei Aufgaben sollen die TN lernen, Buchstaben von Nicht-Buchstaben zu unterscheiden, doppelte Buchstaben zu erkennen und die falsche Lage von Buchstaben zu korrigieren.

Weitere Informationen über solche Aufgaben zur visuellen Differenzierung ▶LS, ▶MT.

Mit dem beweglichen Alphabet (▶MT) lassen sich unzählige solcher Aufgaben sehr schnell vorbereiten und im Unterricht ohne großen Aufwand durchführen.

weitere Übungen

Aufgabe 11: A, N, S
Aufgabe 17: A, M, T
Aufgabe 20: F, L, N

Aufgabe 12 — Methode: SM

Silbenbaukasten: Die TN sollen die einzelnen Silben zu Wörtern zusammensetzen. Dazu verbinden sie die Silben miteinander und schreiben die Wörter in zwei Farben.

Voraussetzung ist, dass die Wörter bekannt sind und die Silben bereits gut geübt wurden. Zu Beginn sollte man mit einfachen zweisilbigen Wörtern und offenen Silben arbeiten, später können dann geschlossene Silben und mehrsilbige Wörter geübt werden.

Entsprechende Übungen lassen sich auch an der Tafel machen. Dazu können Sie einen Anfangslaut oder eine Anfangssilbe an die Tafel schreiben und die TN bilden daraus sinnvolle Wörter. Ebenso lassen sich Endsilben oder Endlaute an die Tafel schreiben und die TN müssen passende Anfangslaute oder Anfangssilben finden.

weitere Übungen

Mithilfe der Vorlage in Kapitel C können Sie sich weitere Aufgaben dieses Typs erstellen.

Mama, Oma, Esel, Nase, lesen

Aufgabe 13 — Methode: SM

Silbenbogen: Die TN malen wie im Beispielwort Silbenbogen unter die Wörter. Dazu lesen sie die Wörter zunächst laut vor und klatschen dabei die Silben. Jede einzelne Silbe wird mit einem Bogen gekennzeichnet.

Diese Übung wird ergänzt durch den Stiftwechsel und das Schreiben mit unterschiedlichen Farbstiften, um so die einzelnen Silben kenntlich zu machen. Unterstützt wird das Lesen durch das begleitende Klatschen der Silben. Alternativ können die TN die Silben auch schreiten (pro Silbe ein großer Schritt) oder schwingen (pro Silbe eine Armbewegung, mit der ein Silbenbogen in die Luft gezeichnet wird). Die TN können die Silbenbogen beim Lesen auch mit dem Finger nachzeichnen.

Diese Übungsform eignet sich insbesondere für TN, die Schwierigkeiten mit dem flüssigen Erlesen der Wörter haben, die Leserichtung noch nicht einhalten oder auch die Reihenfolge der einzelnen Laute/Buchstaben häufig verwechseln.

Achten Sie beim Vormachen der Übungen darauf, dass Sie mit dem Gesicht zur Klasse die Bewegungen seitenverkehrt durchführen müssen, damit die Leserichtung von links nach rechts für die TN ersichtlich bleibt.

Die Silbenbogen werden jeweils beim Farbwechsel begonnen bzw. abgeschlossen.

🔘 3

🔘 16 Gute Lese-Sprech-Übungen sind auch die Reime, die begleitend gelesen, gesprochen und geklatscht werden sollten.

weitere Übungen

Nase, malen, Melone, Foto, Telefon, lesen, oben, Besen

Aufgabe 14 — Methode: SM

Wörter zweifarbig schreiben: Die TN schreiben die Wörter, die links in schwarzer Schrift stehen, mit zwei Farben ab. Jede Silbe erhält eine Farbe (z. B. erste Silbe grün, zweite Silbe orange) wie im Beispiel.

Das Schreiben mit unterschiedlichen Farbstiften und der Stiftwechsel verlangsamen das Schreibtempo und verdeutlichen auch visuell die Silbengrenzen, die den TN so noch einmal bewusst werden. Wenn die TN unsicher sind, wo die Silbengrenze verläuft, können Sie das Wort laut sprechen und klatschen.

4

 weitere Übungen

Na(grün)me(orange), be(grün)ten(orange), E(grün)sel(orange), Ba(grün)na(orange)ne(grün), O(grün)ma(orange), Os(grün)ten(orange)

Aufgabe 15 — Methode: PH

Anlautrebus: Der Anlaut jeder Abbildung soll unter das Bild in die vorgesehenen Felder geschrieben werden. Entsprechend der Anlautmethode (▶PH) sollen die einzelnen Anlaute miteinander verbunden werden. Aus den Anfangsbuchstaben ergibt sich ein neues Wort, das noch einmal korrekt in die Zeile darunter abgeschrieben werden soll. Diese Übung dient der Anlauterkennung. Der Anlaut von *Ente* ist nicht identisch mit dem Schwa-Laut in den sich ergebenden Wörtern *Nadel* und *Kanne*, wird aber dennoch für diesen eingesetzt, da ein Schwa nicht im Anlaut vorkommt. Diese Übung ist zu unterscheiden vom Aufgabentyp *Anbahnung der Buchstabentabelle*, in welcher mit anlautunabhängigen lautlichen Repräsentanten gearbeitet wird: Das Wort *müde* repräsentiert dort den Schwa-Laut.

Weisen Sie Ihre TN darauf hin, dass der erste Buchstabe großgeschrieben wird, die weiteren klein. Wenn das überfordernd ist, so können Sie die Groß- und Kleinschreibung am Anfang auch unbeachtet lassen. Das Wort kann so oft geschrieben werden (z. B. ins Heft), bis es richtig geschrieben wurde. Zum besseren Verständnis ist bei dieser Aufgabe jeweils das Lösungswort noch einmal in einer Abbildung dargestellt.

Führen Sie zunächst Übungen zur Laut-Identifizierung durch (▶PH), z. B. zeigen Sie eine Bildkarte und fragen Sie: (a) „Gibt es ein *a*?" (b) „Wo ist das *a*?" (c) „Welcher Laut ist vorne/am Anfang?" Üben Sie insbesondere, den Anlaut (= den ersten Laut) eines Wortes zu erkennen.

Die Gründe für die Doppelkonsonanz im Wort *Kanne* (und in weiteren Wörtern in den nachfolgenden Übungen, z. B. *Sonne, Unfall* usw.) müssen Sie an dieser Stelle noch nicht thematisieren. Es genügt in der Regel zunächst der Hinweis, dass der Buchstabe hier zwei Mal geschrieben werden muss.

Orthografische Regeln zu langen und kurzen Vokalen werden in den Aufbaukapiteln eingeführt.

Mithilfe der Vorlage in Kapitel C können Sie sich weitere Aufgaben dieses Typs erstellen.

<u>N</u>ase, <u>A</u>meise, <u>D</u>ose, <u>E</u>nte, <u>L</u>ampe → Nadel

<u>K</u>offer, <u>A</u>ffe, <u>N</u>ase, <u>N</u>ase, <u>E</u>nte → Kanne

Aufgabe 16 — Methode: SM

Silbensalat: Endsilbe und Anfangssilbe sind vertauscht. Die TN sollen die Silben in die richtige Reihenfolge bringen und die Wörter zweifarbig schreiben.

Hier soll die richtige Reihenfolge der Silben beim Schreiben trainiert werden.

weitere Übungen

Dose, Kanne, Besen, Unfall, Blume, lesen, Foto, Telefon

Aufgabe 17: s. Kommentar zu 11

Didaktisierung der Kursbuchaufgaben

Aufgabe 18 — Methode: PH

Buchstabenergänzung: Die TN sollen die fehlenden Vokale eintragen. Die Wörter müssen bekannt sein oder werden von der LP vorgesprochen.

Üben Sie vorher mit anderen Wörtern an der Tafel und lassen Sie Vokale oder Konsonanten ergänzen. Die Begriffe *Vokal* und *Konsonant* sollten im Laufe des Kurses erklärt werden.

Erklären und üben Sie den Aufbau einer Silbe mit dem Silbenschieber (Konsonant + Vokal = offene Silbe; Konsonant + Vokal + Konsonant = geschlossene Silbe) (▶SM).

Ähnliche Übungen sind auch als Buchstabenpuzzle möglich. Eine spielerische Variante ist die „Spinne" (Galgenmännchen) an der Tafel (Spielanleitung zur „Spinne" ▶SP).

weitere Übungen

Vorlage zur Herstellung eines Buchstabenpuzzles ▶PL_KapD_Buchstabenpuzzle

S̲o̲nne, K̲a̲nne, l̲e̲sen, m̲a̲len, U̲nfall

Aufgabe 19 — Methoden: PH, MT

Bilderdiktat: Die TN schreiben die Wörter aus dem Gedächtnis unter die Bilder. Die Linien helfen, die Anzahl der Laute (= Anzahl der Linien) zu erkennen. Pro Linie wird ein Buchstabe (entspricht in dieser Aufgabe einem Laut) geschrieben.

Die Wörter müssen vorher gut geübt worden sein, sodass die TN wissen, wie die Dinge auf Deutsch heißen. Vorbereitend bieten sich mündliche Übungen an, bei denen die verschiedenen Bilder noch einmal benannt und an die Tafel geschrieben werden. Es ist zu beachten, dass auf jede Linie nur ein Buchstabe zu schreiben ist.

Mithilfe des Bilderpools und der Vorlage in Kapitel C können Sie sich weitere Aufgaben dieses Typs erstellen.

Ente, Esel, Ball, Dose, Laden, Telefon, Oma, Tasse, Nebel

Aufgabe 20: s. Kommentar zu 11

Aufgabe 21 — Methode: PH

Hörübung: Lassen Sie die Silben zunächst vorlesen, um sicherzugehen, dass den TN bewusst ist, welche Laute sich hinter den Buchstaben „verbergen". Dann sprechen Sie eine Silbe mehrfach vor und die TN kreuzen diejenige an, die sie gehört haben.

Sie sollten die einzelnen Laute vorher eingeführt und mit den TN geübt haben. Falls das Ankreuzen nicht sofort klappt, können Sie die Silbenpaare auch an die Tafel schreiben. Sie nennen jeweils eine Silbe, und die TN entscheiden, welche sie gehört haben.

Auch als Partnerarbeit möglich. Dabei können die TN lernen, wie wichtig es ist, dass die Laute korrekt ausgesprochen werden, denn nur dann können sie auch richtig gehört werden.

Ähnliche Übungen können Sie auch im Plenum an der Tafel machen und dabei jedem einzelnen TN genau solche Laute zur Differenzierung geben, die ihm schwerfallen (▶PH).

5

weitere Übungsblätter dieses Typs mit muttersprachenspezifischen Übungen ▶PL_KapB_muttersprachenspezifische Hörübungen

Mithilfe der Vorlage in Kapitel C können Sie sich weitere Aufgaben dieses Typs erstellen.

1. bi, 2. ta, 3. an, 4. le, 5. lu, 6. fa, 7. ko, 8. sa

Aufgabe 22 — Methoden: PH, SM

Silbendiktat: Die TN hören eine Silbe mehrfach und schreiben sie auf. Dabei können Sie auch unbekannte Silben bzw. „Nonsenswörter" auswählen.

Diese Übung ist auch als Partnerarbeit möglich. Dabei können die TN lernen, wie wichtig es ist, dass die Laute korrekt ausgesprochen werden, denn nur dann können sie auch richtig gehört werden.

6

an, so, ti, us, fe, ke, im, da, le, mu, bo, uk, da

Aufgabe 23 — Methode: SM

Silbenpuzzle: Die TN setzen die Silben zu einem sinnvollen Wort zusammen.

Voraussetzung ist, dass die Wörter, die gepuzzelt werden sollen, aus dem Unterricht bekannt sind.

Das Zusammensetzen der Silben kann in beide Richtungen erfolgen (entweder werden Silben zu einem Wort zusammengesetzt oder ein Wort wird in seine einzelnen Silben zerlegt).

Diese Übung lässt sich auch mit einem selbst gebastelten Silbenpuzzle (möglichst fester Karton oder laminiertes Papier) üben. Die TN können allein, in Partner- oder in Gruppenarbeit zusammengesetzte, längere Wörter in Silben schneiden und anschließend wieder zusammensetzen oder bereits zerschnittene Silben einfach zusammenpuzzeln.

Sehr sinnvoll ist diese Übung gerade bei längeren Wörtern oder Komposita und für TN, die immer wieder einzelne Silben eines Wortes auslassen.

weitere Übungen

Bastelvorlage für Silbenpuzzles
▶PL_KapD_Silbenpuzzle

Mithilfe der Vorlage in Kapitel C können Sie sich weitere Aufgaben dieses Typs erstellen.

Kamel, Salat, Blume, Laden, Kino, malen

Aufgabe 24 — Methode: PH

Wort-Bild-Zuordnung: Die TN lesen die Wörter (sinnentnehmendes Lesen). Dann schreiben sie sie unterhalb der Bilder auf die Linien. Die Anzahl der Buchstaben ist als Hilfe vorgegeben. Die Wörter sollen so auf die Linien geschrieben werden, dass pro Linie ein Laut steht. Lange Linien stehen für Doppelkonsonanten (*ss*).

Hierbei wird das Leseverstehen geübt. Es können auch Lern- bzw. Arbeitsstrategien thematisiert werden, wie z. B. das Durchstreichen bereits verwendeter Wörter (siehe Beispiel *Sonne*).

Mithilfe des Bilderpools und der Vorlage in Kapitel C können Sie sich weitere Aufgaben dieses Typs erstellen.

Sonne, Kamel, Tasse, Nebel, Blume, Laden, Salat, Sofa, Kino

Didaktisierung der Kursbuchaufgaben

Aufgabe 25 — Methode: PH

Laut-Lokalisierung: Pro Aufgabenzeile ist ein bestimmter Laut vorgegeben, dessen Position in den jeweiligen Wörtern erkannt werden soll. Die Bilder/Wörter sollten vorher mündlich eingeführt werden.

Die Position des Lautes im Wort wird markiert (Anfang, Mitte, Ende). Das Mittelfeld ist etwas breiter gehalten, da hier meist mehrere Buchstaben vorkommen und die Markierung innerhalb des Feldes entsprechend genau gesetzt werden kann. Für die Markierung eignet sich z. B. ein Punkt oder der gesuchte Buchstabe selbst. Ein Ankreuzen ist ebenfalls möglich, jedoch könnte die Ähnlichkeit des Kreuzes mit dem Buchstaben *x* zu Verwirrung führen.

Diese Übung eignet sich gleichzeitig dazu, die Buchstabenähnlichkeiten von *b*, *p* und *d* zu thematisieren und den TN Merkhilfen an die Hand zu geben. Mithilfe des beweglichen Alphabets (▶MT) können Sie noch einmal gezielt Übungen zur Lage der Buchstaben durchführen.

Auf lautlicher Ebene kann die lautliche Unterscheidung von *b* und *p* einigen TN schwerfallen. Hierzu finden Sie auf der Plattform noch einmal eine gesonderte Übung.

Vorbereitend können Sie die Übung mündlich durchführen. Sie geben einen Laut vor, dessen Position erkannt werden soll. Anschließend lesen Sie verschiedene Wörter vor, die den Laut enthalten. Die TN entscheiden mündlich mit den Worten „am Anfang, in der Mitte, am Ende", an welcher Stelle der Laut vorkommt.

Erscheint die Aufgabe noch zu schwierig, können Sie eine Übung vorschalten, bei der die TN entscheiden sollen, ob ein bestimmter Laut überhaupt in dem Wort vorkommt. Dazu geben Sie einen Laut vor und diktieren anschließend verschiedene Wörter. Kommt der Laut vor, signalisieren die TN dies mit einer grünen Karte, kommt er nicht vor, heben sie eine rote Karte. Hilfreich sind auch Laut-Diskriminierungsübungen: „Ist das *a*, *e* oder *i*?" (▶MT).

7

weitere Übungen

Mithilfe des Bilderpools und der Vorlage in Kapitel C können Sie sich weitere Aufgaben dieses Typs erstellen.

P – p: Lampe (in der Mitte) – Opa (in der Mitte) – Pass (am Anfang)
B – b: Nebel (in der Mitte) – Besen (am Anfang) – Ball (am Anfang)
D – d: Laden (in der Mitte) – Dose (am Anfang) – müde (in der Mitte)
F – f: Affe (in der Mitte) – Apfel (in der Mitte) – Fisch (am Anfang)

Aufgabe 26 — Methoden: PH, SM

Buchstabensalat: Die Buchstaben sind vorgegeben und müssen in die richtige Reihenfolge gebracht werden. Buchstabenkombinationen haben eine lange Linie. Danach malen die TN Silbenbogen unter die Wörter.

Die Wörter müssen aus dem Unterricht bereits bekannt sein und sollten daher zuvor mündlich eingeführt und geübt werden, z. B. mit Bildkarten.

8

Sie können die Wörter von CD vorspielen und anschließend die Aufgabe lösen lassen. Alternativ kann die Audio-Aufnahme auch zur Korrektur verwendet werden.

PL 1

gehört zum Aufgabenblatt
▶PL_KapA_Auf26

weitere Übungen

Mithilfe des Bilderpools und der Vorlage in Kapitel C können Sie sich weitere Aufgaben dieses Typs erstellen.

Wanne, Ampel, Wolke, Westen, Apfel, Welt, Besen, Pass, Blume

Aufgabe 27 — Methode: SM

Silbenmosaik: Die Silben sollen von links nach rechts gelesen werden. Dabei wird das Tempo kontinuierlich gesteigert. Zur Abwechslung und Erhöhung des Schwierigkeitsgrades kann dann treppenweise (von links oben nach rechts unten) gelesen werden.

Die Silben sollten zuvor einzeln eingeführt werden. Das laute Lesen (einzeln und im Chor) eignet sich besonders dafür.

Das Silbenmosaik wird kontinuierlich um neue Silben erweitert. Neben offenen Silben werden dann auch geschlossene Silben und komplexere Silben (*schwa, schwe, schwi* ...) geübt. Das Silbenmosaik kann an das individuelle Lerntempo angepasst werden, d. h., man kann für alle TN ein individuelles Mosaik erstellen. Als Alternative kann auch mit dem Silbenschieber gearbeitet werden, bei dem man die Silben immer wieder neu variieren kann.

9

weiterführende Übungen zur Unterscheidung von *s* und *sch*

weitere Silbenmosaike unterschiedlicher Niveaus ▶PL_KapB_Silbenmosaike ▶PL_KapD_Silbenschieber

Mithilfe der Vorlage in Kapitel C können Sie sich weitere Aufgaben erstellen.

Aufgabe 28 — Methode: PH

Buchstabenergänzung: Die TN sollen die fehlenden Buchstaben eintragen.

Üben Sie vorher mit anderen Wörtern an der Tafel und lassen Sie Vokale oder Konsonanten ergänzen. Die Begriffe *Vokal* und *Konsonant* sollten im Laufe des Kurses erklärt werden.

Erklären und üben Sie den Aufbau einer Silbe mit dem Silbenschieber (Konsonant + Vokal = offene Silbe, Konsonant + Vokal + Konsonant = geschlossene Silbe) (▶SM).

Ähnliche Übungen sind auch als Lautpuzzle oder Buchstabenpuzzle möglich (▶**Kapitel D**). Eine spielerische Variante ist die „Spinne" (Galgenmännchen) an der Tafel (Spielanleitung zur „Spinne" ▶SP).

<u>R</u>egen, <u>W</u>asser, <u>G</u>abel, Ta<u>sch</u>e, <u>B</u>rot, <u>w</u>aschen

Aufgabe 29 — Methode: LS

Anbahnung der Buchstabentabelle: Die TN sollen mithilfe der Buchstabentabelle die zugeordneten Buchstaben zu den Bildern finden. Die Einzelbuchstaben (für Anlaut, Inlaut oder Auslaut) schreiben sie dann unter die Bilder im Kursbuch. Zusätzlich notieren sie das neu entstandene Wort noch einmal zusammenhängend auf die darunterstehende Zeile und lesen es laut.

Während in Aufgabe 28 der Buchstabe *r* ausschließlich als Konsonant eingeführt wird (*Regen, Brot*), gibt es darüber hinaus die sehr häufig auftretende Aussprachevariante des vokalischen *r*, sodass Sie diese ebenfalls thematisieren sollten. Das *r* wird nach Vokalen und insbesondere in der Endung *-er* wie ein „reduziertes" *a* – also nahezu wie der Vokal *a* – gesprochen. Dies sollte mit den TN von Anfang an geübt werden, da der R-Laut in solchen Kombinationen für sie sonst akustisch nicht zu erfassen ist und daher beim Schreiben nicht umgesetzt wird. Weitere Hinweise zu diesem Aufgabentyp finden Sie im Kommentar zu Aufgabe 9.

weitere Übungen, dort auch zum vokalischen *r* im Wort (Merkwort: *Tür*)

Mithilfe des Bilderpools und der Vorlage in Kapitel C können Sie sich weitere Aufgaben dieses Typs erstellen.

<u>K</u>offer, <u>O</u>sten, <u>F</u>isch, <u>F</u>isch, Fenste<u>r</u> → Koffer

<u>W</u>asser, <u>I</u>nsel, <u>N</u>ase, <u>T</u>asse, Fenste<u>r</u> → Winter

<u>W</u>asser, <u>A</u>ffe, <u>S</u>onne, <u>S</u>onne, Fenste<u>r</u> → Wasser

<u>Sch</u>al, <u>W</u>asser, <u>E</u>nte, <u>S</u>onne, <u>T</u>asse, Fenste<u>r</u> → Schwester

Kapitel 1 – Ernährung

Ergänzend zu den Übungen im Buch sollten Sie mündlich mit Ihren TN über ihre jeweiligen Lieblingsspeisen und Essgewohnheiten sprechen – auch und gerade im Vergleich zu den jeweiligen Heimatländern und Deutschland. Wie und was wird in den Heimatländern gerne gegessen? Wie und was isst man in Deutschland? Wo gibt es Gemeinsamkeiten und Unterschiede? Wichtig ist dabei, auch das Üben mündlicher Redewendungen wie: „Ist da Schweinefleisch/Alkohol/Gelatine drin?" Darüber hinaus können Sie über die verschiedenen Einkaufsmöglichkeiten in Ihrer Stadt sprechen. Wo kaufen Ihre TN ein? Wie finden sie sich im Geschäft zurecht? Wichtige Redewendungen sind hier z. B.: „Wo ist der nächste Supermarkt?" Oder: „Wo finde ich die Milch?"

Folgende Wörter begegnen Ihnen in diesem Kapitel im Lesetext (Aufgabe 17), die nicht oder nur mittelbar mit dem Thema *Ernährung* zu tun haben: *anschauen, brauchen, geben/es gibt, fahren, finden, mögen/mag, rufen, schreiben, vorlesen*.

Aufgabe 1 — Methoden: PH

Anlautrebus: Der Anlaut jeder Abbildung soll unter das Bild in die vorgesehenen Felder geschrieben werden. Entsprechend der Anlautmethode (▶PH) sollen die einzelnen Anlaute miteinander verbunden werden. Aus den Anfangsbuchstaben ergibt sich ein neues Wort, das noch einmal korrekt in die Zeile darunter abgeschrieben werden soll. Diese Übung dient der Anlauterkennung. Der Anlaut von *Ente* ist nicht identisch mit dem Schwa-Laut in den sich ergebenden Wörtern *Banane* und *Tasse*, wird aber dennoch für diesen eingesetzt, da ein Schwa nicht im Anlaut vorkommt. Diese Übung ist zu unterscheiden vom Aufgabentyp *Anbahnung der Buchstabentabelle*, in welcher mit anlautunabhängigen lautlichen Repräsentanten gearbeitet wird: Das Wort *müde* repräsentiert dort den Schwa-Laut.

Weisen Sie Ihre TN darauf hin, dass der erste Buchstabe großgeschrieben wird, die weiteren klein. Wenn das überfordernd ist, so können Sie auch am Anfang die Groß- und Kleinschreibung unbeachtet lassen. Das Wort kann so oft geschrieben werden (z. B. ins Heft), bis es richtig geschrieben wurde.

Führen Sie zunächst Übungen zur Laut-Identifizierung durch (▶PH), z. B. zeigen Sie eine Bildkarte und fragen Sie: (a) „Gibt es ein *a*?" (b) „Wo ist das *a*?" (c) „Welcher Laut ist vorne/am Anfang?" Üben Sie insbesondere, den Anlaut (= den ersten Laut) eines Wortes zu erkennen.

Die Gründe für die Doppelkonsonanz im Wort *Tasse* müssen Sie an dieser Stelle noch nicht thematisieren. Es genügt in der Regel zunächst der Hinweis, dass hier der Buchstabe zweimal geschrieben werden muss.

weitere Übungen

Mithilfe des Bilderpools und der Vorlage in Kapitel C können Sie sich weitere Aufgaben dieses Typs erstellen.

<u>B</u>irne, <u>A</u>pfel, <u>N</u>udeln, <u>A</u>pfel, <u>N</u>udeln, <u>E</u>nte Banane; <u>T</u>omate, <u>A</u>pfel, <u>S</u>alat, <u>S</u>alat, <u>E</u>nte → Tasse

Aufgabe 2 — Methode: PH

Buchstabenergänzung: Die TN sollen die fehlenden Buchstaben eintragen. In die linke Spalte ist ein großer Buchstabe, in die rechte Spalte ein kleiner Buchstabe zu schreiben. Die Wörter müssen bekannt sein oder werden von der LP vorgesprochen.

Üben Sie vorher mit anderen Wörtern an der Tafel und lassen Sie Vokale oder Konsonanten ergänzen. Die Begriffe *Vokal* und *Konsonant* sollten im Laufe des Kurses erklärt werden.

Erklären und üben Sie den Aufbau einer Silbe mit dem Silbenschieber (Konsonant + Vokal = offene Silbe, Konsonant + Vokal + Konsonant = geschlossene Silbe) (▶SM).

Ähnliche Übungen sind auch als Buchstaben-Puzzle möglich. Eine spielerische Variante ist die „Spinne" (Galgenmännchen) an der Tafel (Spielanleitung zur „Spinne" ▶SP).

weitere Übungen

Mithilfe der Vorlage in Kapitel C können Sie sich weitere Aufgaben dieses Typs erstellen.

Zum Einsatz und zur Herstellung eines Buchstaben-Puzzles sowie eines Silbenschiebers ▶SM
▶PL_KapD_Buchstabenpuzzle
▶PL_KapD_Silbenschieber

Anlaute: <u>B</u>anane, <u>S</u>alat, <u>A</u>nanas; *Binnenlaute:* M<u>e</u>lone, T<u>o</u>mate, L<u>i</u>mo

Aufgabe 3 — Methode: PH

Laut-Lokalisierung: Pro Aufgabenzeile ist ein bestimmter Laut vorgegeben, dessen Position in den jeweiligen Wörtern erkannt werden soll. Die Bilder/Wörter sollten vorher mündlich eingeführt werden.

Die Position des Lautes im Wort wird markiert (am Anfang, in der Mitte, am Ende). Das Mittelfeld ist bewusst etwas breiter gehalten, da hier meist mehrere Buchstaben vorkommen und die Markierung innerhalb des Feldes entsprechend genau gesetzt werden kann. Für die Markierung eignet sich z. B. ein Punkt oder der gesuchte Buchstabe selbst. Ein Ankreuzen ist ebenfalls möglich, jedoch könnte die Ähnlichkeit des Kreuzes mit dem Buchstaben *x* zu Verwirrung führen.

Vorbereitend können Sie die Übung mündlich durchführen. Sie geben einen Laut vor, dessen Position erkannt werden soll. Anschließend lesen Sie verschiedene Wörter vor, die den Laut enthalten. Die TN entscheiden mündlich mit den Worten „am Anfang, in der Mitte, am Ende", an welcher Stelle der Laut vorkommt.

Ist die Buchstabenkombination *sch* noch nicht bekannt, sollte sie an dieser Stelle eingeführt werden (▶Kapitel A, ▶PH, ▶MT, ▶LS).

Erscheint die Aufgabe noch zu schwierig, können Sie folgende Übung vorschalten: Sie geben einen Laut vor und diktieren anschließend verschiedene Wörter. Kommt der Laut vor, signalisieren die TN dies mit einer grünen Karte, kommt er nicht vor, heben sie eine rote Karte. Hilfreich sind auch Laut-Diskriminierungsaufgaben: Ist das *a*, *e* oder *i*? (▶MT, ▶PH)

Die Übung kann von der LP diktiert oder auch von der CD vorgespielt werden. (10)

Mithilfe des Bilderpools und der Vorlage in Kapitel C können Sie sich weitere Aufgaben dieses Typs erstellen.

L–l: Apfel (am Ende) – Marmelade (in der Mitte) – Milch (in der Mitte)
Sch–sch: Schinken (am Anfang) – Fisch (am Ende) – Schokolade (am Anfang)
T–t: Salat (am Ende) – trinken (am Anfang) – Karotten (in der Mitte)
M–t: Melone (am Anfang) – Limo (in der Mitte) – Tomate (in der Mitte)

Aufgabe 4 — Methode: PH

Buchstabenergänzung: Die TN sollen die fehlenden Vokale oder Konsonanten eintragen. Die Wörter müssen bekannt sein oder werden von der LP vorgesprochen.

Erklären und üben Sie den Aufbau einer Silbe mit dem Silbenschieber (Konsonant + Vokal = offene Silbe, Konsonant + Vokal + Konsonant = geschlossene Silbe).

Üben Sie mit anderen Wörtern an der Tafel und lassen Sie Vokale oder Konsonanten ergänzen. Die Begriffe *Vokal* und *Konsonant* müssen noch nicht bekannt sein.

Ähnliche Übungen sind auch als Buchstaben-Puzzle möglich. Eine spielerische Variante ist die „Spinne" (Galgenmännchen) an der Tafel (Spielanleitung „Spinne" ▶SP).

weitere Übungen

Zum Einsatz und zur Herstellung eines Buchstaben-Puzzles sowie eines Silbenschiebers ▶SM
▶PL_KapD_Buchstabenpuzzle
▶PL_KapD_Silbenschieber

B<u>a</u>nane, <u>A</u>nanas, S<u>a</u>lat, <u>Z</u>itrone, To<u>ma</u>te, <u>Ka</u>rotten

Aufgabe 5 — Methode: SM

Silbentabelle: Die TN sollen die beiden Buchstaben, bzw. die Laut- und Buchstabenkombinationen, die sich im jeweiligen Tabellenfeld treffen, nebeneinanderschreiben und dann als Silbe laut vorlesen.

Diese Aufgabe bahnt zwei Fertigkeiten gleichzeitig an: (a) das Zusammenziehen einzelner Laute zu Silben (Silbensynthese) und (b) das Lesen und Verstehen von Tabellen. Die Übung sollte vorher einmal an der Tafel durchgeführt werden.

11

Mithilfe der Vorlage in Kapitel C können Sie sich weitere Aufgaben dieses Typs selbst erstellen.

sa, se, si, su, sei, ra, re, ri, ru, rei, za, ze, zi, zu, zei, scha, sche, schi, schu, schei, wa, we, wi, wu, wei, ha, he, hi, hu, hei

1 Didaktisierung der Kursbuchaufgaben

Aufgabe 6 — Methode: SM

Silbenmosaik: Die Silben sollen von links nach rechts gelesen werden. Dabei wird das Tempo kontinuierlich gesteigert. Zur Abwechslung und Erhöhung des Schwierigkeitsgrades kann dann treppenweise (von links nach rechts) gelesen werden.

Die Silben sollten zuvor einzeln eingeführt werden. Das laute Lesen (einzeln und im Chor) eignet sich besonders dafür.

Das Silbenmosaik wird kontinuierlich um neue Silben erweitert. Neben offenen Silben werden dann auch geschlossene Silben *(bat, bet, bot ...)* und komplexere Silben *(schla, schle, schli ...)* geübt.

Das Silbenmosaik kann an das individuelle Lerntempo angepasst werden, d. h., man kann für einzelne TN ein individuelles Mosaik erstellen.

Als Alternative kann auch mit dem Silbenschieber gearbeitet werden, bei dem man die Silben immer wieder neu variieren kann ▶SM.

🔘 12

🔘 16 Gute Lese-Sprech-Übungen sind auch die Reime, die begleitend gelesen, gesprochen und geklatscht werden können.

🖱 Weitere Silbenmosaike unterschiedlicher Niveaus finden Sie im Kursbuch und auf der Plattform ▶**PL_KapD_Silbenmosaik.**

Mithilfe der Vorlage in Kapitel C können Sie sich weitere Aufgaben dieses Typs selbst erstellen.

Aufgabe 7 — Methode: PH

Hörübung: Lassen Sie die Silben zuerst vorlesen, um sicherzugehen, dass den TN bewusst ist, welche Laute sich hinter den Buchstaben verbergen. Dann sprechen Sie eine Silbe mehrfach vor, und die TN kreuzen diejenige an, die sie gehört haben.

Sie sollten die einzelnen Laute vorher eingeführt und mit den TN geübt haben. Falls das Ankreuzen nicht sofort klappt, können Sie die Silbenpaare auch an die Tafel schreiben. Sie nennen jeweils eine Silbe, und die TN entscheiden, welche sie gehört haben.

Die Übung ist auch als Partnerarbeit möglich. Dabei können die TN lernen, wie wichtig es ist, dass die Laute korrekt ausgesprochen werden, denn nur dann können sie auch richtig gehört werden.

Ähnliche Übungen können Sie auch im Plenum an der Tafel machen und dabei jedem einzelnen TN genau solche Laute zur Differenzierung geben, die ihm schwerfallen (▶PH).

🔘 13 Die Übung kann auch von der CD vorgespielt werden.

🖱 Weitere Übungsblätter dieses Typs mit muttersprachenspezifischen Übungen finden Sie auf der Plattform unter ▶**PL_KapB_muttersprachenspezifische Hörübungen.**

Mithilfe der Vorlage in Kapitel C können Sie sich weitere Aufgaben dieses Typs erstellen.

1. mu, 2. li, 3. ka, 4. bo, 5. za, 6. wu, 7. schei, 8. ba

Aufgabe 8 — Methoden: PH, SM

Silbendiktat: Sprechen Sie eine Silbe mehrfach vor und die TN schreiben die Laute auf, die sie gehört haben.

Auch als Partnerarbeit möglich. Dabei können die TN lernen, wie wichtig es ist, dass die Laute korrekt ausgesprochen werden, denn nur dann wird der richtige Laut erkannt.

Sie können auch unbekannte Silben bzw. „Nonsenswörter" auswählen.

Silbendiktate und Wortdiktate sollten möglichst häufig im Kurs durchgeführt werden.

🔘 14

mu, la, in, wo, bo, af, tom, sei, ne, ul, aba, ap, ipe, bro

Aufgabe 9 — Methode: SM

Silbenpuzzle: Die TN setzen die Silben zu einem sinnvollen Wort zusammen.

Voraussetzung ist, dass die Wörter, die gepuzzelt werden sollen, aus dem Unterricht bekannt sind.

Das Zusammensetzen der Silben kann in beide Richtungen erfolgen (entweder werden Silben zu einem Wort zusammengesetzt oder ein Wort wird in seine einzelnen Silben zerlegt).

Diese Übung lässt sich auch mit einem selbst gebastelten Silbenpuzzle (möglichst fester Karton oder laminiertes Papier) üben. Die TN können allein, in Partner- oder in Gruppenarbeit zusammengesetzte, längere Wörter in Silben schneiden und anschließend wieder zusammensetzen oder bereits zerschnittene Silben einfach zusammenpuzzeln.

Sehr sinnvoll ist diese Übung gerade bei längeren Wörtern oder Komposita und für TN, die immer wieder einzelne Silben eines Wortes auslassen.

G Die Kompositabildung kann hiermit sehr gut geübt werden. Ebenso eignen sich Silbenpuzzles, um Vor- und Endsilben oder andere Bausteine zu üben (s. a. ▶MM).

weitere Übungen

Mithilfe der Vorlage in Kapitel C können Sie sich weitere Aufgaben dieses Typs erstellen.

Salat, Dose, Kiwi, Schinken, Nudeln, Honig

Aufgabe 10 — Methode: SM

Silbenbogen: Die TN malen wie beim Beispielwort Silbenbogen unter die Wörter. Dazu lesen sie die Wörter zunächst laut vor und klatschen dabei die Silben (alternativ können die Silben mit der Hand bzw. dem Arm geschwungen werden). Jede einzelne Silbe wird mit einem Bogen gekennzeichnet.

Hilfreich ist der Stiftwechsel und das Schreiben mit unterschiedlichen Farbstiften, um so die einzelnen Silben kenntlich zu machen. Unterstützt wird das Lesen durch das begleitende Klatschen, Schreiten oder Schwingen der Silben. Die TN können beim Lesen auch mit dem Finger die Silbenbogen nachzeichnen.

Diese Übungsform eignet sich insbesondere für TN, die Schwierigkeiten mit dem flüssigen Erlesen der Wörter haben, die Leserichtung noch nicht einhalten oder auch die Reihenfolge der einzelnen Laute/Buchstaben häufig vertauschen.

Achten Sie beim Vormachen der Übungen darauf, dass Sie mit dem Gesicht zur Klasse die Bewegungen seitenverkehrt durchführen müssen, damit die Leserichtung von links nach rechts für die TN ersichtlich bleibt.

Die Silbenbogen werden jeweils beim Farbwechsel begonnen bzw. abgeschlossen ▶SM.

Die Übung finden Sie auf der CD.
15+16 Reime, Gedichte und andere Sprech-/Rhythmusübungen finden Sie auf der CD.

weitere Übungen

Banane, Nudeln, Apfel, Tomate, Brot, Fleisch, Paprika, Mandarine, Ei, Reis, Zitrone, Schokolade, Rosine, Salz, Tee

Aufgabe 11 — Methode: RG

Bildwörterbuch: Links wird das deutsche, rechts das muttersprachliche Wort geschrieben (z. B. in lateinischen Buchstaben). Diese Übung eignet sich als Hausaufgabe, wenn TN es im Unterricht nicht schreiben können/möchten.

Vorher sollten Sie danach fragen, wie die Wörter in den Muttersprachen heißen, um die TN für die muttersprachlichen Wörter zu sensibilisieren – der Grund dafür ist, dass Ihre TN es wahrscheinlich nicht gewohnt sind, zu übersetzen. Die Aufforderung, Wörter in der Muttersprache aufzuschreiben, erfordert also gleich zwei Fähigkeiten: Übersetzen und Schreiben. Starten Sie daher erst einmal mit dem mündlichen Übersetzen.

Die muttersprachlichen Wörter werden an die Tafel geschrieben. Zeigen Sie insb., dass man dafür die muttersprachliche Schrift nicht kennen muss.

weitere Übungen

Manchen TN hilft es, diese Aufgabe als Hausaufgabe zu machen. Mitunter helfen dann Familienmitglieder bei der Übersetzung und/oder dem Aufschreiben. Dadurch können kontrastive Lernerfolge wirksam werden, die im Kurs nicht geleistet werden können, da Sie als LP nicht alle Sprachen beherrschen können. TN, die sich gegen die Übersetzung sperren, sollten Sie nicht drängen.

Deutsch: Banane, Brot, Kaffee, Reis, Tee, Tomate

Aufgabe 12 — Methode: MT

Nomen und Verben: Die TN malen die Wortart-Symbole über die Wörter und schreiben die Wörter dann in die Tabelle.

Vorbereitend sollten die Wortartsymbole ausführlich eingeführt werden. Detaillierte Hinweise zu dieser Einführung sowie zu ersten Übungen mit Papierstreifen und Wortartsymbolen aus Tonkarton oder Moosgummi finden Sie in ▶MT.

Die Übung bahnt gleichzeitig das Eintragen von Inhalten in Tabellen an.

Bei den vorbereitenden Übungen kann sehr lange mit Papierstreifen gearbeitet werden, sodass die TN unterschiedlich viele und unterschiedlich schwierige Wörter zur Bestimmung erhalten.

(G) Wortarten: Nomen und Verben unterscheiden.

Vorlagen für die Wortart-Symbole zum Ausdrucken und Ausschneiden sowie Bastelanleitungen für Symbole aus Moosgummi für die Arbeit an der Tafel ▶PL_KapD_Wortart-Symbole.

Nomen: Mandarine, Reis, Keks, Honig, Nudeln, Zitrone, Tee; *Verben:* essen, trinken

Aufgabe 13 — Methode: LS

Wortschatzkoordinaten: Die TN sollen die Wörter sinnentnehmend lesen (Leseverstehen) und das zugehörige Bild in der Tabelle finden. Die entsprechende Kombination aus Zahlen und Buchstaben, die sich aus der Tabelle ergibt, soll dann neben dem gelesenen Wort eingetragen werden.

Neben dem Wortschatz schult diese Übung das Lesen und Verstehen von Tabellen.

Die Übung muss in der Regel sehr genau erklärt werden. Verstehen die TN die Übung nicht, sollte sie zunächst gemeinsam an der Tafel gelöst werden.

Für fortgeschrittene TN kann die Tabelle um weitere Felder erweitert werden.

Mithilfe des Bilderpools und der Vorlage in Kapitel C können Sie sich weitere Aufgaben dieses Typs erstellen.

Zur Zuordnung von Bildern und Wörtern: ▶PL_Kap01_Memo-Spiel und ▶PL_Kap01_Zusatz-Memo-Spiel.

Ananas = 1a, Zitrone = 3a, Reis = 3b, Kaffee = 2c, Salz = 1b, Schokolade = 3c, Saft = 2b, Brot = 2a, Apfel = 1c

Aufgabe 14 — Methoden: PH, LS

Bilderdiktat: Auf Basis der Aufgabe 13 sollen die TN nun die richtigen Wörter unter die Bilder schreiben. Die kurzen Linien stehen für einen Laut/Buchstaben, auf die langen Linien werden Laut- bzw. Buchstabenkombinationen (*ei, sch*) geschrieben.

Die Aufgabe 13 sollte zuvor im Kurs behandelt worden sein; Aufgabe 14 eignet sich als Hausaufgabe. Die Anzahl der Wörter, die selbst geschrieben werden sollen, wurde aus didaktischen Gründen reduziert. Fortgeschrittene TN können jedoch auch alle Wörter aus Aufgabe 13 schreiben üben.

Zeigen Sie, wie man mit einer solchen Aufgabe auch Wortschatz üben kann, indem das geschriebene Wort abgedeckt wird, aus dem Gedächtnis ins Heft geschrieben und dann mit der Vorlage verglichen wird.

Mithilfe des Bilderpools und der Vorlage in Kapitel C können Sie sich weitere Aufgaben dieses Typs erstellen.

Apfel, Brot, Zitrone, Reis, Schokolade, Salz

Aufgabe 15 — Methode: MT

Singular und Plural: Die TN sollen die Wörter sinnentnehmend lesen. Anschließend sollen sie entscheiden, ob das Wort ein Objekt oder mehrere bezeichnet, und das Wort dann in die jeweilige Tabellenspalte eintragen.

Die erneute Semantisierung der gesuchten Wörter sowie eine Einführung in den Plural müssen dieser Übung vorgeschaltet werden.

Neben dem Wortschatz und der Grammatik schult diese Übung das Eintragen in Tabellen.

Sollte es große Schwierigkeiten mit dem Plural geben, so kann zunächst auch nur mit der Pluralendung -*n* oder nur -*e* gearbeitet werden. Mithilfe des Symbols für das Nomen (schwarzes Dreieck) kann das Vorhandensein von einem oder mehreren Objekten derselben Sorte veranschaulicht werden. Tipp: Bilden Sie den Plural immer mit zwei und mehr Objekten. In einigen Muttersprachen gibt es eine gesonderte Form für die Bezeichnung von zwei Dingen (Dual). Den TN sollte klar werden, dass der Plural für alle Mengen ab zwei verwendet wird.

G Einführung des Plurals auf -*n* und -*e*.

Vorlagen für die Wortartsymbole zum Ausdrucken und Ausschneiden ▶PL_KapD_Anleitung_Wortart-Symbole.

Singular: Tasse, Brot, Fisch, Keks, Tomate, Zitrone; *Plural:* Kekse, Tomaten, Fische, Tassen, Brote, Zitronen

Aufgabe 16 — Methode: LS

Wort-Bild-Zuordnung: Die TN sollen aus einer Reihe von Wörtern das richtige auswählen (sinnentnehmendes Lesen) und unter die Bilder schreiben. Die Anzahl der Buchstaben ist als Hilfe vorgegeben. Die Wörter sollen so auf die Linien geschrieben werden, dass pro Linie ein Laut steht. Lange Linien sind für Lautkombinationen *(ei)* und Doppelkonsonanten *(pp)*.

Dieser Aufgabe vorangehen muss eine Übung, in der die TN lernen, dass manche Buchstaben zusammengehören (*sch, ei*) und auf eine lange Linie geschrieben werden. Bei Bedarf sollte darauf hingewiesen werden, dass Doppelkonsonanten nicht doppelt gesprochen werden.

Bei dieser Übung kann neben dem Wortschatz und den neuen Buchstaben das Prinzip des Ausschlussverfahrens und die Arbeitsstrategie des Wegstreichens bereits verwendeter Wörter geübt werden.

Mithilfe des Bilderpools und der Vorlage in Kapitel C können Sie sich weitere Aufgaben dieses Typs erstellen.

Suppe, Apfelsine, Ei, Eis, Paprika, Honig

Aufgabe 17 — Methode: LS

Lesetext mit Aufgabe und Hörtext: Die TN sollen die Geschichte zunächst nur hören und auf Grundlage des Bildes das Gehörte verstehen. Anschließend beantworten sie schriftliche Fragen zum Text, indem sie die richtigen Antworten zuordnen.

Lese- und Hörtexte dieser Art sollten vorentlastet werden:
(a) Erklärung des unbekannten Wortschatzes anhand des Bildes,
(b) mündliches Erzählen der Geschichte,
(c) Vorlesen der Geschichte (▶LS).

Diese Übung ist in erster Linie zur Erweiterung des mündlichen Wortschatzes geeignet. Der Umgang mit unbekannten Wörtern und Buchstaben über das Einzelwort hinaus wird geübt. Lassen Sie Ihre TN erzählen, welche Dinge auf dem Bild sie bereits kennen, benennen und ggf. auch schon schreiben können.

Sehr fortgeschrittene TN können den Text nach dem Hören und Bearbeiten auch selbstständig lesen bzw. vorlesen. Die Geschichte kann anschließend frei weitererzählt werden. Weitere Hinweise zum Unterrichtsablauf sowie zum Kontext der Geschichte ▶LS.

 Lesetext 17

 Dialog PL 2

Sie finden das Bild im A4-Format auf der Plattform, sodass Sie es auf Folie ziehen und im Kurs zunächst mündlich besprechen können (Bildimpuls).

Den Dialogtext zum Bild sowie weiterführende Übungen finden Sie ebenfalls auf der Plattform.

Kapitel 2 – Körper

Zur systematischen Einführung der Wörter aus dem Wortfeld *Körper* finden Sie zusätzlich auf der Plattform weiterführende Arbeitsblätter und Materialien, insbesondere verschiedene grafische Darstellungen mit allen wesentlichen Körperteilen als Folien- bzw. Kopiervorlagen, sodass Sie den Wortschatz mündlich gut vorbereiten können. Anhand dieser Übersichten sowie anhand des Bildimpulses zum Kapitel können Sie die Begriffe für die Körperteile auch mit den Wörtern *Mann*, *Frau* und *Kind* verbinden. Berücksichtigen sollten Sie, dass in vielen Kulturen über intime Körperteile nicht gesprochen wird und Sie daher sensibel an dieses Thema herangehen sollten. Die Kopiervorlagen enthalten – je nach Wortschatzbedürfnissen und Möglichkeiten Ihrer Lerngruppe – unterschiedlich detaillierte Körperdarstellungen von weiblichen und männlichen Personen (Vorder- und Rückansichten, bedeckt, nackt) ▶PL_Kap02_Körperdarstellungen. Lassen sich bestimmte Themen im Kurs nicht thematisieren, können Sie so den TN auch verschiedene Arbeitsblätter als Aufgabe mit nach Hause geben.

Folgende Wörter begegnen Ihnen in diesem Kapitel, die nichts oder nur mittelbar mit dem Thema *Körper* zu tun haben: *Affe, Dose, Fenster, Hose, Lampe, Maus, Schal, Tasse, Unfall* sowie aus dem Lesetext (Aufgabe 14): *die Zeit stoppen, Eis, etwas gut finden, gewinnen, Kinderbecken, Oma, Opa, sagen, Schwimmbad, um die Wette*.
Lernwörter, das heißt Wörter, die aufgrund fehlender Buchstabenkenntnisse zunächst als Ganzwort gelernt werden, sind in diesem Kapitel neben den bestimmten Artikeln und den Personalpronomen die Wörter *Bein* und *Ohr*.

Aufgabe 1 — Methode: PH

Anlautrebus: Der Anlaut jeder Abbildung soll unter das Bild in die vorgesehenen Felder geschrieben werden. Entsprechend der Anlautmethode (▶PH) sollen die einzelnen Anlaute miteinander verbunden werden. Aus den Anfangsbuchstaben ergibt sich ein neues Wort, das noch einmal korrekt in die Zeile darunter abgeschrieben werden soll. Diese Übung dient der Anlauterkennung. Der Anlaut von *Ente* ist nicht identisch mit dem Schwa-Laut in dem sich ergebenden Wort *laufen*, wird aber dennoch für diesen eingesetzt, da ein Schwa nicht im Anlaut vorkommt. Diese Übung ist zu unterscheiden vom Aufgabentyp *Anbahnung der Buchstabentabelle*, in welcher mit anlautunabhängigen lautlichen Repräsentanten gearbeitet wird: Das Wort *müde* repräsentiert dort den Schwa-Laut.

Weisen Sie Ihre TN darauf hin, dass der erste Buchstabe großgeschrieben wird, die weiteren klein. Wenn das überfordernd ist, so können Sie die Groß- und Kleinschreibung am Anfang auch unbeachtet lassen. Das Wort kann so oft geschrieben werden (z. B. ins Heft), bis es richtig geschrieben wurde.

Führen Sie zunächst Übungen zur Laut-Identifizierung durch (▶PH), z. B. zeigen Sie eine Bildkarte und fragen Sie: (a) „Gibt es ein *a*?" (b) „Wo ist das *a*?" (c) „Welcher Laut ist vorne/am Anfang?" Üben Sie insbesondere, den Anlaut (= den ersten Laut) eines Wortes zu erkennen.

Die Gründe für die Doppelkonsonanz im Wort *Mann* müssen Sie an dieser Stelle noch nicht thematisieren. Es genügt in der Regel zunächst der Hinweis, dass der Buchstabe hier zwei Mal geschrieben werden muss.

Sollten Ihre TN sehr wenig Vorwissen im Wortfeld *Körper* haben, bauen Sie den Wortschatz zunächst allmählich auf, z. B. mithilfe einzelner Drei-Stufen-Lektionen (▶MT).

Übungen zu orthografischen Schreibweisen ▶PL_KapA_Orthografie

Mithilfe des Bilderpools und der Vorlage in Kapitel C können Sie sich weitere Aufgaben dieses Typs erstellen.

L̲ippen, A̲uge, F̲inger, e̲ssen, N̲ase → laufen
M̲und, A̲rm, N̲ase, N̲ase → Mann
B̲auch, A̲rm, R̲ücken, t̲rinken → Bart

Aufgabe 2 — Methode: PH

Laut-Lokalisierung: Pro Aufgabenzeile ist ein bestimmter Laut vorgegeben, dessen Position in den jeweiligen Wörtern erkannt werden soll. Die Bilder/Wörter sollten vorher mündlich eingeführt werden.

Die Position des Lautes im Wort wird markiert (am Anfang, in der Mitte, am Ende). Das Mittelfeld ist bewusst etwas breiter gehalten, da hier meist mehrere Buchstaben vorkommen und die Markierung innerhalb des Feldes entsprechend genau gesetzt werden kann. Für die Markierung eignet sich z. B. ein Punkt oder der gesuchte Buchstabe selbst. Ein Ankreuzen ist ebenfalls möglich, jedoch könnte die Ähnlichkeit des Kreuzes mit dem Buchstaben *x* zu Verwirrung führen.

Vorbereitend können Sie die Übung mündlich durchführen. Sie geben einen Laut vor, dessen Position erkannt werden soll. Anschließend lesen Sie verschiedene Wörter vor, die den Laut enthalten. Die TN entscheiden mündlich mit den Worten „am Anfang, in der Mitte, am Ende", an welcher Stelle der Laut vorkommt. Die Übung selbst kann von der LP diktiert oder von CD vorgespielt werden.

Erscheint die Aufgabe noch zu schwierig, können Sie eine Übung vorschalten, bei der die TN entscheiden sollen, ob ein bestimmter Laut überhaupt in dem Wort vorkommt. Sie geben einen Laut vor und diktieren anschließend verschiedene Wörter. Kommt der Laut vor, signalisieren die TN dies mit einer grünen Karte, kommt er nicht vor, heben sie eine rote Karte. Hilfreich sind auch Laut-Diskriminierungsübungen: „Ist das *a*, *e* oder *i*?" (▶MT).

18

Mithilfe des Bilderpools und der Vorlage in Kapitel C können Sie sich weitere Aufgaben dieses Typs erstellen.

Au – au: Bauch (in der Mitte) – Auge (am Anfang) – Frau (am Ende)
F – f: Fuß (am Anfang) – Kopf (am Ende) – laufen (in der Mitte)

Aufgabe 3 — Methode: PH

Buchstabenergänzung: Die TN tragen die fehlenden Buchstaben in die Lücken ein. Die Wörter müssen bekannt sein oder werden von der LP vorgelesen.

Üben Sie vorher mit anderen Wörtern an der Tafel und lassen Sie Vokale oder Konsonanten ergänzen. Die Begriffe *Vokal* und *Konsonant* sollten im Laufe des Kurses erklärt werden.

Ähnliche Übungen sind auch als Buchstabenpuzzle möglich. Eine spielerische Variante ist die „Spinne" (Galgenmännchen) an der Tafel (Spielanleitung zur „Spinne" ▶SP).

19

weitere Übungen

Mithilfe des Bilderpools und der Vorlage in Kapitel C können Sie sich weitere Aufgaben dieses Typs erstellen.

Hals, Hand, Daumen, Kopf, Haare, Lippen

Aufgabe 4 Methode: LS

Anbahnung der Buchstabentabelle: Die TN sollen mithilfe der Buchstabentabelle die zugeordneten Buchstaben bzw. Buchstabenkombinationen zu den Bildern finden. Diese Buchstaben (für Anlaut, Inlaut oder Auslaut) schreiben sie dann unter die Bilder im Kursbuch. Zusätzlich notieren sie das neu entstandene Wort noch einmal zusammenhängend auf die darunterstehende Zeile und lesen es laut.

An dieser Stelle können Sie anhand der Wörter *Hand* und *Mund* die Auslautverhärtung thematisieren: Am Wortende wird der stimmhafte Laut *d* immer stimmlos als *t* gesprochen, jedoch weiterhin als Buchstabe *d* geschrieben (analog: *b, g*).

Dieser Aufgabentyp ist nicht zu verwechseln mit dem *Anlautrebus*, bei dem ausschließlich die Anlaute zu einem Wort verbunden werden. Da die Buchstabentabelle gleichzeitig die Orthografie anbahnt und daher auch verschiedene Aussprachevarianten berücksichtigt (lange und kurze Vokale, unbetonte Endungen usw.), beziehen sich die Merkwörter in der Buchstabentabelle auch auf Laute im Wort (z. B. kurzes *ü* wie in *Mütze*) oder am Wortende (z. B. das unbetonte *-e* in *müde*). Weitere Anbahnungsübungen für den Umgang mit der Buchstabentabelle sowie Tipps für den Unterricht ▶LS.

 weitere Übungen

Mithilfe des Bilderpools und der Vorlage in Kapitel C können Sie sich weitere Aufgaben dieses Typs erstellen.

<u>Ho</u>se, <u>A</u>ffe, <u>N</u>ase, <u>D</u>ose → Hand

<u>M</u>aus, <u>U</u>nfall, <u>N</u>ase, <u>D</u>ose → Mund

<u>Sch</u>al, <u>U</u>nfall, <u>L</u>ampe, <u>T</u>asse, Fenst<u>er</u> → Schulter

Aufgabe 5 Methode: SM

Silbentabelle: Die TN sollen – wie in den Beispielen gezeigt – die beiden Buchstaben, die sich im jeweiligen Tabellenfeld treffen, nebeneinanderschreiben und dann als Silbe laut vorlesen.

Diese Aufgabe bahnt zwei Fertigkeiten gleichzeitig an: (a) das Zusammenziehen einzelner Laute zu Silben (Silbensynthese) und (b) das Lesen und Verstehen von Tabellen.

Die Übung kann auch mit geschlossenen Silben durchgeführt werden, sodass in der horizontalen Zeile nicht nur Vokale, sondern Vokal-Konsonant-Kombinationen stehen können (statt *ha* z. B. *han*). Noch schwieriger wird die Synthese, wenn zusätzlich auch Konsonantenhäufungen in der vertikalen Spalte angelegt werden (z. B. *brat*).

20

weitere Übungen

Mithilfe der Vorlage in Kapitel C können Sie sich weitere Aufgaben dieses Typs erstellen.

scha, sche, schi, scho, schu, schau, schä, ga, ge, gi, go, gu, gau, gä, ra, re, ri, ro, ru, rau, rä, ha, he, hi, ho, hu, hau, hä, pa, pe, pi, po, pu, pau, pä

Aufgabe 6 — Methode: MM

Konjugation: Die TN sollen zunächst die konjugierten Verbformen in das Haus eintragen. Der Wortstamm steht immer im mittleren (dunkleren) Feld. Anschließend sollen die TN die Phrasen unterhalb mit dem richtigen Verb ergänzen.

Sie können diesen Aufgabentyp zuvor an der Tafel noch einmal üben, indem Sie ein Haus an die Tafel malen und verschiedene Formen des Verbs hineinschreiben lassen. Sie finden Hinweise zum Vorgehen mit dem Morphem-Haus im MHB (▶MM). Diese Art der grafischen Darstellung kann helfen, den Vokalwechsel zu veranschaulichen und gleichzeitig zu zeigen, dass Wörter derselben Wortfamilie gleich bzw. ähnlich geschrieben werden.

An dieser Stelle können auch schon die bestimmten Artikel eingeführt werden, indem sie zunächst dem natürlichen Geschlecht (*der Mann, die Frau*) zugeordnet werden. Anhand des Wortes *Kind* kann zudem thematisiert werden, dass die Verteilung der Artikel meist nicht dem natürlichen Geschlecht folgt und dass dies bei vielen Wörtern auch gar nicht möglich ist (z. B. bei den Bezeichnungen von Körperteilen).

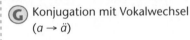
Konjugation mit Vokalwechsel (*a* → *ä*)
bestimmte Artikel

weitere Übungen

ich |schlaf| |e|, er/sie |schläf| |t|, wir |schlaf| |en|, ich |wasch| |e|, er/sie |wäsch| |t|, wir |wasch| |en|
1. schläft, 2. schlafen, 3. schläft, 4. wasche, 5. wäscht, 6. waschen

Aufgabe 7 — Methode: SM

Silbenpuzzle: Die TN setzen die Silben zu einem sinnvollen Wort zusammen.

Voraussetzung ist, dass die Wörter, die gepuzzelt werden sollen, aus dem Unterricht bekannt sind.

Das Zusammensetzen der Silben kann in beide Richtungen erfolgen (entweder werden Silben zu einem Wort zusammengesetzt oder ein Wort wird in seine einzelnen Silben zerlegt).

Diese Übung lässt sich auch mit einem selbst gebastelten Silbenpuzzle (möglichst fester Karton oder laminiertes Papier) üben. Die TN können allein, in Partner- oder in Gruppenarbeit zusammengesetzte, längere Wörter in Silben schneiden und anschließend wieder zusammensetzen oder bereits zerschnittene Silben einfach zusammenpuzzeln.

Sehr sinnvoll ist diese Übung gerade bei längeren Wörtern oder Komposita und für TN, die immer wieder einzelne Silben eines Wortes auslassen.

weitere Übungen
Bastelvorlage für Silbenpuzzles
▶PL_KapD_Silbenpuzzle

Mithilfe der Vorlage in Kapitel C können Sie sich weitere Aufgaben dieses Typs erstellen.

Schulter, Haare, Auge, Nägel, Brille, Daumen

Aufgabe 8 — Methode: RG

Bildwörterbuch: Links wird das deutsche, rechts das muttersprachliche Wort geschrieben (z. B. in lateinischen Buchstaben). Diese Übung eignet sich als Hausaufgabe für TN, die es im Unterricht nicht schreiben können oder möchten.

Vorher sollten Sie danach fragen, wie die Wörter in den Muttersprachen heißen, um die TN für die muttersprachlichen Wörter zu sensibilisieren. Der Grund dafür ist, dass Ihre TN es wahrscheinlich nicht gewohnt sind zu übersetzen. Die Aufforderung, Wörter in der Muttersprache aufzuschreiben, erfordert also gleich zwei Fähigkeiten: Übersetzen und Schreiben. Starten Sie daher erst einmal mit dem mündlichen Übersetzen.

Danach können Sie gemeinsam mit den TN die muttersprachlichen Wörter an die Tafel schreiben. Zeigen Sie insbesondere, dass man dafür die muttersprachliche Schrift nicht kennen muss.

Manchen TN hilft es, diese Aufgabe als Hausaufgabe zu machen. Mitunter helfen dann Familienmitglieder bei der Übersetzung und/oder dem Aufschreiben. Dadurch können kontrastive Lernerfolge wirksam werden, die im Kurs nicht geleistet werden können, da Sie als LP nicht alle Sprachen beherrschen können.

TN, die sich gegen die Übersetzung sperren, sollten Sie nicht drängen.

Mithilfe des Bilderpools und der Vorlage in Kapitel C können Sie sich weitere Aufgaben dieses Typs erstellen.

Deutsch: Arm, Auge, Bein, Haare, Hand, Kopf

Aufgabe 9 — Methode: MT

Nomen und Verben: Die TN malen die Wortartsymbole über die Wörter und schreiben die Wörter dann in die Tabelle.

Sofern *ei* noch nicht bekannt ist, wird das Wort *Bein* hier als Lernwort eingeführt.

Vorbereitend sollten die Wortart-Symbole ausführlich eingeübt werden. Detaillierte Hinweise zu dieser mündlichen Einführung sowie zu ersten Übungen mit Papierstreifen und Wortart-Symbolen aus Tonkarton oder Moosgummi: ▶MT. Die Übung bahnt gleichzeitig die Eintragung von Inhalten in Tabellen an.

Bei den vorbereitenden Übungen kann sehr lange mit Papierstreifen gearbeitet werden, sodass die TN unterschiedlich viele und unterschiedlich schwierige Wörter zur Bestimmung erhalten können.

In den nachfolgenden Kapiteln und Aufgaben werden immer wieder die Artikel thematisiert. Um die Komplexität der Aufgaben jedoch weiterhin niedrig zu halten, werden die Artikel nicht bei allen Nomen ergänzt, wenn der Schwerpunkt der Aufgabe nicht die Grammatik ist.

(G) Nomen und Verben
bestimmte Artikel
Singular und Plural

weitere Übungen

Vorlagen für die Wortart-Symbole zum Ausdrucken und Ausschneiden sowie Bastelanleitungen für Symbole aus Moosgummi für die Arbeit an der Tafel ▶PL_KapD_Anleitung_Wortartsymbole

Nomen: Arm, Mund, Po, Bein, Nase
Verben: duschen, laufen, lesen, schwimmen, trinken

| Aufgabe 10 | Methode: LS |

Wortschatzkoordinaten: Die TN sollen die Wörter sinnentnehmend lesen und das dazugehörige Bild in der Tabelle finden. Die entsprechende Kombination aus Zahlen und Buchstaben, die sich aus der Tabelle ergibt, soll dann neben dem gelesenen Wort eingetragen werden.

Neben dem Wortschatz schult diese Übung das Lesen und Verstehen von Tabellen.

Die Übung muss in der Regel sehr genau erklärt werden. Verstehen die TN die Übung nicht, sollte sie zunächst gemeinsam an der Tafel gelöst werden. Für fortgeschrittene TN kann die Tabelle um weitere Felder erweitert werden.

G Der Singular und Plural der Nomen kann hier thematisiert werden.

Mithilfe des Bilderpools und der Vorlage in Kapitel C können Sie sich weitere Aufgaben dieses Typs erstellen.

Augen = 1a, Brust = 3b, Ohr = 3c, Hals = 3a, Haare = 2c, Beine = 2a; Kopf = 2b, Arm = 1c, Hände = 1b

| Aufgabe 11 | Methode: PH |

Hörübung: Lassen Sie die Silben zuvor vorlesen, um sicherzugehen, dass den TN bewusst ist, welche Laute sich hinter den Buchstaben „verbergen". Dann sprechen Sie eine Silbe mehrfach vor, und die TN kreuzen diejenige an, die sie gehört haben.

Sie sollten die einzelnen Laute vorher eingeführt und mit den TN geübt haben. Falls das Ankreuzen nicht sofort klappt, können Sie die Silbenpaare auch an die Tafel schreiben. Sie nennen jeweils eine Silbe, und die TN entscheiden, welche sie gehört haben.

Eine solche Übung ist auch als Partnerarbeit möglich. Dabei können die TN lernen, wie wichtig es ist, dass die Laute korrekt ausgesprochen werden, denn nur dann können sie auch richtig gehört werden.

Ähnliche Übungen können Sie auch im Plenum an der Tafel machen und dabei jedem einzelnen TN genau solche Laute zur Differenzierung geben, die ihm schwerfallen (▶PH). Sie können die Übung von CD vorspielen oder selbst diktieren.

21

weitere Übungsblätter dieses Typs mit muttersprachenspezifischen Übungen ▶PL_KapB_muttersprachenspezifische Hörübungen

Mithilfe der Vorlage in Kapitel C können Sie sich weitere Aufgaben dieses Typs erstellen.

1. ka, 2. ko, 3. pi, 4. nu, 5. aus, 6. kä, 7. de, 8. ha

| Aufgabe 12 | Methode: PH |

Wort-Bild-Zuordnung: Die TN lesen die Wörter (sinnentnehmendes Lesen). Dann schreiben sie unter die Bilder auf die Linien. Die Anzahl der Buchstaben ist als Hilfe vorgegeben. Die Wörter sollen so auf die Linien geschrieben werden, dass pro Linie ein Laut steht. Lange Linien stehen für Lautkombinationen (*ei*), Doppelkonsonanten (*pp*) und Buchstabenverbindungen (*sch*).

Dieser Aufgabe muss eine Übung vorangehen, in der die TN lernen, dass manche Buchstaben zusammengehören (*pp*) und auf eine lange Linie geschrieben werden. Bei Bedarf sollte darauf hingewiesen werden, dass Doppelkonsonanten nicht doppelt gesprochen werden.

Bei dieser Übung kann neben dem Wortschatz und den neuen Buchstaben das Prinzip des Ausschlussverfahrens und die Arbeitsstrategie des Wegstreichens bereits verwendeter Wörter geübt werden. Die Wörter können zuvor mit dem beweglichen Alphabet (▶MT) geschrieben werden.

weitere Übungen

Mithilfe des Bilderpools und der Vorlage in Kapitel C können Sie sich weitere Aufgaben dieses Typs erstellen.

Bein, Schulter, Lippen, Mund, Hand, Ohr

Aufgabe 13 — Methoden: PH, MT, SM

Bilderdiktat: Die TN schreiben die Wörter aus dem Gedächtnis unter die Bilder. Die Linien helfen, die Anzahl der Laute (= Anzahl der Linien) zu erkennen. Die kurzen Linien stehen für einen Laut/Buchstaben, auf die langen Linien werden Laut-/Buchstabenkombinationen (*au, nn, aa*) geschrieben. Anschließend malen die TN Silbenbogen unter die Wörter.

Die Wörter müssen vorher gut geübt worden sein, sodass davon auszugehen ist, dass die Wörter bekannt sind. Vorbereitend bieten sich mündliche Übungen an, bei denen die verschiedenen Körperteile noch einmal benannt und an die Tafel geschrieben werden.

► **weitere Übungen**

Mithilfe des Bilderpools und der Vorlage in Kapitel C können Sie sich weitere Aufgaben dieses Typs erstellen.

Auge, Kinn, Kind, Arm, Kopf, Haare

Aufgabe 14 — Methode: LS

Lesetext mit Aufgabe und Hörtext: Die TN sollen die Geschichte zunächst nur hören und auf Grundlage des Bildes das Gehörte verstehen. Anschließend beantworten sie schriftliche Fragen zum Text, indem sie die richtigen Antworten zuordnen.

Lesetexte dieser Art sollten vorentlastet werden: (a) Erklärung des unbekannten Wortschatzes anhand des Bildes, (b) mündliches Erzählen der Geschichte, (c) Vorlesen der Geschichte. Die Übung ist in erster Linie zur Erweiterung des mündlichen Wortschatzes geeignet. Der Umgang mit unbekannten Wörtern und Buchstaben über das Einzelwort hinaus wird geübt. Lassen Sie Ihre TN erzählen, welche Dinge auf dem Bild sie bereits kennen, benennen und ggf. auch schon schreiben können. Sehr fortgeschrittene TN können den Text nach dem Hören und Bearbeiten auch selbstständig lesen bzw. vorlesen. Die Geschichte kann anschließend frei weitererzählt werden. Weitere Hinweise zum Unterrichtsablauf sowie zum Kontext der Geschichte: ►LS.

Mündlich kann zusätzlich der Singular und Plural der Körperteile eingeübt werden: „Was ist das?" „Das sind Augen, Beine, Hände" usw. Die Possessivpronomen können mündlich ebenfalls thematisiert werden: „Was ist das?" „Das ist mein Bein. Das sind meine Augen." Die Konjugation von *sein* in den Formen *ist* und *sind* sollte hier ebenfalls mündlich erklärt werden.

G *ist/sind* („Was ist das?" „Das ist/sind …")
Konjugation

Sie können hier das Genitiv-*s* für die Besitzanzeige einführen: *Omas Kopf, Lenas Arm* usw.

🎵 Lesetext
22

🎵 Dialog
PL 3

► Sie finden das Bild im A4-Format auf der Plattform, sodass Sie es auf Folie ziehen und im Kurs zunächst mündlich besprechen können (Bildimpuls).

Den Dialogtext zum Bild sowie weiterführende Übungen finden Sie ebenfalls auf der Plattform.

Kapitel 3 – Tagesablauf

Folgende Wörter begegnen Ihnen in diesem Kapitel, die nichts oder nur mittelbar mit dem Thema *Tagesablauf* zu tun haben: *Ameise, Auto, Ball, Euro, Gabel, gehen, Insel, Leute, Mädchen, Maus, Milch, Oma, Schal, schlau, Sonne, Spinne, Stau, Stuhl, Tasse, Tür, Vogel, Wasser* sowie aus dem Lesetext (Aufgabe 15): *Baby, bringen, frühstücken, heute, klingeln, Küche, kurz nach, leise, Was ist das? Was macht ...? Wer ist das? Wecker, wenig.*

Lernwörter, d. h. Wörter, die aufgrund ihrer besonderen Rechtschreibung zunächst als Ganzwort gelernt werden, sind in diesem Kapitel: *sie, Uhr, wie*. Das Wort *Uhr* taucht auf, ohne dass das Dehnungs-*h* eingeführt wird (ebenso im Lesetext das Wort *Wecker* ohne Thematisierung des *ck*).

Präpositionen: *an/ans, in, mit, zu/zur, am/um* werden als semantischer Wortschatz in bestimmten Redewendungen gelernt, nicht als grammatisches Phänomen, das einen bestimmten Kasus fordert.

Aufgabe 1 — Methode: PH

Anlautrebus: Der Anlaut jeder Abbildung soll unter das Bild in die vorgesehenen Felder geschrieben werden. Entsprechend der Anlautmethode (▶PH) sollen die einzelnen Anlaute miteinander verbunden werden. Aus den Anfangsbuchstaben ergibt sich ein neues Wort, das noch einmal korrekt in die Zeile darunter abgeschrieben werden soll. Diese Übung dient der Anlauterkennung. Sie ist zu unterscheiden vom Aufgabentyp *Anbahnung der Buchstabentabelle*, in welcher mit anlautunabhängigen lautlichen Repräsentanten gearbeitet wird: Das Wort *müde* repräsentiert dort den Schwa-Laut.

Weisen Sie Ihre TN darauf hin, dass der erste Buchstabe großgeschrieben wird, die weiteren klein. Wenn das überfordernd ist, so können Sie die Groß- und Kleinschreibung am Anfang auch unbeachtet lassen. Das Wort kann so oft geschrieben werden (z. B. ins Heft), bis es richtig geschrieben wurde.

Üben Sie zuvor die Zahlen von 1 bis 12 mündlich.

Führen Sie zunächst Übungen zur Laut-Identifizierung durch (▶PH), z. B. zeigen Sie eine Bildkarte oder einen Gegenstand und fragen Sie: (a) „Gibt es ein *a*?" (b) „Wo ist das *a*?" (c) „Welcher Laut ist vorne/am Anfang?" Üben Sie insbesondere, den Anlaut (= den ersten Laut) eines Wortes zu erkennen.

Mithilfe des Bilderpools und der Vorlage in Kapitel C können Sie sich weitere Aufgaben dieses Typs erstellen.

<u>W</u>asser, <u>a</u>cht, <u>Sch</u>al, <u>e</u>lf, <u>n</u>eun → waschen

<u>a</u>cht, <u>B</u>all, <u>e</u>lf, <u>n</u>eun, <u>d</u>rei → Abend

<u>e</u>lf, <u>s</u>ieben, <u>s</u>echs, <u>e</u>lf, <u>n</u>eun → essen

Aufgabe 2 — Methode: PH

Laut-Lokalisierung: Pro Aufgabenzeile ist ein bestimmter Laut vorgegeben, dessen Position in den jeweiligen Wörtern erkannt werden soll. Die Bilder/Wörter sollten vorher mündlich eingeführt werden.

Die Position des Lautes im Wort wird markiert (Anfang, Mitte, Ende). Das Mittelfeld ist etwas breiter gehalten, da hier meist mehrere Buchstaben vorkommen und die Markierung innerhalb des Feldes entsprechend genau gesetzt werden kann. Für die Markierung eignet sich z. B. ein Punkt oder der gesuchte Buchstabe selbst. Ein Ankreuzen ist ebenfalls möglich, jedoch könnte die Ähnlichkeit des Kreuzes mit dem Buchstaben *x* zu Verwirrung führen.

Thematisieren Sie hier neben *au* und *eu* auch die beiden verschiedenen Aussprachevarianten des *ch*.

Vorbereitend können Sie die Übung mündlich durchführen. Sie geben einen Laut vor, dessen Position erkannt werden soll. Anschließend lesen Sie verschiedene Wörter vor, die den Laut enthalten. Die TN entscheiden mündlich mit den Worten „am Anfang, in der Mitte, am Ende", an welcher Stelle der Laut vorkommt.

Erscheint die Aufgabe noch zu schwierig, können Sie eine Übung vorschalten, bei der die TN entscheiden sollen, ob ein bestimmter Laut überhaupt in dem Wort vorkommt. Sie geben einen Laut vor und diktieren anschließend verschiedene Wörter. Kommt der Laut vor, signalisieren die TN dies mit einer grünen Karte, kommt er nicht vor, heben sie eine rote Karte. Hilfreich sind auch Laut-Diskriminierungsübungen: „Ist das *a, e* oder *i*?" (▶MT)

23

Mithilfe des Bilderpools und der Vorlage in Kapitel C können Sie sich weitere Aufgaben dieses Typs erstellen.

Eu – eu: Leute (in der Mitte) – Euro (am Anfang) – neun (in der Mitte)
ch: Buch (am Ende) – Nacht (in der Mitte) – kochen (in der Mitte)
ch: Milch (am Ende) – ich (am Ende) – sprechen (in der Mitte)

Aufgabe 3 — Methode: PH

Buchstabenergänzung: Die Teilnehmer tragen die fehlenden Buchstaben in die Lücken ein. Die Wörter müssen bekannt sein oder werden vom Kursleiter vorgelesen.

Beachten Sie: Im Wort *trinken* wird *n* velar ausgesprochen, also wie *ng*. Wenn ihre TN den Laut nicht automatisch korrekt aussprechen, dann weisen Sie sie darauf hin (▶PH).

Solche Übungen lassen sich auch an der Tafel machen. Die Teilnehmer sollen Vokale oder Konsonanten ergänzen. Eine spielerische Variante ist die „Spinne" (Galgenmännchen), bei der sämtliche Buchstaben eines Wortes gefunden werden müssen (die Spielanleitung zur „Spinne" finden Sie im ▶SP)

24

weitere Übungen

Mithilfe des Bilderpools und der Vorlage in Kapitel C können Sie sich weitere Aufgaben dieses Typs erstellen.

wa<u>sch</u>en, e<u>ss</u>en, schla<u>f</u>en, Uh<u>r</u>, Na<u>ch</u>t, Morgen

Aufgabe 4 — Methode: LS

Anbahnung der Buchstabentabelle: Die TN sollen mithilfe der Buchstabentabelle die zugeordneten Buchstaben bzw. Buchstabenkombinationen zu den Bildern finden. Diese Buchstaben (für Anlaut, Inlaut oder Auslaut) schreiben sie dann unter die Bilder im Kursbuch. Zusätzlich notieren sie das neu entstandene Wort noch einmal zusammenhängend auf die darunterstehende Zeile und lesen es laut.

Der Buchstabe *v* und die Buchstabenkombinationen *eu, sp* und *st* mit ihrer Aussprache sollen hier behandelt werden.

Aus den Lautbildern und den Lösungswörtern lässt sich mündlich eine kleine Geschichte im Plenum erzählen (*9 Uhr, vormittags, im Auto, Stau, zu spät kommen*).

Dieser Aufgabentyp ist nicht zu verwechseln mit dem *Anlautrebus*, bei dem ausschließlich die Anlaute zu einem Wort verbunden werden. Da die Buchstabentabelle gleichzeitig die Orthografie anbahnt und daher auch verschiedene Aussprachevarianten berücksichtigt (lange und kurze Vokale, unbetonte Endungen usw.), beziehen sich die Merkwörter in der Buchstabentabelle auch auf Laute im Wort (z. B. kurzes *ü* wie in *Mütze*) oder am Wortende (z. B. das unbetonte -*e* in *müde*). Weitere Anbahnungsübungen für den Umgang mit der Buchstabentabelle sowie Tipps für den Unterricht ▶LS.

G Wortschatz / Grammatik: Die Endung *s* zum Anzeigen einer Regelmäßigkeit kann hier thematisiert werden: *am Vormittag – vormittags, am Nachmittag – nachmittags* usw.

weitere Übungen

Mithilfe des Bilderpools und der Vorlage in Kapitel C können Sie sich weitere Aufgaben dieses Typs erstellen.

<u>N</u>ase, <u>Eu</u>ro, <u>N</u>ase → neun

<u>St</u>uhl, <u>Au</u>to → Stau

<u>Sp</u>inne, M<u>ä</u>dchen, <u>T</u>asse → spät

<u>V</u>ogel, <u>O</u>ma, T<u>ü</u>r, <u>M</u>aus, <u>I</u>nsel, <u>T</u>asse, <u>T</u>asse, <u>A</u>meise, <u>G</u>abel, <u>S</u>onne → vormittags

Aufgabe 5 — Methode: SM

Silbentabelle: Die TN sollen die Lautkombinationen, die sich im jeweiligen Tabellenfeld treffen, nebeneinanderschreiben und dann als Silbe laut vorlesen.

Die Laut- und Buchstabenkombinationen *sp, st, sch, eu, au* sowie das *ä* sollten vorher bekannt sein.

Diese Aufgabe bahnt zwei Fertigkeiten gleichzeitig an: (a) das Zusammenziehen einzelner Laute zu Silben (Silbensynthese) und (b) das Lesen und Verstehen von Tabellen. Die Übung sollte vorher einmal an der Tafel durchgeführt werden.

Mithilfe der Vorlage in Kapitel C können Sie sich weitere Aufgaben dieses Typs erstellen.

spa, spe, spau, speu, spä, sta, ste, stau, steu, stä, scha, sche, schau, scheu, schä

Aufgabe 6 — Methode: SM

Silbenmosaik: Die Silben sollen von links nach rechts gelesen werden. Dabei wird das Tempo kontinuierlich gesteigert. Zur Abwechslung und Erhöhung des Schwierigkeitsgrades kann dann treppenweise (von links nach rechts) gelesen werden. Das Ziel ist das flüssige Lesen der Silben, insbesondere der Laut-/Buchstabenkombinationen wie *sch, sp, au, eu*. Danach sollen aus den vorher geübten Silben semantisch sinnvolle Wörter gelesen werden. Zur Unterstützung sind die Silben farbig gekennzeichnet.

Die Silben sollten zuvor einzeln eingeführt werden. Das laute Lesen (einzeln und im Chor) eignet sich besonders dafür. Alternativ kann auch mit dem Silbenschieber gearbeitet werden. Zusätzlich können Sie auch für einzelne TN eigene Silbenmosaike je nach Übungsbedarf zusammenstellen. Die Silbenmosaike können einzeln, zu zweit oder auch mit der ganzen Gruppe geübt werden; das Sprechen im Chor bietet unsicheren TN Sicherheit. Das Lesen/Sprechen der Silben sollte unbedingt laut erfolgen.

25

weitere Silbenmosaike unterschiedlicher Niveaus ▶PL_KapB_Silbenmosaike

Mithilfe der Vorlage in Kapitel C können Sie sich Silbenmosaike selbst erstellen.

Aufgabe 7 — Methode: PH

Hörübung: Lassen Sie die Silben zuvor vorlesen, um sicherzugehen, dass den TN bewusst ist, welche Laute sich hinter den Buchstaben „verbergen". Dann sprechen Sie eine Silbe mehrfach vor und die TN kreuzen diejenige an, die sie gehört haben.

Sie sollten die einzelnen Laute vorher eingeführt und mit den TN geübt haben. Falls das Ankreuzen nicht sofort klappt, können Sie die Silbenpaare auch an die Tafel schreiben. Sie nennen jeweils eine Silbe, und die TN entscheiden, welche sie gehört haben. Dies ist auch als Partnerarbeit möglich. Dabei können die TN lernen, wie wichtig es ist, dass die Laute korrekt ausgesprochen werden, denn nur dann können sie auch richtig gehört werden. Ähnliche Übungen können Sie auch im Plenum an der Tafel machen und dabei jedem einzelnen TN genau solche Laute zur Differenzierung geben, die ihm schwerfallen ▶PH.

26

Übungsblätter dieses Typs mit muttersprachenspezifischen Übungen
▶**PL_KapB_muttersprachenspezifische Hörübungen**

1. leu, 2. tä, 3. mo, 4. fa, 5. fi, 6. scheu, 7. bi, 8. ich

Aufgabe 8 — Methode: SM

Silbenpuzzle: Die TN setzen die Silben zu einem sinnvollen Wort zusammen.

Voraussetzung ist, dass die Wörter, die gepuzzelt werden sollen, aus dem Unterricht bekannt sind. Das Zusammensetzen der Silben kann in beide Richtungen erfolgen (entweder werden Silben zu einem Wort zusammengesetzt oder ein Wort wird in seine einzelnen Silben zerlegt).

Diese Übung lässt sich auch mit einem selbst gebastelten Silbenpuzzle (möglichst fester Karton oder laminiertes Papier) üben. Die TN können allein, in Partner- oder in Gruppenarbeit zusammengesetzte, längere Wörter in Silben schneiden und anschließend wieder zusammensetzen oder bereits zerschnittene Silben einfach zusammenpuzzeln.

Sehr sinnvoll ist diese Übung gerade bei längeren Wörtern oder Komposita und für TN, die immer wieder einzelne Silben eines Wortes auslassen (▶SM).

Komposita (auf der Plattform)

weitere Übungen

Bastelvorlage für Silbenpuzzles
▶**PL_KapD_Silbenpuzzle**

Mithilfe der Vorlage in Kapitel C können Sie sich weitere Aufgaben dieses Typs erstellen.

lesen, essen, trinken, duschen, kaufen, kochen

Aufgabe 9

Uhrzeiten: Die Uhrzeiten sollen erkannt und eingetragen werden. Anschließend lesen die Lernenden die Uhrzeit laut vor.

Wiederholen Sie zunächst noch einmal die Zahlen von 1 bis 12 sowie die Zahl 30 für die halbe Stunde. Die Uhrzeiten (volle und halbe Stunde) sollten dann mündlich eingeführt und intensiv geübt werden: *Es ist 12 Uhr. Es ist 12 Uhr 30.* (*Es ist halb eins.*) Führen Sie nun mündlich die Frage: „Wie spät ist es?" ein und lassen Sie entsprechende Antworten geben (dialogisch). Sie können zum Einstieg auch den Bildimpuls von der Startseite nutzen. Der Wecker auf dem Nachttisch zeigt ebenfalls eine Uhrzeit an.

Das Wort *Uhr* sollte als Lernwort auch schriftlich intensiv geübt werden.

In einer lernstarken Gruppe können Sie die Uhrzeiten zusätzlich auch mit den Ziffern von 13 bis 24 für die Nachmittags-, Abend- und Nachtstunden einführen. Weisen Sie auf den Unterschied im Sprechen und Schreiben hin: Wir schreiben: *Es ist 12:30 Uhr.* Aber wir sagen: *Es ist 12 Uhr 30.*

27 Sie können die Uhrzeiten noch einmal von CD vorspielen: mit Zahlen von 1 bis 12 und mit Zahlen von 13 bis 24.

weitere Übungen
Anleitung zur Herstellung einer Uhr
▶**PL_KapD_Anleitung_Uhr**. Zur Einführung der verschiedenen Varianten der Uhrzeitansage (21 Uhr 15, halb vier, um drei usw.) finden Sie eine Anleitung zum Basteln von Uhrzeitkarten für die selbstständige Arbeit ▶**PL_KapD_Anleitung_Uhrzeitkarten**.

Es ist 4 Uhr. (Es ist 16 Uhr.) Es ist ein Uhr. (Es ist 13 Uhr.) Es ist 3:30 Uhr. (Es ist 15:30 Uhr.) Es ist 7:30 Uhr. (Es ist 19:30 Uhr.)

Aufgabe 10

Uhrzeiten: Die TN lesen die Uhrzeit und malen die entsprechenden Uhrzeiger in die Abbildung.

Die Uhrzeiten sind im Standardformat (z. B. *8:30 Uhr*) angegeben. Bevor die Uhrzeiten laut vorgelesen werden, sollte noch einmal die Reihenfolge der Wörter bei der Uhrzeitansage wiederholt werden (z. B. *8 Uhr 30*). Die TN können die Uhrzeiten auch in verschiedenen Varianten lesen (*halb 9*).

Mithilfe der Vorlage in Kapitel C können Sie sich weitere Aufgaben dieses Typs erstellen.

Aufgabe 11   Methode: MM

Konjugation: Die Konjugationsendungen für die 1. und 3. Person Singular sowie Plural sollen eingetragen und anschließend vorgelesen werden. Der Stamm gehört in das farbige Kästchen, die Endung in das kleinere weiße Kästchen. Zur Vorgehensweise mit der Morphemmethode können Sie sich im Methodenkapitel ▶MM informieren.

Üben Sie zunächst mündlich das Personalpronomen *ich* und die zugehörige Konjugationsendung *-e*, z. B. „Ich esse um 7 Uhr. Und Sie?" „Ich esse um 8 Uhr." Die Phrase „Ich auch" kann hier sehr nützlich sein und zum Lernen aufgeschrieben werden. Fragen Sie anschließend die TN nach den Tätigkeiten eines jeweils anderen TNs, z. B. „Ich esse um 7 Uhr. Und Herr Z./Frau Z.?" Führen Sie für die Antwort die Konjugationsendung *-t* für die 3. Person Singular ein. Dasselbe wiederholen Sie für die 1. und 3. Person Plural. Nach einer Übungsphase ersetzen Sie die Namen durch die Personalpronomen *er* und *sie* (Sg.) und *wir* und *sie* (Pl.).

Sollten Ihre TN große Schwierigkeiten beim Verständnis der Konjugation haben, können Sie sich im Methodenkapitel ▶RG über weitere didaktische Möglichkeiten informieren.

Ⓖ Konjugation 1. und 3. Person Singular und Plural, Vokalwechsel (*a → ä*)

Weitere Übungen, auch zur Einführung der Pronomen *er, sie, wir* und *sie* finden Sie auf der Plattform. Weitere kontextgebundene Konjugationsübungen zur 1. und 3. Person Singular finden Sie als Ergänzung zur Aufgabe 15.

1. lese, 2. kocht, 3. trinke, 4. duscht, 5. lernt, 6. schläft, 7. sprechen, 8. kauft

Aufgabe 12

Fragen beantworten: Die TN sollen in die leere Uhr die Zeiger für jede Frage so eintragen, dass dort zu erkennen ist, wann sie die Tätigkeit der Frage ausführen. Danach schreiben sie die Antwort auf.

Üben Sie mündlich das Beantworten von Fragen. Achten Sie auf die korrekte Antwort; am Anfang reicht die Phrase „um ... Uhr".

Bevor Sie diese Aufgabe lösen lassen, können Sie mit Ihren TN über das Thema Pünktlichkeit in Deutschland sprechen. Wie ist das in den Heimatländern der TN? Was bedeutet dort Pünktlichkeit? Welchen Stellenwert hat die Zeit? Weisen Sie darauf hin, dass Pünktlichkeit in Deutschland sehr wichtig ist und gerade öffentliche Einrichtungen großen Wert darauf legen. Wichtig ist zudem, dass in Deutschland der Tag nicht durch Gebetszeiten strukturiert ist.

Ⓖ Uhrzeiten mit *um*

🔘 28 Die Antwortsätze auf der CD dienen als Beispiele und können sich von den Antworten der TN unterscheiden.

weitere Übungen

Mithilfe der leeren Uhr im Bilderpool können Sie sich weitere Aufgaben dieses Typs erstellen ▶PL_KapE_Uhr.

Aufgabe 13 — Methode: SM

Silben ergänzen: Die TN sollen die Anfangssilben der Wörter ergänzen.

Mit dieser Übung können Sie das genaue Lesen, die richtige Schreibweise und das genaue Aussprechen von Silben trainieren. Wichtig ist, dass die Wörter bereits bekannt sind und sowohl gelesen als auch gesprochen und geschrieben worden sind. Zur Lösung der Aufgabe müssen Ihre TN die Silben sehr genau lesen, um dann zu entscheiden, wie das Wort richtig geschrieben wird. Bitten Sie Ihre TN, die Silben auch laut zu sprechen, um so noch einmal die genaue Aussprache zu üben.

Diese Übung lässt sich auch mit einem selbst gebastelten Silbenpuzzle (möglichst fester Karton oder laminiertes Papier) üben. Die TN können zusammengesetzte, längere Wörter in Silben schneiden und anschließend wieder zusammensetzen (▶SM).

(G) Komposita (auf der Plattform)

29

weitere Übungen
▶PL_KapD_Silbenpuzzle

<u>A</u>bend, <u>Mit</u>tag, <u>Mor</u>gen, <u>Vor</u>mittag, <u>Nach</u>mittag, <u>ler</u>nen, <u>war</u>ten, <u>ko</u>chen, <u>es</u>sen, <u>trin</u>ken

Aufgabe 14 — Methode: MT

Satzpuzzle: Die TN sollen mithilfe der Wortartsymbole aus den vorgegebenen Wörtern Sätze bilden.

Sie sollten vorher mit den Wortartsymbolen geübt haben und diese immer wieder auch an die Tafel schreiben. Die TN sollten das schwarze Dreieck als Symbol für Nomen und den roten Kreis als Symbol für Verben erkennen und den Unterschied zwischen Nomen und Verben verstanden haben.

(G) Nomen und Verben unterscheiden
einfache Sätze bilden

weitere Übungen
Vorlagen für die Wortartsymbole ▶PL_KapD_Anleitung_Wortartsymbole

Aufgabe 15 — Methode: LS

Lesetext mit Aufgabe und Hörtext: Die TN sollen die Geschichte zunächst nur hören und auf Grundlage des Bildes das Gehörte verstehen. Anschließend beantworten sie schriftliche Fragen zum Text, indem sie die richtigen Antworten zuordnen.

Lesetexte dieser Art sollten vorentlastet werden: (a) Erklärung des unbekannten Wortschatzes anhand des Bildes, (b) mündliches Erzählen der Geschichte, (c) Vorlesen der Geschichte. Die Übung ist in erster Linie zur Erweiterung des mündlichen Wortschatzes geeignet. Der Umgang mit unbekannten Wörtern und Buchstaben über das Einzelwort hinaus wird geübt. Lassen Sie Ihre TN erzählen, welche Dinge auf dem Bild sie bereits kennen, benennen und ggf. auch schon schreiben können. Sehr fortgeschrittene TN können den Text nach dem Hören und Bearbeiten auch selbstständig lesen bzw. vorlesen. Die Geschichte kann anschließend frei weitererzählt werden. Weitere Hinweise zum Unterrichtsablauf sowie zum Kontext der Geschichte: ▶LS.

Lesetext
30

Dialog zum Bildimpuls
PL 4

Sie finden das Bild im A4-Format auf der Plattform, sodass Sie es auf Folie ziehen und im Kurs zunächst mündlich besprechen können (Bildimpuls).

Den Dialogtext zum Bild sowie weiterführende Übungen finden Sie ebenfalls auf der Plattform.

Kapitel 4 – Familie

Folgende Wörter begegnen Ihnen in diesem Kapitel, die nichts oder nur mittelbar mit dem Thema *Familie* zu tun haben: *Ameise, Ball, Dose, essen, Fenster, Handy, Hunger, Jacke, lesen, müde, Regen, Ring, schreiben, Tasse, U-Bahn, Unfall, Vogel* sowie aus dem Lesetext (Aufgabe 12): *Angst, Garten, Glas, Kaffee, Kindergarten, Kuchen, Saft, Tisch*.
Lernwörter, das heißt Wörter, die aufgrund fehlender Buchstabenkenntnisse zunächst als Ganzwort gelernt werden, sind in diesem Kapitel: *Sohn* und *Tochter*.

Zur Veranschaulichung der Verwandtschaftsverhältnisse und zur Einführung aller relevanten Bezeichnungen finden Sie auf der Plattform einen Stammbaum der Familie Rabe als Vorlage für Folien oder Kopien ▶PL_Kap04_Stammbaum. Bei Bedarf kann dieser Stammbaum auch durchgängig bei der Lösung der verschiedenen Aufgaben verwendet werden, wenn die Verwandtschaftsbeziehungen ansonsten schwierig zu erklären oder nicht eindeutig bildlich darstellbar sind.

Anhand des Stammbaums können Sie auch mit den TN kulturkontrastiv verschiedene Aspekte mündlich erörtern: „Wie groß sind Familien in Ihrem Heimatland? Gibt es verschiedene Bezeichnungen für die Familienmitglieder, z. B. Tante/Onkel mütterlicherseits/väterlicherseits oder bestimmte Begriffe aufgrund der Altersgruppe von Personen? Gehören Freunde und Nachbarn „zur Familie"? Welche Rolle spielt die Familie im täglichen Leben (wird z. B. immer gemeinsam gegessen)?" Ausgehend von solchen Fragen können – je nach Interessen der Lerngruppe – auch Themen wie Vertrauen, Höflichkeit, Respekt vor Älteren bzw. Respekt vor den Eltern oder Helfen in der Familie angesprochen werden.

Aufgabe 1 — Methode: LS

Anbahnung der Buchstabentabelle: Die TN sollen mithilfe der Buchstabentabelle die zugeordneten Buchstaben bzw. Buchstabenkombinationen zu den Bildern finden. Diese Buchstaben (für Anlaut, Inlaut oder Auslaut) schreiben sie dann unter die Bilder im Kursbuch. Zusätzlich notieren sie das neu entstandene Wort noch einmal zusammenhängend auf die darunterstehende Zeile und lesen es laut.

Dieser Aufgabentyp ist nicht zu verwechseln mit dem *Anlautrebus*, bei dem ausschließlich die Anlaute zu einem Wort verbunden werden. Da die Buchstabentabelle gleichzeitig die Orthografie anbahnt und daher auch verschiedene Aussprachevarianten berücksichtigt (lange und kurze Vokale, unbetonte Endungen usw.), beziehen sich die Merkwörter in der Buchstabentabelle auch auf Laute im Wort (z. B. kurzes *ü* wie in *Mütze*) oder am Wortende (z. B. das unbetonte *-e* in *müde*). Weitere Anbahnungsübungen für den Umgang mit der Buchstabentabelle sowie Tipps für den Unterricht ▶LS.

In diesem Kapitel wird für den Buchstaben *v* zunächst nur die Aussprachevariante als *f* eingeführt (z. B. in *Vogel*). In den zusätzlichen Übungen, die Sie zum Buchstaben *v* auf der Plattform in Kapitel A finden, werden beide Varianten berücksichtigt und geübt (*f* wie z. B. in *Vater* und *w* wie z. B. in *Visum*).

In Vorbereitung auf diese Übung sollten Sie mündlich im Unterricht die wichtigsten Verwandtschaftsbeziehungen erläutern. Besonderes Augenmerk sollte in der Übung auf die neuen Buchstaben *v* und *j* sowie auf die Verbindung *ng* gelegt werden. Anhand der Lösungswörter können auch die weiblichen Pendants *Schwester*, *Mutter* und *Mädchen* eingeführt werden. (Achtung: Mit den bisher bekannten Buchstaben können die Wörter *Schwester* und *Mutter* auch geschrieben werden, nicht jedoch das Wort *Mädchen*.)

Sie können die TN im Verlauf des Kapitels auch einen eigenen Stammbaum zeichnen lassen und nach und nach mit den entsprechenden Verwandtschaftsbezeichnungen beschriften lassen.

G Es bietet sich an, bei dieser Übung den bestimmten Artikel (*der* für männlich und *die* für weiblich) einzuführen.

weitere Übungen

Kopiervorlage eines Stammbaums der Familie Rabe zur Einführung der Verwandtschaftsbezeichnungen
▶PL_Kap04_Stammbaum

Mithilfe des Bilderpools und der Vorlage in Kapitel C können Sie sich weitere Aufgaben dieses Typs erstellen.

<u>B</u>all, <u>R</u>egen, <u>U</u>-Bahn, <u>D</u>ose, Fens<u>t</u>er → Bruder

<u>V</u>ogel, <u>A</u>meise, <u>T</u>asse, Fens<u>t</u>er → Vater

<u>J</u>acke, <u>U</u>nfall, Ri<u>ng</u>, müd<u>e</u> → Junge

Didaktisierung der Kursbuchaufgaben 4

Aufgabe 2 — Methode: PH

Laut-Lokalisierung: Pro Aufgabenzeile ist ein bestimmter Laut vorgegeben, dessen Position in den jeweiligen Wörtern erkannt werden soll. Die Bilder/Wörter sollten vorher mündlich eingeführt werden. Die Position des Lautes im Wort wird markiert (Anfang, Mitte, Ende). Das Mittelfeld ist bewusst etwas breiter gehalten, da hier meist mehrere Buchstaben vorkommen und die Markierung innerhalb des Feldes entsprechend genau gesetzt werden kann. Für die Markierung eignet sich z. B. ein Punkt oder der gesuchte Buchstabe selbst. Ein Ankreuzen ist ebenfalls möglich, jedoch könnte die Ähnlichkeit des Kreuzes mit dem Buchstaben *x* zu Verwirrung führen.

Vorbereitend können Sie die Übung mündlich durchführen. Sie geben einen Laut vor, dessen Position erkannt werden soll. Anschließend lesen Sie verschiedene Wörter vor, die den Laut enthalten. Die TN entscheiden mündlich mit den Worten „am Anfang, in der Mitte, am Ende", an welcher Stelle der Laut vorkommt.

Erscheint die Aufgabe noch zu schwierig, können Sie eine Übung vorschalten, bei der die TN entscheiden sollen, ob ein bestimmter Laut überhaupt in dem Wort vorkommt. Sie geben einen Laut vor und diktieren anschließend verschiedene Wörter. Kommt der Laut vor, signalisieren die TN dies mit einer grünen Karte, kommt er nicht vor, heben sie eine rote Karte. Hilfreich sind auch Laut-Diskriminierungsübungen: „Ist das ein *a*, *e* oder *i*?" (▶MT).

In diesem Kapitel wird für den Buchstaben *y* zunächst nur die Aussprachevariante als *i* am Ende eines Wortes eingeführt. In den zusätzlichen Übungen, die Sie zum Buchstaben *y* auf der Plattform in Kapitel A finden, werden beide Varianten berücksichtigt und geübt (*i* wie z. B. in *Handy* und *ü* wie z. B. in *Syrien*).

31

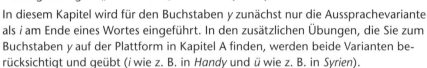 Mithilfe des Bilderpools und der Vorlage in Kapitel C können Sie sich weitere Aufgaben dieses Typs erstellen.

ng: Hunger (in der Mitte) – Ring (am Ende) – schwanger (in der Mitte)
y: Party (am Ende) – Handy (am Ende) – Baby (am Ende)
O – o: Oma (am Anfang) – Sohn (in der Mitte) – Tochter (in der Mitte)

Aufgabe 3 — Methode: PH

Buchstabenergänzung: Die TN sollen die fehlenden Buchstaben eintragen. Die Wörter müssen bekannt sein oder werden von der LP vorgesprochen.

Üben Sie vorher mit anderen Wörtern an der Tafel und lassen Sie Vokale oder Konsonanten ergänzen. Die Begriffe *Vokal* und *Konsonant* sollten im Laufe des Kurses erklärt werden.

Erklären und üben Sie den Aufbau einer Silbe mit dem Silbenschieber (Konsonant + Vokal = offene Silbe, Konsonant + Vokal + Konsonant = geschlossene Silbe) (▶SM).

Ähnliche Übungen sind auch als Buchstabenpuzzle möglich. Eine spielerische Variante ist die „Spinne" (Galgenmännchen) an der Tafel (Spielanleitung zur „Spinne" ▶SP).

Anhand des Stammbaums können Sie in fortgeschrittenen Gruppen bei Bedarf auch weitere Verwandtschaftsbezeichnungen einführen: *Großmutter, Großvater, Schwager, Schwägerin, Nichte, Neffe, Cousin, Cousine* usw.

32

weitere Übungen

Mithilfe des Bilderpools und der Vorlage in Kapitel C können Sie sich zudem weitere Aufgaben dieses Typs erstellen.

Tan<u>te</u>, Ju<u>nge</u>, Kin<u>der</u>, <u>V</u>ater, Mut<u>er</u>, Geburts<u>t</u>ag, <u>O</u>nkel, Bab<u>y</u>, Toch<u>ter</u>

Aufgabe 4 Methode: SM

Silbenmosaik: Die Silben sollen von links nach rechts gelesen werden. Dabei wird das Tempo kontinuierlich gesteigert. Zur Abwechslung und Erhöhung des Schwierigkeitsgrades kann dann treppenweise (von links nach rechts) gelesen werden.

Die Silben sollten zuvor einzeln eingeführt werden. Das laute Lesen (einzeln und im Chor) eignet sich besonders dafür.

Das Silbenmosaik wird kontinuierlich um neue Silben erweitert. Neben offenen Silben werden auch geschlossene Silben und komplexere Silben geübt.

Das Silbenmosaik kann an das individuelle Lerntempo angepasst werden, d. h., man kann für alle TN ein individuelles Mosaik erstellen.

Als Alternative kann auch mit dem Silbenschieber gearbeitet werden, bei dem man die Silben immer wieder neu variieren kann.

Lassen Sie anschließend zusätzliche Silben einzeln an der Tafel vorlesen, die dann mündlich zu weiteren Verwandtschaftsbezeichnungen zusammengesetzt werden können (z. B. *pa, ma, o,* usw.).

33

Mithilfe der Vorlage in Kapitel C können Sie sich weitere Aufgaben dieses Typs selbst erstellen.
▶**PL_KapD_Silbenmosaik**
▶**PL_KapD_Silbenschieber**

Aufgabe 5 Methode: SM

Silbenpuzzle: Die TN setzen die Silben zu einem sinnvollen Wort zusammen.

Voraussetzung ist, dass die Wörter, die gepuzzelt werden sollen, aus dem Unterricht bekannt sind.

Das Zusammensetzen der Silben kann in beide Richtungen erfolgen (entweder werden Silben zu einem Wort zusammengesetzt oder ein Wort wird in seine einzelnen Silben zerlegt).

Diese Übung lässt sich auch mit einem selbst gebastelten Silbenpuzzle (möglichst fester Karton oder laminiertes Papier) üben. Die TN können allein, in Partner- oder in Gruppenarbeit zusammengesetzte, längere Wörter in Silben schneiden und anschließend wieder zusammensetzen oder bereits zerschnittene Silben einfach zusammenpuzzeln.

Sehr sinnvoll ist diese Übung gerade bei längeren Wörtern oder Komposita und für TN, die immer wieder einzelne Silben eines Wortes auslassen.

Bastelvorlage für Silbenpuzzles
▶**PL_KapD_Silbenpuzzle**

Mithilfe der Vorlage in Kapitel C können Sie sich weitere Aufgaben dieses Typs erstellen.

Baby, Vater, Opa, Eltern, Enkel

Aufgabe 6 Methode: PH

Hörübung: Lassen Sie die Silben zuvor vorlesen, um sicherzugehen, dass den TN bewusst ist, welche Laute sich hinter den Buchstaben „verbergen". Dann sprechen Sie eine Silbe mehrfach vor und die TN kreuzen diejenige an, die sie gehört haben.

Sie sollten die einzelnen Laute vorher eingeführt und mit den TN geübt haben. Falls das Ankreuzen nicht sofort klappt, können Sie die Silbenpaare auch an die Tafel schreiben. Sie nennen jeweils eine Silbe, und die TN entscheiden, welche sie gehört haben.

Auch als Partnerarbeit möglich. Dabei können die TN lernen, wie wichtig es ist, dass die Laute korrekt ausgesprochen werden, denn nur dann können sie auch richtig gehört werden.

Ähnliche Übungen können Sie auch im Plenum an der Tafel machen und dabei jedem einzelnen TN genau solche Laute zur Differenzierung geben, die ihm schwerfallen (▶PH).

34

Übungsblätter dieses Typs mit muttersprachenspezifischen Übungen
▶**PL_KapB_muttersprachenspezifische Hörübungen**

Mithilfe der Vorlage in Kapitel C können Sie sich weitere Aufgaben dieses Typs erstellen.

1. mei, 2. eine, 3. schei, 4. po, 5. lang, 6. se, 7. ju, 8. tank

Aufgabe 7 — Methode: RG

Bildwörterbuch: Links wird das deutsche, rechts das muttersprachliche Wort geschrieben (z. B. in lateinischen Buchstaben). Diese Übung eignet sich als HA für TN, die es im Unterricht nicht schreiben können oder möchten.

Vorher sollten Sie danach fragen, wie die Wörter in den Muttersprachen heißen, um die TN für die muttersprachlichen Wörter zu sensibilisieren – der Grund dafür ist, dass Ihre TN es wahrscheinlich nicht gewohnt sind, zu übersetzen. Die Aufforderung, Wörter in der Muttersprache aufzuschreiben, erfordert also gleich zwei Fähigkeiten: Übersetzen und Schreiben. Starten Sie daher erst einmal mit dem mündlichen Übersetzen.

Danach können Sie gemeinsam mit den TN die muttersprachlichen Wörter an die Tafel schreiben. Zeigen Sie insbesondere, dass man dafür die muttersprachliche Schrift nicht kennen muss.

Manchen TN hilft es, diese Aufgabe als Hausaufgabe zu machen. Mitunter helfen dann Familienmitglieder bei der Übersetzung und/oder dem Aufschreiben. Dadurch können kontrastive Lernerfolge wirksam werden, die im Kurs nicht geleistet werden können, da Sie als LP nicht alle Sprachen beherrschen können.

TN, die sich gegen die Übersetzung sperren, sollten Sie nicht drängen.

Mithilfe des Bilderpools und der Vorlage in Kapitel C können Sie sich weitere Aufgaben dieses Typs erstellen.

Deutsch: Bruder, Mutter, Oma, Opa, Schwester, Vater

Aufgabe 8 — Methoden: PH, MT

Wort-Bild-Zuordnung mit Anlaut: Die TN lesen die Wörter (sinnentnehmendes Lesen). Dann schreiben sie sie unterhalb der Bilder auf die Linien. Die Anzahl der Buchstaben und der Anlaut sind als Hilfe vorgegeben. Die Wörter sollen so auf die Linien geschrieben werden, dass pro Linie ein Laut steht. Lange Linien sind für Buchstabenkombinationen (*ng, ch*).

Dieser Aufgabe muss eine Übung vorangehen, in der die TN lernen, dass manche Buchstaben zusammengehören (*er, ng*) und auf eine lange Linie geschrieben werden. Bei Bedarf sollte darauf hingewiesen werden, dass Doppelkonsonanten nicht doppelt gesprochen werden. In sehr fortgeschrittenen Gruppen können Sie auch bereits darauf hinweisen, dass die Funktion der Doppelkonsonanten darin besteht, zu markieren, dass der vorhergehende Vokal kurz gesprochen wird.

Auch unbekannte Wörter können zugeordnet werden, da der Anfangsbuchstabe gegeben ist. Allerdings kann nicht davon ausgegangen werden, dass lernungewohnte TN diese Lösungsstrategie von sich aus anwenden.

Bei dieser Übung können neben dem Wortschatz und den neuen Buchstaben das Prinzip des Ausschlussverfahrens sowie die Lern- bzw. Arbeitsstrategie des Wegstreichens bereits verwendeter Wörter geübt werden.

Besprechen Sie anschließend anhand der Lösungswörter die jeweiligen weiblichen und männlichen Pendants (*Vater – Mutter, Sohn – Tochter* usw.).

weitere Übungen

Mithilfe des Bilderpools und der Vorlage in Kapitel C können Sie sich weitere Aufgaben dieses Typs erstellen.

Vater, schwanger, Baby, Eltern, Sohn, Tochter

Aufgabe 9 — Methode: MT

Nomen, Verben und Artikel: Die TN malen die Wortartsymbole über die Wörter und schreiben die Wörter dann in die Tabelle.

Der Artikel als Wortart muss zunächst geübt werden. Die Unterscheidung von Nomen und Verben sollte dabei im Unterricht für alle wiederholt werden, ebenso die Symbole der Wortarten (▶MT).

Für die mündliche Kommunikation bietet es sich an, anschließend Sätze aus den Einzelwörtern bilden zu lassen und hierbei die Konjugation in der 3. Person Singular einzuführen oder zu wiederholen.

(G) Nomen, Verben und Artikel unterscheiden

ggf. Konjugation

weitere Übungen

Artikel: die, das, der, mein; *Nomen:* Vater, Enkel, Onkel, Familie; *Verben:* essen, feiern, lesen, schreiben

Aufgabe 10

Lücken füllen: Die TN schreiben die Wörter *mein* und *meine* in die Lücken.

Für die mündliche Kommunikation bietet sich ein Gespräch über die eigene Familie an: „Wer hat einen Bruder? Eine Schwester? Einen Onkel?" Die beiden Possessivartikel müssen zuvor mündlich im Unterricht eingeführt werden. Behandeln Sie diese besitzanzeigenden Wörter immer wie Artikel, denn *mein, dein* usw. stehen wie die Artikel immer beim Substantiv und können nicht wie ein Pronomen die ganze Substantivgruppe ersetzen (*Mein Onkel ist krank/*Mein ist krank*). Der Begriff *Possessivpronomen* bezieht sich auf *meiner, deiner* usw. (**Meiner Onkel ist krank/Dein Onkel ist gesund, meiner ist krank*). Mit Sternchen kennzeichnet man grammatisch unrichtige Sätze.

(G) Possessivartikel: *mein/meine*

weitere Übungen

1. mein, 2. meine, 3. mein, 4. mein, 5. meine, 6. meine

Aufgabe 11

Zuordnungsübung: Die TN wählen das zutreffende Wort aus und schreiben es in die Zeile. Hierbei ordnen sie die Verwandtschaftsbezeichnungen den vorgegebenen Namen der Familie Rabe zu.

Falls die Übung in schriftlicher Form zu schwierig ist, kann sie auch anhand des Bildes mündlich im Plenum durchgeführt werden.

Die Buchstabenkombination *au* im Namen *Paul* muss an dieser Stelle nicht gesondert behandelt werden.

weitere Übungen sowie die Abbildung als Kopier-/Folienvorlage

1. Vater, 2. Mutter, 3. Eltern, 4. Kinder, 5. Junge, 6. Bruder, 7. Schwester, 8. Familie

Didaktisierung der Kursbuchaufgaben 4

Aufgabe 12 — Methode: LS

Lesetext mit Aufgabe und Hörtext: Die TN sollen die Geschichte zunächst nur hören und auf Grundlage des Bildes das Gehörte verstehen. Anschließend beantworten sie schriftliche Fragen zum Text, indem sie die richtigen Antworten zuordnen.

Lesetexte dieser Art sollten vorentlastet werden: (a) Erklärung des unbekannten Wortschatzes anhand des Bildes, (b) mündliches Erzählen der Geschichte, (c) Vorlesen der Geschichte. Die Übung ist in erster Linie zur Erweiterung des mündlichen Wortschatzes geeignet. Der Umgang mit unbekannten Wörtern und Buchstaben über das Einzelwort hinaus wird geübt. Lassen Sie Ihre TN erzählen, welche Dinge auf dem Bild sie bereits kennen, benennen und ggf. auch schon schreiben können. Sehr fortgeschrittene TN können den Text nach dem Hören und Bearbeiten auch selbstständig lesen bzw. vorlesen. Die Geschichte kann anschließend frei weitererzählt werden. Weitere Hinweise zum Unterrichtsablauf sowie zum Kontext der Geschichte: ▶**LS**.

Nutzen Sie die Gelegenheit, mit Ihren TN im Kurs über Gastfreundschaft, Familienfeste, Geburtstage und die entsprechenden Bräuche zu sprechen: „Wer trifft sich? Wie begrüßt man sich?" ggf. auch: „Wie ist der Kontakt zwischen Männern und Frauen? Was wird gegessen? Worüber spricht man?"

Thematisieren Sie auch – sofern für Ihre TN relevant – die Altersschwellen für den Kindergarten und den Schuleintritt sowie die damit verbundenen Wege.

🔘 Lesetext
35

🔘 Dialog zum Bildimpuls
PL 5

🖱 Sie finden das Bild im A4-Format auf der Plattform, sodass Sie es auf Folie ziehen und im Kurs zunächst mündlich besprechen können (Bildimpuls).

Den Dialogtext zum Bild sowie weiterführende Aufgaben finden Sie ebenfalls auf der Plattform.

Kapitel 5 – Einkauf und Küche

Folgende Wörter begegnen Ihnen in diesem Kapitel, die nichts oder nur mittelbar mit dem Thema *Einkauf und Küche* zu tun haben: *Ameise, Computer, Fenster, heute, Insel, Koffer, Lampe, Maus, Oma, Taxi, Tür* sowie im Lesetext (Aufgabe 15): *abholen, kaputt, Kindergarten, Nachbar.*
Ein Lernwort, das heißt ein Wort, das aufgrund fehlender Buchstabenkenntnisse zunächst als Ganzwort gelernt wird, ist in diesem Kapitel: *sie.*

Aufgabe 1   Methoden: PH, MT, SM

Wort-Bild-Zuordnung mit Anlaut: Diese Aufgabe kann als Wortschatzübung verwendet werden. Die TN lesen die Wörter (sinnentnehmendes Lesen). Dann schreiben sie sie unterhalb der Bilder auf die Linien. Die Anzahl der Buchstaben und der Anlaut sind als Hilfe vorgegeben. Die Wörter sollen so auf die Linien geschrieben werden, dass pro Linie ein Laut steht. Lange Linien sind für Doppelkonsonanten (*ff*).

Dieser Aufgabe muss eine Übung vorangehen, in der die TN lernen, dass manche Buchstaben zusammengehören (*ff*) und auf eine lange Linie geschrieben werden. Bei Bedarf sollte darauf hingewiesen werden, dass Doppelkonsonanten nicht doppelt gesprochen werden.

Auch unbekannte Wörter können zugeordnet werden, da der Anfangsbuchstabe gegeben ist. Allerdings kann nicht davon ausgegangen werden, dass lernungewohnte TN diese Lösungsstrategie von sich aus anwenden. Bei dieser Übung kann neben dem Wortschatz und den neuen Buchstaben das Prinzip des Ausschlussverfahrens sowie die Lern- bzw. Arbeitsstrategie des Wegstreichens bereits verwendeter Wörter geübt werden.

weitere Übungen

das Glas, der Kaffee, die Schüssel, die Dose, die Gabel, die Pfanne, der Topf, der Löffel

Aufgabe 2   Methode: PH

Laut-Lokalisierung: Pro Aufgabenzeile ist ein bestimmter Laut vorgegeben, dessen Position in den jeweiligen Wörtern erkannt werden soll. Die Bilder/Wörter sollten vorher mündlich eingeführt werden.

Die Position des Lautes im Wort wird markiert (am Anfang, in der Mitte, am Ende). Das Mittelfeld ist etwas breiter gehalten, da hier meist mehrere Buchstaben vorkommen und die Markierung innerhalb des Feldes entsprechend genau gesetzt werden kann. Für die Markierung eignet sich z. B. ein Punkt oder der gesuchte Buchstabe selbst. Ein Ankreuzen ist ebenfalls möglich, jedoch könnte die Ähnlichkeit des Kreuzes mit dem Buchstaben *x* zu Verwirrung führen.

Vorbereitend können Sie die Übung mündlich durchführen. Sie geben einen Laut vor, dessen Position erkannt werden soll. Anschließend lesen Sie verschiedene Wörter vor, die den Laut enthalten. Die TN entscheiden mündlich mit den Worten „am Anfang, in der Mitte, am Ende", an welcher Stelle der Laut vorkommt.

Erscheint die Aufgabe noch zu schwierig, können Sie eine Übung vorschalten, bei der die TN entscheiden sollen, ob ein bestimmter Laut überhaupt in dem Wort vorkommt. Sie geben einen Laut vor und diktieren anschließend verschiedene Wörter. Kommt der Laut vor, signalisieren die TN dies mit einer grünen Karte, kommt er nicht vor, heben sie eine rote Karte. Hilfreich sind auch Laut-Diskriminierungsübungen: „Ist das ein *a, e* oder *i*?" (▶MT).

 36

Zur Einführung der neuen Buchstaben und zur Differenzierung der Laute können Sie Sandpapierbuchstaben verwenden ▶PL_KapD_Anleitung_Sandpapierbuchstaben.

Mithilfe des Bilderpools und der Vorlage in Kapitel C können Sie sich weitere Aufgaben dieses Typs erstellen.

Ä – ä: Gläser (in der Mitte) – Äpfel (am Anfang) – Käse (in der Mitte)
Ö – ö: Löffel (in der Mitte) – Möhren (in der Mitte) – Öl (am Anfang)
Ü – ü: Küche (in der Mitte) – Kühlschrank (in der Mitte) – Schüssel (in der Mitte)

Aufgabe 3 — Methode: LS

Anbahnung der Buchstabentabelle: Die TN sollen mithilfe der Buchstabentabelle die zugeordneten Buchstaben bzw. Buchstabenkombinationen zu den Bildern finden. Diese Buchstaben (für Anlaut, Inlaut oder Auslaut) schreiben sie dann unter die Bilder im Kursbuch. Zusätzlich notieren sie das neu entstandene Wort noch einmal zusammenhängend auf die darunterstehende Zeile und lesen es laut.

Dieser Aufgabentyp ist nicht zu verwechseln mit dem *Anlautrebus*, bei dem ausschließlich die Anlaute zu einem Wort verbunden werden. Da die Buchstabentabelle gleichzeitig die Orthografie anbahnt und daher auch verschiedene Aussprachevarianten berücksichtigt (lange und kurze Vokale, unbetonte Endungen usw.), beziehen sich die Merkwörter in der Buchstabentabelle auch auf Laute im Wort (z. B. *x* wie in *Taxi*) oder am Wortende (z. B. das unbetonte *-er* in *Fenster*). Weitere Anbahnungsübungen für den Umgang mit der Buchstabentabelle sowie Tipps für den Unterricht ▶LS.

Die Übung kann dazu genutzt werden, die Bedeutung der auf der Buchstabentabelle dargestellten Begriffe sowie der Lösungswörter mündlich zu klären und damit den Wortschatz zu erweitern. Schwächere TN können diese Übung jedoch auch durchführen, ohne die Begriffe der Buchstabentabelle zu lernen, indem sie einfach den danebenstehenden Buchstaben übertragen. In diesem Fall wird zunächst die Laut-Buchstaben-Zuordnung gefestigt. Wenn die neuen Buchstaben *c*, *x* und *qu* für Ihre TN noch zu schwer sind, so lassen Sie die Aufgabenteile mit diesen Buchstaben zunächst noch weg.

▶ weitere Übungen

Zur Einführung der neuen Buchstaben und zur Differenzierung der Laute können Sie Sandpapierbuchstaben verwenden ▶**PL_KapD_Anleitung_Sandpapierbuchstaben**.

Mithilfe des Bilderpools und der Vorlage in Kapitel C können Sie sich weitere Aufgaben dieses Typs erstellen.

<u>C</u>omputer, <u>O</u>ma, <u>L</u>ampe, <u>A</u>meise → Cola; <u>M</u>aus, <u>I</u>nsel, Ta<u>x</u>i, Fenst<u>er</u> → Mixer; <u>Qu</u>ark, <u>A</u>meise, Tü<u>r</u>, <u>K</u>offer → Quark

Aufgabe 4 — Methode: SM

Silbenmosaik: Die Silben sollen von links nach rechts gelesen werden. Dabei wird das Tempo kontinuierlich gesteigert. Zur Abwechslung und Erhöhung des Schwierigkeitsgrades kann dann treppenweise (von links nach rechts) gelesen werden. Das Ziel ist das flüssige Lesen der Silben, insbesondere der zusammengesetzten Lautkombinationen wie *sch* und *eu*.

Die Silben sollten zuvor einzeln eingeführt werden. Das laute Lesen (einzeln und im Chor) eignet sich besonders dafür.

Das Silbenmosaik kann an das individuelle Lerntempo angepasst werden, d. h., man kann für jeden TN ein individuelles Mosaik erstellen.

Als Alternative kann auch mit dem Silbenschieber gearbeitet werden, bei dem man die Silben immer wieder neu variieren kann. Das Lesen/Sprechen der Silben sollte unbedingt laut erfolgen.

🔘 zum Mit- und Nachsprechen
37

▶ weitere Übungen

Mithilfe der Vorlage in Kapitel C können Sie sich weitere Aufgaben dieses Typs erstellen.
▶**PL_KapD_Silbenmosaik**
▶**PL_KapD_Silbenschieber**

Aufgabe 5 — Methoden: PH, SM

Buchstabensalat: Die Buchstaben sind vorgegeben und müssen in die richtige Reihenfolge gebracht werden. Buchstabenkombinationen haben eine lange Linie. Die TN malen Silbenbogen unter die Wörter.

Die Wörter müssen aus dem Unterricht bereits bekannt sein und sollten daher zuvor mündlich eingeführt und geübt werden, z. B. mit Bildkarten.

▶ weitere Übungen

Mithilfe des Bilderpools und der Vorlage in Kapitel C können Sie sich weitere Aufgaben dieses Typs erstellen.

der Quark, der Kuchen, einkaufen, kochen

Aufgabe 6 — Methode: MT

Nomen und Verben: Die TN malen die Wortartsymbole über die Wörter. Die TN benötigen dazu rote Farbstifte. Das schwarze Dreieck kann mit dem Bleistift gemalt werden. Beachten Sie: Im Wort *trinken* wird *n* velar ausgesprochen, also wie *ng*. Wenn Ihre TN den Laut nicht automatisch korrekt aussprechen, dann weisen Sie sie darauf hin.

Das Nomen und das Verb als Wortarten müssen zunächst geübt bzw. wiederholt werden, ebenso die Symbole der Wortarten (▶MT).

Für die mündliche Kommunikation bietet es sich an, anschließend Sätze aus den Einzelwörtern bilden zu lassen.

- Ⓖ Nomen und Verben unterscheiden
- Vorlagen für die Wortartsymbole finden Sie zum Ausdrucken und Ausschneiden in Kapitel D.
  ▶PL_KapD_Wortartsymbole

Aufgabe 7 — Methode: MM

Konjugation: Die TN schreiben die konjugierten Formen der Verben *trinken, kaufen* und *essen* entsprechend der Pronomen außerhalb des Hauses auf. Der Wortstamm steht immer im mittleren (dunkleren) Feld. Die 1. Spalte bleibt leer. Die Endung des Verbs steht in der letzten Spalte. Beachten Sie, dass Sie beim Wort *essen* darauf hinweisen, dass der Vokal wechselt.

Falls Ihre TN mit den Kategorien *Verb* und *Nomen* gut klarkommen, können Sie bereits darauf hinweisen, dass *ich, er* und *sie* Pronomen sind.

Sie können diesen Aufgabentyp zuvor an der Tafel üben, indem Sie ein Haus an die Tafel malen und verschiedene Formen des Verbs hineinschreiben lassen. Um den TN zu verdeutlichen, was Konjugation ist, können Sie auf die Muttersprache zurückgreifen (▶RG).

- Ⓖ Konjugation
- weitere Übungen

1. Spalte bleibt je leer.
ich [trink][e], er/sie [trink][t], wir [trink][en]; ich [kauf][e], er/sie [kauf][t], wir [kauf][en]; ich [ess][e], er/sie [iss][t], wir [ess][en]

Aufgabe 8 — Methode: PH

Buchstabenergänzung: Die TN sollen die fehlenden Buchstaben eintragen: in die mittigen Felder kleine Buchstaben, in die Anfangsfelder große Buchstaben. Die Wörter müssen bekannt sein oder werden von der LP vorgesprochen.

Üben Sie vorher mit anderen Wörtern an der Tafel und lassen Sie Vokale oder Konsonanten ergänzen. Ein kurzer Strich bedeutet ein fehlender Laut, zwei Striche eine fehlende Lautkombination oder Buchstabenverbindung wie *au* und *qu*. Die Begriffe *Vokal* und *Konsonant* sollten im Laufe des Kurses erklärt werden.

Erklären und üben Sie den Aufbau einer Silbe mit dem Silbenschieber (Konsonant + Vokal = offene Silbe, Konsonant + Vokal + Konsonant = geschlossene Silbe) (▶SM).

Ähnliche Übungen sind auch als Buchstabenpuzzle möglich. Eine spielerische Variante ist die „Spinne" (Galgenmännchen) an der Tafel (Spielanleitung zur „Spinne" ▶SP).

- 🔘 38
- weitere Übungen
- Mithilfe der Vorlage in Kapitel C können Sie sich weitere Aufgaben dieses Typs erstellen.
  ▶PL_KapD_Silbenpuzzle

k̲aufen, ko̲chen, Fl̲asche, K̲üche, K̲äse, Ti̲sch, L̲öffel, sch̲älen, L̲eute, Sch̲ere, Ö̲l, T̲opf, G̲abel, Pf̲anne, Gl̲as, K̲affee, M̲esser, Q̲uark

Aufgabe 9 — Methode: LS

Wortschatzkoordinaten: Die TN sollen die Wörter sinnentnehmend lesen und das dazugehörige Bild in der Tabelle finden. Die entsprechende Kombination aus Zahlen und Buchstaben, die sich aus der Tabelle ergibt, soll dann neben dem gelesenen Wort eingetragen werden.

Neben dem Wortschatz schult diese Übung das Lesen und Verstehen von Tabellen.

Die Übung muss in der Regel sehr genau erklärt werden. Verstehen die TN die Übung nicht, sollte sie zunächst gemeinsam an der Tafel gelöst werden. Für fortgeschrittene TN kann die Tabelle um mehr Felder erweitert werden.

(G) Bei Bedarf kann hier bereits vorbereitend der Plural mit Umlaut thematisiert werden (*Topf – Töpfe, Glas – Gläser, Kochbuch – Kochbücher*). Ansonsten erst in Aufgabe 14.

weitere Übungen

Mithilfe des Bilderpools und der Vorlage in Kapitel C können Sie sich weitere Aufgaben dieses Typs erstellen.

schneiden = 1a, Tisch = 3a, Kochbücher = 1b, Töpfe = 2c, Tasse = 3b, einkaufen = 3c, Löffel = 2b, Glas = 2a, Kaffeemaschine = 1c

Aufgabe 10 — Methode: RG

Bildwörterbuch: Links wird das deutsche, rechts das muttersprachliche Wort geschrieben (z. B. in lateinischen Buchstaben). Die Aufgabe eignet sich als Hausaufgabe für TN, die es im Unterricht nicht schreiben können oder wollen.

Vorher sollten Sie danach fragen, wie die Wörter in den Muttersprachen heißen, um die TN für die muttersprachlichen Wörter zu sensibilisieren – der Grund dafür ist, dass Ihre TN es wahrscheinlich nicht gewohnt sind, zu übersetzen. Die Aufforderung, Wörter in der Muttersprache aufzuschreiben, erfordert also gleich zwei Fähigkeiten: Übersetzen und Schreiben. Starten Sie daher erst einmal mit dem mündlichen Übersetzen.

Danach können Sie gemeinsam mit den TN die muttersprachlichen Wörter an die Tafel schreiben. Zeigen Sie insbesondere, dass man dafür die muttersprachliche Schrift nicht kennen muss.

Manchen TN hilft es, diese Aufgabe als Hausaufgabe zu machen. Mitunter helfen dann Familienmitglieder bei der Übersetzung und/oder dem Aufschreiben. Dadurch können kontrastive Lernerfolge wirksam werden, die im Kurs nicht geleistet werden können, da Sie als LP nicht alle Sprachen beherrschen können.

TN, die sich gegen die Übersetzung sperren, sollten Sie nicht drängen.

weitere Übungen sowie eine Aufgabe zum Alphabet

Mithilfe des Bilderpools und der Vorlage in Kapitel C können Sie sich weitere Aufgaben dieses Typs erstellen.

Deutsch: Gabel, Löffel, Pfanne, Topf, Tisch

Aufgabe 11	Methode: SM

Silbenpuzzle: Die TN setzen die Silben zu einem sinnvollen Wort zusammen.

Voraussetzung ist, dass die Wörter, die gepuzzelt werden sollen, aus dem Unterricht bekannt sind.	weitere Übungen ▶PL_KapD_Silbenpuzzle
Das Zusammensetzen der Silben kann in beide Richtungen erfolgen (entweder werden Silben zu einem Wort zusammengesetzt oder ein Wort wird in seine einzelnen Silben zerlegt).	
Diese Übung lässt sich auch mit einem selbst gebastelten Silbenpuzzle (möglichst fester Karton oder laminiertes Papier) üben. Die TN können allein, in Partner- oder in Gruppenarbeit zusammengesetzte, längere Wörter in Silben schneiden und anschließend wieder zusammensetzen oder bereits zerschnittene Silben einfach zusammenpuzzeln.	
Sehr sinnvoll ist diese Übung gerade bei längeren Wörtern oder Komposita und für TN, die immer wieder einzelne Silben eines Wortes auslassen.	

Küche, Töpfe, Leute, Kaffee

Aufgabe 12	Methode: PH

Hörübung: Lassen Sie die Silben zunächst vorlesen, um sicherzugehen, dass den TN bewusst ist, welche Laute sich hinter den Buchstaben „verbergen". Dann sprechen Sie eine Silbe mehrfach vor und die TN kreuzen diejenige an, die sie gehört haben.

Sie sollten die einzelnen Laute vorher eingeführt und mit den TN geübt haben. Falls das Ankreuzen nicht sofort klappt, können Sie die Silbenpaare auch an die Tafel schreiben. Sie nennen jeweils eine Silbe, und die TN entscheiden, welche sie gehört haben.	39
Ähnliche Übungen können Sie auch im Plenum an der Tafel machen und dabei jedem einzelnen TN genau solche Laute zur Differenzierung geben, die ihm schwerfallen (▶PH).	Mithilfe der Vorlage in Kapitel C können Sie sich weitere Aufgaben dieses Typs erstellen. Weitere Übungsblätter dieses Typs mit muttersprachenspezifischen Übungen finden Sie auf der Plattform ▶PL_KapB_muttersprachenspezifische Hörübungen.

1. le, 2. mu, 3. qua, 4. hä, 5. wi, 6. schei, 7. sö, 8. schü

Aufgabe 13

Preise: Sie können diese Aufgabe im Plenum lösen lassen, indem Sie zu jedem Produkt fragen, was es wohl kostet. Wenn verschiedene TN unterschiedliche Preise nennen, so sollte jeder auch einen anderen Preis in die Aufgabe eintragen. Damit lernen die TN auch, dass es manchmal unterschiedliche richtige Lösungen gibt.

Die Textaufgaben können eventuell nicht von allen TN alleine gelesen werden. Sie können die Aufgaben auch vorlesen, von der CD abspielen oder in Kleingruppen bearbeiten lassen. In jeder Kleingruppe sollte ein TN die Aufgabe lesen können.

Bereiten Sie die Textaufgaben zunächst mündlich an einem Beispiel vor. Dazu eignen sich Prospekte, die die TN mitbringen. Sie können sie Einkaufslisten erstellen lassen und die Preise zusammenrechnen lassen. Sie können hier mündlich das Wort *Stück* einführen.

Beachten Sie, dass die Grundrechenarten nicht vorausgesetzt werden können. Prüfen Sie zunächst, ob die Zahlen bekannt sind. Lassen Sie dann verschiedene Rechenaufgaben lösen. Manche TN können zwar beim Einkauf problemlos einzelne Preise zusammenrechnen oder ausrechnen, wie viel Rückgeld sie bei einem Einkauf erhalten müssen, sind jedoch mit abstrakten Aufgaben wie 50 – 13 = ? überfordert.

Sie können den TN Fragen zum Gehörten stellen: „Wer spricht? Wo befinden sich die Leute? Was möchten die Leute haben? Was antworten die Leute?" Danach können die TN die Rollen der Sprecher einnehmen und die Dialoge in ähnlicher Form nachsprechen.

gehört zu ▶PL_Kap05_Auf13

weitere Übungen

Aufgabe 14

Singular und Plural: Die TN sollen den Unterschied zwischen Singular und Plural erkennen und die Wörter entsprechend in die Tabelle eintragen. Hier ist insbesondere (bei einigen Wörtern) der Vokalwechsel (Plural mit Umlaut) zu thematisieren.

Beachten Sie, dass manche Sprachen (wie das Arabische) nicht nur zwischen Singular und Plural, sondern zwischen Singular, Dual und Plural unterscheiden.

Singular und Plural
Zum Üben der Pluralbildung finden Sie weitere Wörter in Aufgabe 9.

weitere Übungen

Aufgabe 15   Methode: LS

Lesetext mit Aufgabe und Hörtext: Die TN sollen die Geschichte zunächst nur hören und auf Grundlage des Bildes das Gehörte verstehen. Anschließend beantworten sie schriftliche Fragen zum Text, indem sie die richtigen Antworten zuordnen.

Lesetexte dieser Art sollten vorentlastet werden: (a) Erklärung des unbekannten Wortschatzes anhand des Bildes, (b) mündliches Erzählen der Geschichte, (c) Vorlesen der Geschichte. Die Übung ist in erster Linie zur Erweiterung des mündlichen Wortschatzes geeignet. Der Umgang mit unbekannten Wörtern und Buchstaben über das Einzelwort hinaus wird geübt. Lassen Sie Ihre TN erzählen, welche Dinge auf dem Bild sie bereits kennen, benennen und ggf. auch schon schreiben können. Sehr fortgeschrittene TN können den Text nach dem Hören und Bearbeiten auch selbstständig lesen bzw. vorlesen. Die Geschichte kann anschließend frei weitererzählt werden. Weitere Hinweise zum Unterrichtsablauf sowie zum Kontext der Geschichte: ▶LS.

Konjugation von *ist/sind*

Lesetext

Dialog zum Bildimpuls

Sie finden das Bild im A4-Format auf der Plattform, sodass Sie es auf Folie ziehen und im Kurs zunächst mündlich besprechen können (Bildimpuls).

Den Dialogtext zum Bild sowie weiterführende Aufgaben finden Sie ebenfalls auf der Plattform.

Kapitel 6 – Wohnen

Folgende Wörter begegnen Ihnen in diesem Kapitel, die nichts oder nur mittelbar mit dem Thema *Wohnen* oder mit dem Einrichten der Wohnung zu tun haben: *Beruf, Geburtsdatum, Geburtsort, Herkunftsland, Jahr, lesen, Monat, Muttersprache, Name, Tag, Vorname* sowie aus dem Lesetext (Aufgabe 11): *Arbeit, Familie, gut/besser gehen, kochen, (sich) legen, liegen, spielen, Tee, zusammen*. Lernwort, d. h. ein Wort, das aufgrund seiner besonderen Rechtschreibung zunächst als Ganzwort gelernt wird, ist in diesem Kapitel *Toilette*.

Die Präpositionen *auf, in, im, neben, unter* werden als semantischer Wortschatz gelernt, nicht als grammatisches Phänomen, das einen bestimmten Kasus erfordert.

Aufgabe 1 — Methode: SM

Wort-Bild-Zuordnung: Die TN wählen das zutreffende Wort aus (sinnentnehmendes Lesen) und schreiben es unter die Bilder. Das Malen der Silbenbogen hilft beim Schreiben und Lesen der Wörter.

Bei dieser Übung kann neben dem Wortschatz und den neuen Buchstaben das Prinzip des Ausschlussverfahrens und die Arbeitsstrategie des Wegstreichens bereits verwendeter Wörter geübt werden. Die Wörter können zuvor mit dem beweglichen Alphabet (▶MT) geschrieben werden.

Zusätzlich kann das Lesen der Wörter laut geübt werden.

weitere Übungen

Mithilfe des Bilderpools und der Vorlage in Kapitel C können Sie sich weitere Aufgaben dieses Typs erstellen.

Sofa, Tisch, Tür, Schrank, Heizung, Stuhl, Bett, Herd, Lampe

Aufgabe 2 — Methoden: PH, SM

Lange und kurze Vokale: Die TN sollen die Wörter in die Tabelle eintragen und dabei unterscheiden, ob der Vokal lang oder kurz ist.

Hilfreich ist es, wenn die Wörter zunächst gemeinsam und laut gelesen sowie geklatscht werden (▶SM). Als zusätzliche Hilfe bietet es sich an, die Konsonanten nach dem Vokal zu zählen. Bei zwei oder mehr Konsonanten wird die Silbe kurz gesprochen. Diese Übung können Sie alternativ auch an der Tafel oder als Hördiktat durchführen.

42

weitere Übungen

kurz: Treppe, Zimmer, Keller, Bett, Sessel
lang: Sofa, lesen, Ofen, Boden, Regal

Aufgabe 3 — Methode: SM

Silbentabelle: Die TN sollen die Tabelle ausfüllen, indem sie neue Silben aus den Buchstaben, die sich im jeweiligen Tabellenfeld treffen, bilden. Sie sollen zunächst die Silben, dann die Wörter unter der Tabelle laut vorlesen und schließlich die Lautkombinationen *ah, eh, oh* und *uh* in den Wörtern unterstreichen.

weitere Übungen

wah, weh, woh, wuh, fah, feh, foh, fuh, stah, steh, stoh, stuh
w*oh*nen, W*oh*nung, W*oh*nzimmer, f*ah*ren, St*uh*l, F*ah*rstuhl, Fern*seh*er, fern*seh*en

Didaktisierung der Kursbuchaufgaben **6**

Aufgabe 4 — Methoden: PH, SM

Silbenbogen: Die TN sollen die Wörter mit dem Dehnungs-*h* lesen.

Weisen Sie Ihre TN darauf hin, dass dieses *h* nicht gesprochen wird, sondern den Vokal „lang macht". In der Übung 2 gab es auch lange Vokale ohne Dehnungs-*h*. Das Dehnungs-*h* kann auch immer zusammen mit einem Vokal gelernt werden (*ah, oh* usw.).

 43

 weitere Übungen

Aufgabe 5

Lücken füllen: Es werden die Wörter *auf, unter* und *neben* in die Lücken eingetragen. Es soll die semantische Verwendung der Präpositionen geübt werden. Der Artikel ist bereits vorgegeben und muss nicht thematisiert werden.

Sie können die Präpositionen mündlich einführen, indem Sie Ihre TN fragen, wo bestimmte Dinge im Klassenraum liegen. Die TN können sich dann gegenseitig Fragen nach der Position von Dingen im Klassenraum stellen.

Wenn Sie erklären wollen, weshalb der Artikel sich ändert, dann können Sie ein entsprechendes Schema an die Tafel malen und erklären: „Normalerweise heißt es: *der Tisch*. Doch (in unseren Sätzen) mit den Präpositionen verändert es sich: *neben dem Tisch*" usw.

Wenn Sie TN im Kurs haben, die dieses Phänomen üben möchten, dann finden Sie auf der Plattform ein entsprechendes Arbeitsblatt.

weitere Übungen

1. neben, 2. auf, 3. auf, 4. neben, 5. unter

Aufgabe 6

Zuordnungsübung: Die TN wählen das zutreffende Wort aus und schreiben es in das Feld. Hierbei ordnen sie anhand der Möbel den einzelnen Räumen die Bezeichnung zu.

Vor oder nach dieser Aufgabe können Sie die TN bitten, ihre eigene Wohnung zu zeichnen. Ihre TN können sich gegenseitig Fragen stellen: „Wo ist Ihr/dein Bett?", „Wo ist Ihre/deine Küche?", „Haben Sie/Hast du ein Wohnzimmer?" usw. Einen Grundriss finden Sie auf der Plattform. Falls Ihre TN nicht gerne malen, können Sie auch Möbel aus Werbeprospekten ausschneiden und in den Grundriss kleben lassen.

 Grundriss zum Einzeichnen der eigenen Möbel

1. Kinderzimmer, 2. Küche, 3. Wohnzimmer, 4. Toilette, 5. Badezimmer, 6. Schlafzimmer

Aufgabe 7

Komposita: Die TN sollen Wörter mit der Endung *-zimmer* bilden. Dabei setzen sie an das erste abgedruckte Wort (z. B. *Kinder-*) das zweite Wort *-zimmer*.

Diese Aufgabe schließt sich an Aufgabe 6 an. Erst wenn Sie über den abgebildeten Grundriss gesprochen sowie die einzelnen Zimmer benannt haben, sollten sich Ihre TN mit dem grammatischen Phänomen der Wortzusammensetzung/-bildung beschäftigen.

 Komposita bilden

 Grundriss zum Einzeichnen der eigenen Möbel

Kinderzimmer, Wohnzimmer, Schlafzimmer, Badezimmer

Aufgabe 8

Fragen beantworten: Die TN sollen die Fragen zu ihrer Wohnung schriftlich beantworten. Ob in einem ganzen Satz (*Ich wohne im 3. Stock.*) oder einem korrekten elliptischen Satz (*im 3. Stock*), bleibt dem TN überlassen. Korrigiert werden sollten aber ungrammatische Konstruktionen (**3. Stock wohne*).

Falls diese Übungsform noch zu schwer ist, können Sie die Fragen auch laut vorlesen und zunächst mündlich beantworten lassen. Erst wenn die Fragen gut verstanden wurden, können Ihre TN versuchen, eine Antwort zu schreiben. Je nachdem, wie schwer sich ein TN mit der Beantwortung tut, kann auch eine ungrammatische Antwort lobend stehen gelassen werden. Entscheidend ist dann, dass Sie anhand der Antwort erkennen können, ob die Frage vom TN überhaupt verstanden wurde. So können Sie die Anforderungen dieser Aufgabe von TN zu TN unterschiedlich hoch stecken (Binnendifferenzierung).

Die Hörübung enthält eine aufgesprochene Arbeitsanweisung und eignet sich daher besonders gut als Hausaufgabe.

(G) Fragesätze, Fragewörter

44

Aufgabe 9

Formular: Die TN sollen das Formular mit ihren eigenen persönlichen Angaben ausfüllen.

Diese Übung dient nicht nur dem Arbeiten mit einer Tabelle und dem Schreiben in Spalten, sondern ist auch für den Alltag Ihrer TN sehr wichtig. Sie müssen auf Ämtern, beim Arzt, bei der Bank oder bei der Anmeldung ihrer Kinder (Schule und Kindergarten) immer wieder solche oder ähnliche Formulare ausfüllen. Das Ausfüllen sollten Sie sehr häufig üben, ggf. können Sie auch echte Formulare mitbringen lassen und gemeinsam ausfüllen.

weitere Übungen mit verschiedenen Formularvarianten

Aufgabe 10

Abkürzungen: Die TN sollen das ausgeschriebene Wort und seine Abkürzung miteinander verbinden.

Die gängigen Abkürzungen in Formularen sollen eingeübt und als Wortschatz trainiert werden. Diese Übung dient u. a. dazu, das Ausfüllen von Unterlagen und Formularen transparenter zu machen. Das Ziel sollte sein, dass Ihre TN in der Lage sind, solche Formulare selbstständig auszufüllen.

weitere Übungen

Adresse – Adr., Straße – Str., Postleitzahl – PLZ, Geburtsort – Geb. Ort, Geburtsdatum – Geb. Dat., Tag Tag. Monat Monat. Jahr Jahr Jahr Jahr – TT.MM.JJJJ

6 Didaktisierung der Kursbuchaufgaben

Aufgabe 11 — Methode: LS

Lesetext mit Aufgabe und Hörtext: Die TN sollen die Geschichte zunächst nur hören und auf Grundlage des Bildes das Gehörte verstehen. Anschließend beantworten sie schriftliche Fragen zum Text, indem sie die richtigen Antworten zuordnen.

Lassen Sie den Text entsprechend den methodischen Hinweisen (▶LS) bearbeiten: Wortschatzarbeit anhand des Bildes, Erzählen und Vorlesen der Geschichte durch die LP, Verständnissicherung durch Aufgaben, selbstständiges Lesen.

Im Zusammenhang mit dieser Übung können Sie noch einmal Fragen zur Wohnsituation Ihrer TN stellen. Auch ein Gespräch über Mietpreise, gute oder schlechte Wohngegenden, Erfahrungen mit Vermietern usw. bietet sich an.

(G) Komposita, Präpositionen

Lesetext 45

Dialog zum Bildimpuls PL 8

Sie finden das Bild in A4-Format auf der Plattform, sodass Sie es auf Folie ziehen und im Kurs zunächst mündlich besprechen können (Bildimpuls).

Den Dialogtext zum Bild finden Sie ebenfalls auf der Plattform.

Kapitel 7 – Krank sein

Folgende Wörter begegnen Ihnen in diesem Kapitel im Lesetext (Aufgabe 13), die nichts oder nur mittelbar mit dem Thema *Krank sein* zu tun haben: *besuchen, Fußball, lachen, Lehrerin*.

Aufgabe 1 — Methode: PH

Buchstabenergänzung: Die TN sollen die fehlenden Anfangsbuchstaben eintragen. Da die Wörter noch unbekannt sind, müssen sie von der LP vorgesprochen oder von der CD abgespielt werden.

Die Bilder *Husten* und *Schnupfen* werden in Kombination für das Wort *Erkältung* verwendet.

Ähnliche Übungen sind auch als Buchstabenpuzzle möglich.

weitere Übungen, sofern Übungsbedarf auf Buchstaben- und Silbenebene besteht

zur Herstellung eines Buchstabenpuzzles
▶ PL_KapD_Buchstabenpuzzle

Mithilfe des Bilderpools und der Vorlage in Kapitel C können Sie sich weitere Aufgaben dieses Typs erstellen.

der **S**chnupfen, der **H**usten, die **E**rkältung, die **W**unde, die **L**äuse, das **F**ieber

Aufgabe 2 — Methode: SM

Silbenpuzzle: Die TN setzen die Silben zu einem sinnvollen Wort zusammen.

Bastelvorlage für Silbenpuzzles
▶ PL_KapD_Silbenpuzzle

Mithilfe der Vorlage in Kapitel C können Sie sich weitere Aufgaben dieses Typs erstellen.

Wunde, Schnupfen, Fieber, Grippe, Husten, Läuse

Aufgabe 3

Komposita: Die TN sollen Wörter mit der Endung *-schmerzen* bilden. Dabei setzen sie das abgebildete Körperteil (z. B. *Kopf*) mit der Endung *-schmerzen* zusammen.

Besprechen Sie zunächst mündlich die verschiedenen Schmerzen, die man haben kann. Dazu eignet sich eine Gesprächsrunde. Fragen Sie, wie es Ihren TN geht, und erzählen Sie von sich (z. B.: „Ich habe heute Kopfschmerzen."). Zeigen Sie dann Wortschatzkarten mit Personen, die Beschwerden haben (oder stellen Sie diese entsprechend pantomimisch dar) und fragen Sie: „Welche Schmerzen / Was hat die Person (habe ich)?" Diese Struktur wird in Aufgabe 4 näher geübt.

Natürlich kann diese mündliche Wortschatzübung variiert werden. Sie können auch nach Körperteilen fragen („Wo tut es weh?") oder nach Erkrankungen. Die TN können sich auch gegenseitig befragen und/oder die Erkrankungen pantomimisch darstellen.

Wenn gewünscht, können Sie auch den Unterschied zwischen Bauchschmerzen und Magenschmerzen thematisieren.

G Wortbildung: Komposita mit *-schmerzen*

weitere Übungen

Bastelvorlage für Silbenpuzzles
▶ PL_KapD_Silbenpuzzle_Komposita

Kopfschmerzen, Bauchschmerzen, Rückenschmerzen, Halsschmerzen, Zahnschmerzen

Aufgabe 4

Konjugation: Die TN schreiben die Verbformen in die Lücken.

Führen Sie zunächst die Verbformen von *haben* ein. Sie können die Konjugationsformen mündlich üben, indem Sie Bilder mit den Krankheiten verteilen. Sie fragen: „Was haben Sie?" Die TN antworten zunächst in der *Ich*-Form. Dann fragen Sie nach den anderen Personen: „Was hat er/sie/der Mann/die Frau/*Name des TN*? Was haben wir? Was haben sie?"

(G) Konjugation von *haben*

Übungsvorlage zur Konjugation von *haben* sowie weitere Übungen zur Konjugation

1. habe, 2. hat, 3. haben, 4. hat, 5. hast, 6. hat, 7. hat

Aufgabe 5 — Methode: PH

Wort-Bild-Zuordnung: Die TN lesen die Wörter und schreiben sie unter die Bilder.

Besprechen Sie zunächst noch einmal, mit welchen Krankheiten man zu welchen Ärzten geht (Hausarzt, Augenarzt …). Machen Sie den TN hierbei bewusst, dass viele Fachärzte durch die Zusammensetzung mit dem Wort *-arzt* gebildet werden. Nützlich für Ihre TN ist der Hinweis, dass anstelle von *Hausarzt* auch der Begriff *Allgemeinarzt* üblich ist.

Thematisieren Sie anhand der Bilder auch die weibliche Form auf *-in* (z. B. *Kinderärztin*) sowie die international bekannte, wenn auch in Deutschland eher regional verbreitete Allgemeinbezeichnung *Doktor* (für *Arzt*): „Ich bin krank. Ich gehe zum Doktor."

weitere Übungen

Mithilfe des Bilderpools und der Vorlage in Kapitel C können Sie sich auch weitere Aufgaben dieses Typs erstellen.

Kinderärztin, Frauenarzt, Hausarzt, Augenarzt, Zahnarzt, HNO-Ärztin

Aufgabe 6

Zuordnungsübung: Die TN ordnen den Bildern das richtige Wort zu. Sie können das falsche Wort durchstreichen und das richtige Wort einkreisen.

Wiederholen Sie zunächst den Wortschatz und lesen Sie bei Bedarf die Wörter gemeinsam mit den TN.

der Schnupfen, die Kinderärztin, die Kopfschmerzen, krank, der Zahnarzt, die Medizin

Aufgabe 7

Multiple-Choice: Die TN lesen die Aufgabe und die vorgegebenen Lösungen und kreuzen die richtige Lösung an. Es sollte darauf geachtet werden, dass das Kreuz direkt auf den Buchstaben (*a*, *b* oder *c*) gesetzt wird. Mit dieser Aufgabe werden typische Aufgabentypen in Lehrbüchern und Prüfungsverfahren angebahnt.

Sie können diesen Aufgabentyp zunächst an der Tafel üben, indem Sie ähnliche Aufgaben an die Tafel schreiben und einzelne TN die Lösung an der Tafel machen lassen.

weitere Übungsformen von Multiple-Choice, die häufig in Einstufungstests zur Anwendung kommen.

Mithilfe des Bilderpools und der Vorlage in Kapitel C können Sie sich weitere Aufgaben dieses Typs erstellen.

1c, 2a, 3b, 4a, 5b

Aufgabe 8 — Methode: RG

Silbentabelle: Die TN sollen die beiden Buchstaben, die sich im jeweiligen Tabellenfeld treffen, nebeneinanderschreiben und dann als Silbe vorlesen.

In dieser Aufgabe wird der Buchstabe *z* noch einmal gesondert geübt.

Die Hörübung enthält eine aufgesprochene Arbeitsanweisung und eignet sich daher besonders gut als Hausaufgabe. Folgende Silben werden auf der CD diktiert: *sa, zu, schau, eis, sche, zi, ti, es, osch, za.*

46

Weitere Übungen zum Buchstaben *z* finden Sie auf der Plattform dieses Kapitels sowie im Kapitel A.

za, ze, zei, zau, sa, se, sei, sau, scha, sche, schei, schau

Aufgabe 9

Wörterrätsel: Die Buchstaben der Wörter sind in der falschen Reihenfolge oder komplett durcheinandergeraten. Die TN sollen versuchen, die Wörter zu erlesen, und sie dann richtig aufschreiben.

Die gesuchten Wörter sollten den TN bekannt sein. Falls Ihre TN solch eine Aufgabe zum ersten Mal machen, sollten Sie diesen Aufgabentyp zuvor mit anderen bekannten Wörtern an der Tafel üben.

weitere Übungen

Augenarzt, Husten, Schmerzen, Erkältung, Schnupfen

Aufgabe 10

Multiple-Choice: Die TN lesen die Aufgabe und die vorgegebenen Lösungen und kreuzen die richtige Lösung an. Es sollte darauf geachtet werden, dass das Kreuz direkt auf den Buchstaben (*a, b* oder *c*) gesetzt wird. Mit dieser Aufgabe werden typische Aufgabentypen in Lehrbüchern und Prüfungsverfahren angebahnt.

Besprechen Sie zunächst im Kurs, was im Einzelnen getan werden muss, um einen Arztbesuch vorzubereiten (hier geht man normalerweise in die Praxis, in manchen anderen Ländern sind Hausbesuche üblich) und was in der Regel dorthin mitgenommen werden muss. Thematisieren Sie das Vereinbaren von Terminen (nicht in allen Ländern ist eine Terminvereinbarung üblich) ebenso wie das Prinzip der offenen Sprechstunde. Klären Sie mündlich Begriffe wie *Versichertenkärtchen* (bzw. *Karte der Krankenkasse*), *Praxisgebühr*, *Überweisung*, *Rezept*, *Krankschreibung für den Arbeitgeber* sowie die Tatsache, dass einige Medikamente (z. B. Antibiotika) nur mit Rezept erhältlich sind. Es kann auch auf Rechte und Pflichten im Zusammenhang mit Ärzten hingewiesen werden (z. B. ärztliche Schweigepflicht).

Die Bildergeschichte eignet sich, um mündliche Kommunikation im Zusammenhang mit einem Arztbesuch zu üben: einen Termin am Telefon vereinbaren, an die Anmeldung kommen, im Sprechzimmer mit dem Arzt kommunizieren. Sie können auch Rollenspiele durchführen lassen.

Zum Auffinden von Ärzten in Branchenverzeichnissen können Sie an dieser Stelle das Alphabet mit seinen Buchstabennamen und in seiner Reihenfolge einführen.

weiterführende Übungen zur alphabetischen Suche von Ärzten in Branchenverzeichnissen sowie die Bildergeschichte *Arztbesuch*.

siehe auch Kommentar zu Aufgabe 7

Mithilfe des Bilderpools und der Vorlage in Kapitel C können Sie sich weitere Aufgaben dieses Typs erstellen.

1b, 2a, 3c, 4b

Didaktisierung der Kursbuchaufgaben 7

Aufgabe 11 — Methode: MT

Wortstellung: Die Wörter stehen in der falschen Reihenfolge und müssen zu einem korrekten Satz entsprechend dem syntaktischen Schema „Pronomen + Verb + Artikel + Nomen" geordnet werden.
Die Zahl wird als Artikel behandelt und grammatikalisch nicht näher unterschieden.

Sie können vorher die Wortarten wiederholen. Dabei bietet es sich an, schon die in der Aufgabe vorkommenden Wörter zu verwenden.	(G) Wortarten und Wortstellung 47 weitere Übungen, auch zur tabellarischen Zuordnung dieser Wörter zu den Wortarten, als Vorübung

1. Ich habe einen Termin. 2. Ich habe eine Überweisung. 3. Ich bezahle 10 Euro. 4. Ich brauche eine Krankschreibung.

Aufgabe 12 — Methoden: PH, MT

Bilderdiktat: Die TN schreiben die Wörter unter die Bilder.

Sie können die Wörter zuerst an der Tafel üben, indem Sie ein Wort anschreiben und lesen lassen. Klappen Sie die Tafel dann zu und bitten Sie die TN, das Wort ins Heft zu schreiben. Verfahren Sie so mit allen Wörtern. Die geschriebenen Wörter können dann von der wieder aufgeklappten Tafel kontrolliert werden. Lassen Sie erst danach die Übung im Buch machen. Besprechen Sie zunächst mündlich, welche Maßnahmen in der Regel beim oder nach dem Arztbesuch ergriffen werden (Spritze, Rezept für Medikamente, Überweisung, Krankenhaus usw.). Thematisieren Sie ausführlich den Apothekenbesuch, das Prinzip von Rezept und Zuzahlung sowie den wichtigen Hinweis auf dem Beipackzettel. Sie können eine Packungsbeilage (z. B. für *Aspirin*) mitbringen und *global* lesen lassen: Wo verbergen sich welche Informationen? Welche davon sind unmittelbar vor der Einnahme wichtig? (Wechselwirkungen, Nebenwirkungen usw.).	48 weitere Übungen Mithilfe des Bilderpools und der Vorlage in Kapitel C können Sie sich weitere Aufgaben dieses Typs erstellen.

die Apotheke, die Praxis, die Tabletten, die Spritze

Aufgabe 13 — Methode: LS

Lesetext mit Aufgabe und Hörtext: Die TN sollen die Geschichte zunächst nur hören und auf Grundlage des Bildes das Gehörte verstehen. Anschließend beantworten sie schriftliche Fragen zum Text, indem sie die richtigen Antworten zuordnen.

Lassen Sie den Text entsprechend den methodischen Hinweisen (▶LS) bearbeiten: Wortschatzarbeit anhand des Bildes, Erzählen und Vorlesen der Geschichte durch die LP, Verständnissicherung durch Aufgaben, selbstständiges Lesen. Thematisieren Sie mündlich auch Formulare, die für einen Krankenhausaufenthalt relevant sind: Anamnesebogen, Aufnahmeformular usw. Der Krankenwagen als Transportmittel kann ebenso besprochen werden wie die Notrufnummern bei Unfällen, das Rufen eines Notarztes usw.	Lesetext 49 Dialog zum Bildimpuls PL 9 Sie finden das Bild in A4-Format auf der Plattform, sodass Sie es auf Folie ziehen und im Kurs zunächst mündlich besprechen können (Bildimpuls). Den Dialogtext zum Bild sowie weiterführende Übungen zu Krankenhausformularen finden Sie ebenfalls auf der Plattform.

Kapitel 8 – Freizeit und Feste

Folgende Wörter begegnen Ihnen in diesem Kapitel, die nichts oder nur mittelbar mit dem Thema *Freizeit* zu tun haben: *Affe, Dose, Euro, Fisch, frühstücken, Fuß, Igel, Lampe, müde, Nase, Regen, Spinne, U-Bahn*.

Aufgabe 1 — Methode: LS

Anbahnung der Buchstabentabelle: Die TN sollen mithilfe der Buchstabentabelle die zugeordneten Buchstaben bzw. Buchstabenkombinationen zu den Bildern finden. Diese Buchstaben (für Anlaut, Inlaut oder Auslaut) schreiben sie dann unter die Bilder im Kursbuch. Zusätzlich notieren sie das neu entstandene Wort noch einmal zusammenhängend auf die darunterstehende Zeile und lesen es laut.

Da die Buchstabentabelle gleichzeitig die Orthografie anbahnt und daher auch verschiedene Aussprachevarianten berücksichtigt, beziehen sich die Merkwörter auch auf Laute im Wort oder am Wortende (z. B. ß in *Fuß*).

Wiederholen Sie mit dieser Übung noch einmal ausführlich die Schreibweise und Aussprache von *sp*. Thematisieren Sie außerdem das lange *ie*, indem Sie darauf hinweisen, dass das *e* nach dem *i* keinen eigenen Lautwert (und daher auch kein Merkbild) hat, sondern nur dazu dient, das *i* zu dehnen.

Führen Sie das *ß* im Gegensatz zu *s* (und ggf. zu *ss*) ein. Arbeiten Sie mit den ersten drei Wörtern aus dem Themengebiet auch intensiv mündlich: „Was kann man alles spielen? Was kann man alles mit Freunden zusammen machen?" – Freunde treffen, zusammen kochen, zusammen essen, zusammen reden, zusammen fernsehen, zusammen ins Kino gehen, zusammen Fußball spielen usw. Lassen Sie Ihre TN die für sie wichtigsten Wörter auswählen und aufschreiben.

weitere Übungen zu den orthografischen Besonderheiten
▶PL_KapA_*(jeweilige Buchstaben)*

Mithilfe des Bilderpools und der Vorlage in Kapitel C können Sie sich weitere Aufgaben dieses Typs erstellen.

F̲isch, R̲egen, E̲uro, N̲ase, D̲ose, müd̲e → Freunde
F̲isch, U̲-Bahn, Fuß̲, B̲all, A̲ffe, L̲ampe, L̲ampe → Fußball
S̲pinne, I̲gel, e̲, L̲ampe, müd̲e, N̲ase → spielen

Aufgabe 2

Zuordnungsübung: Die TN sollen Bild und Wort korrekt miteinander verbinden. Das Wort kann auch noch einmal rechts neben das Bild geschrieben werden.

Besprechen Sie nach der Übung mündlich im Kurs, welche dieser Hobbys Ihre TN ausüben, welche davon ihnen vertraut sind und welche (z. B. aufgrund des kulturellen Hintergrundes) eher befremdlich wirken.

Überlegen Sie außerdem zu jedem Hobby gemeinsam verschiedene Varianten (z. B. *Fußball spielen*: ähnlich gebildet werden auch: *Handball spielen, Volleyball spielen, Kricket spielen, Hockey spielen* usw., ebenso *Geige spielen*: ähnlich gebildet werden auch *Klavier spielen, Gitarre spielen, ein Musikinstrument spielen* usw.). Lassen Sie auch hier die TN den für sie relevanten Wortschatz selbst aufschreiben (ggf. mit Hilfe der Buchstabentabelle).

Sie können eine Fernsehzeitschrift mitbringen und z. B. Fernsehsendungen auswählen, über bekannte Sendungen sprechen und die Uhrzeiten wiederholen.

Thematisieren Sie bei Bedarf auch, ob es in den Heimatländern bestimmte Kleidungsvorschriften für die Freizeitgestaltung gibt, die sich von denen in Deutschland unterscheiden (z. B. das Tragen von Freizeitkleidung in Restaurants).

In der Reihenfolge der Bilder: Fußball spielen, Freunde treffen, grillen, tanzen, fernsehen, Geige spielen, Fahrrad fahren, spazieren gehen

Didaktisierung der Kursbuchaufgaben 8

Aufgabe 3 — Methode: SM

Silbenpuzzle: Die TN setzen die Silben zu einem sinnvollen Wort zusammen.

Die Lösungswörter in dieser Aufgabe gehören bis auf zwei alle zum bereits eingeführten Wortschatz. Bevor Sie die Aufgabe bearbeiten lassen, sollten Sie mündlich die Begriffe *Ferien, Freizeit, Hobby* und *Urlaub* im Kurs thematisieren.

Silbenpuzzles können auch in Partner- oder Gruppenarbeit gemeinsam gespielt werden.

Sehr sinnvoll ist diese Übung gerade bei längeren Wörtern oder Komposita und für TN, die immer wieder einzelne Silben eines Wortes auslassen. Das Zusammensetzen der Silben kann in beide Richtungen gehen (entweder werden Silben zu einem Wort zusammengesetzt oder ein Wort wird in seine einzelnen Silben zerlegt).

Bastelanleitung zum Silbenpuzzle
▶PL_KapD_Silbenpuzzle

Mithilfe der Vorlage in Kapitel C können Sie sich weitere Aufgaben dieses Typs erstellen.

Freizeit, schwimmen, Freunde, Hobby, Urlaub, spielen, tanzen

Aufgabe 4 — Methode: LS

Wörter korrigieren: Die TN sollen zunächst die Bilder erkennen und die dargestellten Freizeitaktivitäten mündlich benennen. Anschließend sollen sie das danebenstehende Wort auf Fehler untersuchen, es durchstreichen und die korrekte Version des Wortes darunterschreiben.

Vorbereitend sollten mündlich noch einmal die bereits eingeführten Hobbys und Freizeitaktivitäten wiederholt und bei Bedarf auch geschrieben werden. Formulierungen wie *Ich spiele Fußball. Er macht Sport. Sie fährt Fahrrad.* usw. sowie ihre Verneinung können ebenfalls noch einmal aufgegriffen werden.

Mit dieser Aufgabe wird gleichzeitig das strategische Korrigieren geübt und damit die eigenständige Arbeit angebahnt.

50

weitere Übungen

Fußball spielen, fernsehen, Karten spielen, Sport machen, Fahrrad fahren

Aufgabe 5 — Methode: PH

Hörübung: Sprechen Sie eine der Silben vor und die TN kreuzen diejenige an, die sie gehört haben.

Hier wird insbesondere das korrekte Wahrnehmen der Diphthonge (*au, ei, eu*) geübt. Daran anschließend eignet sich ein Diktat mit ähnlichen Silben und Wörtern, die diese Diphthonge enthalten.

51

Mithilfe der Vorlage in Kapitel C können Sie sich weitere Aufgaben dieses Typs erstellen.

1. meu, 2. la, 3. gau, 4. ein, 5. zo, 6. fei, 7. scheu, 8. ru

Aufgabe 6 — Methode: RG

Bildwörterbuch: Links wird das deutsche, rechts das muttersprachliche Wort geschrieben (z. B. in lateinischen Buchstaben). Diese Übung eignet sich als HA für TN, die es im Unterricht nicht schreiben können oder möchten.

Erklären Sie anhand der Bilder (▶PL_KapE_Bilderpool oder ▶PL_KapD_Anleitung_Bildkarten) die Begriffe und fragen Sie nach den Wörtern in der Muttersprache. Sie können diese Aufgabe gut für die mündliche Kommunikation nutzen. Die TN können darüber berichten, wie diese Tage in ihrer Heimat begangen werden und wie sie sie evtl. in Deutschland erlebt haben.

Sie können an dieser Stelle auch weitere Feste thematisieren: Weihnachten, Ostern, Silvester, Nikolaus, Fasching und die Taufe. Auch hier können Sie kontrastiv arbeiten und fragen, ob es diese Feste auch in der Heimat Ihrer TN gibt und welche Feste in der Heimat wichtig sind.

Mithilfe des Bilderpools und der Vorlage in Kapitel C können Sie sich weitere Aufgaben dieses Typs erstellen.

Deutsch: Geburt, Geburtstag, Beerdigung, Hochzeit

Aufgabe 7 — Methode: SM

Silbentabelle: Die TN sollen die beiden Buchstaben, die sich im jeweiligen Tabellenfeld treffen, nebeneinanderschreiben und dann als Silbe laut vorlesen.

Hier werden *eu* und *ie* noch einmal besonders geübt.

 zum Übungsblatt auf der PL
PL 10

 weitere Übungen, siehe auch ▶PL_KapA_eu und ▶PL_KapA_Orthografie

spa, spie, speu, sa, sie, seu, scha, schie, scheu

Aufgabe 8

Verneinung mit *nicht*: Die TN sollen den vorgegebenen Satz in seiner gegenteiligen Form aufschreiben, indem sie das Wort *nicht* an der richtigen Stelle einfügen.

Erläutern Sie mündlich die Verneinung mit dem Wort *nicht* und führen Sie in Vorbereitung auf die Aufgabe mündliche Formulierungsübungen durch. Beginnen Sie zunächst mit der einfachen Verbform – z. B. *Er malt. Er malt nicht.* (wie in der Aufgabe im Kursbuch). Bei fortgeschrittenen TN können Sie dann Elemente wie *oft, gern, sehr gern* hinzufügen (schriftliche Übungen dazu finden Sie auf der Plattform). Besprechen Sie, was Ihre TN mögen / nicht mögen, machen / nicht machen, (sehr) gern machen / nicht gern machen, oft machen / nicht oft machen. Hier bieten sich kleine Dialoge mit fest vorgegebenen Redemitteln an.

G Verneinung mit *nicht*
Wortstellung
Konjugation

52

 weitere Übungen zur Verneinung

1. Er malt nicht. 2. Ich lese nicht. 3. Wir singen nicht. 4. Du spielst nicht. 5. Sie reisen nicht.

Aufgabe 9 — Methoden: PH, MT

Bilderdiktat: Die TN schreiben die Wörter aus dem Gedächtnis unter die Bilder.

Wiederholen Sie vorher noch einmal mündlich die betreffenden Hobbys.

Lassen Sie Ihre TN nach der Aufgabe mündlich eigene Sätze bilden, in denen die Aktivitäten vorkommen, und achten Sie auf das richtige Verb und die richtige Konjugation.

Thematisieren Sie an dieser Stelle bei Bedarf kurz die beiden verschiedenen Formen *Fahrrad fahren* und *Rad fahren* sowie ggf. noch einmal orthografische Besonderheiten (*sp, ß,* Dehnungs-*h*).

weitere Übungen

Mithilfe des Bilderpools und der Vorlage in Kapitel C können Sie sich weitere Aufgaben dieses Typs erstellen.

Freunde treffen, Geige spielen, Fahrrad fahren, lesen, Fußball spielen, ins Kino gehen, schwimmen, Musik hören

Aufgabe 10 — Methode: MM

Konjugation: Die TN schreiben die konjugierten Formen der Verben in die Felder.

Lassen Sie Ihre TN im Anschluss an die Aufgabe die jeweiligen Sätze mündlich mit anderen Personen neu bilden. Geben Sie bei Bedarf diese Personen vor, z. B. *Tina geht spazieren. – Wir gehen spazieren.* Weisen Sie insbesondere noch einmal auf den Vokalwechsel in den Verben *fahren, treffen* und *lesen* hin.

(G) Konjugation

weitere Übungen

1. geh|t, 2. schwimm|t, 3. treff|en, 4. les|e, 5. fähr|t, 6. geh|t, 7. spiel|st, 8. spiel|en

Aufgabe 11

Lücken füllen: Die TN sollen entscheiden, welches Verb passt, und dieses dann in seiner Grundform (Infinitiv) in die Lücke eintragen.

Führen Sie vorbereitend die Wochentage mündlich und schriftlich ein. Führen Sie mündlich kleine Dialoge durch, in denen sich die TN darüber austauschen, an welchem Wochentag sie welche Termine und Pläne haben. Sie sollen sich außerdem für das Wochenende miteinander verabreden und sich auf eine gemeinsame Aktivität einigen. Wiederholen Sie bei Bedarf noch einmal Datum und Uhrzeit und geben Sie geeignete Redemittel (z. B. „Ich möchte …") vor, sodass die Absprachen auch konkreter werden können.

weitere Übungen

1. gehen, 2. fahren, 3. spielen, 4. machen, 5. spielen, 6. gehen, 7. gehen, 8. machen

Aufgabe 12	Methode: LS

Lesetext mit Aufgabe und Hörtext: Die TN sollen die Geschichte zunächst nur hören und auf Grundlage des Bildes das Gehörte verstehen. Anschließend beantworten sie schriftliche Fragen zum Text, indem sie die richtigen Antworten zuordnen.

Lassen Sie den Text entsprechend den methodischen Hinweisen (▶**LS**) bearbeiten: Wortschatzarbeit anhand des Bildes, Erzählen und Vorlesen der Geschichte durch die LP, Verständnissicherung durch Aufgaben, selbstständiges Lesen. Üben Sie mit Ihren TN noch einmal mündlich das Formulieren von Wünschen mit „Ich möchte …".

 Lesetext
53

 Dialog zum Bildimpuls
PL 11

Sie finden das Bild in A4-Format auf der Plattform, sodass Sie es auf Folie ziehen und im Kurs zunächst mündlich besprechen können (Bildimpuls).

Den Dialogtext zum Bild, weiterführende Übungen sowie Aufgaben zur Fortsetzung der Thematik finden Sie ebenfalls auf der Plattform.

Kapitel 9 – Kleidung

Folgende Wörter begegnen Ihnen in diesem Kapitel, die nichts oder nur mittelbar mit dem Thema *Kleidung* zu tun haben: *heiß, Tisch.*

Aufgabe 1   Methode: PH

Wort-Bild-Zuordnung: Die TN lesen die Wörter und schreiben sie unterhalb der Bilder auf die Linien.

Unbekannte Kleidungsstücke müssen zunächst eingeführt werden.

Sie sollten vorher den unbestimmten Artikel (*ein/eine*) wiederholen bzw. einführen. Dabei ist zu beachten, dass auch ein Plural vorkommt. Der Artikel fällt hier weg.

Der unbestimmte Artikel in dieser Aufgabe soll als Vorentlastung von Aufgabe 2 thematisiert werden.

 unbestimmter Artikel

weitere Übungen
Mithilfe des Bilderpools und der Vorlage in Kapitel C können Sie sich weitere Aufgaben dieses Typs erstellen. Lassen Sie zur Übung von *ck* auch das Arbeitsblatt aus Kapitel A bearbeiten
▶**PL_KapA_Orthografie.**

das Hemd, ein Hemd; die Hose, eine Hose; die Socken, Socken; der Rock, ein Rock; der Mantel, ein Mantel; die Bluse, eine Bluse; der Schal, ein Schal; die Jacke, eine Jacke; der Schlafanzug, ein Schlafanzug

Aufgabe 2

Verneinung mit *kein/keine*: Diese Aufgabe ist sehr komplex: Der abgebildete Begriff soll geschrieben werden und danach ein Antwortsatz mit der Verneinung durch *kein/keine*. Da viele TN dazu neigen, den korrekten Begriff zu nennen, statt über den Umweg des verneinenden Satzes zu gehen, gibt es auch die Möglichkeit, den bejahten Satz aufzuschreiben.

Insbesondere muss der Zusammenhang von *ein – kein* und *eine – keine* erklärt und geübt werden.

 Verneinung mit *kein/keine*

54

 weitere Übungen

1. ein Schal – Nein, das ist kein Schlafanzug. Das ist ein Schal. 2. eine Jacke – Nein, das ist kein Mantel. Das ist eine Jacke. 3. ein Rock – Nein, das ist kein Hemd. Das ist ein Rock. 4. ein Hemd – Nein, das ist keine Hose. Das ist ein Hemd. 5. eine Bluse – Nein, das ist kein Kleid. Das ist eine Bluse. 6. eine Hose – Nein, das ist kein Schal. Das ist eine Hose.

Aufgabe 3	Methoden: PH, MT

Bilderdiktat: Die TN schreiben die Farbadjektive aus dem Gedächtnis unter die Bilder. Die Linien helfen, die Anzahl der Laute (= Anzahl der Linien) zu erkennen. Die kurzen Linien stehen für einen Laut/Buchstaben, auf die langen Linien werden Laut-/Buchstabenkombinationen (*au, sch*) geschrieben.

Die Farben werden zunächst im Plenum eingeführt. Dazu können Farbkleckse auf Papier vorbereitet sein oder die Farben von Gegenständen im Raum benannt werden.

Bei Durchführung des Bilderdiktates können die Farbadjektive noch an der Tafel stehen – zum Abschreiben, sie können als unbekanntes Diktat ins Buch geschrieben werden oder schon vorher als unbekanntes Diktat ins Heft geschrieben worden sein.

Sie können hier das Wortartsymbol „orangefarbenes Dreieck" für das Adjektiv einführen.

(G) Farbadjektive

Mithilfe des Bilderpools und der Vorlage in Kapitel C können Sie sich weitere Aufgaben dieses Typs erstellen.

schwarz, rot, grün, blau, gelb, weiß, lila, grau, braun

Aufgabe 4	Methode: PH

Buchstabenergänzung: Die TN sollen die fehlenden Buchstaben eintragen. Die Wörter müssen bekannt sein oder werden von der LP vorgesprochen.

Üben Sie vorher mit anderen Wörtern an der Tafel und lassen Sie Vokale oder Konsonanten ergänzen. Die Begriffe *Vokal* und *Konsonant* sollten im Laufe des Kurses erklärt werden.

Erklären und üben Sie den Aufbau einer Silbe mit dem Silbenschieber (Konsonant + Vokal = offene Silbe, Konsonant + Vokal + Konsonant = geschlossene Silbe) (▶SM).

weitere Übungen

bl<u>au</u>, Ro<u>ck</u>, weiß, k<u>au</u>fen, lila, gr<u>au</u>, So<u>ck</u>en, K<u>au</u>fh<u>au</u>s, Ja<u>ck</u>e, groß, br<u>au</u>n, Hem<u>d</u>

Aufgabe 5	Methode: MT

Nomen, Verben und Adjektive: Die Wörter werden nach Wortarten in die Tabelle eingetragen. Danach werden die Symbole über die Wörter in den Sätzen gemalt.

(G) Wortarten

weitere Übungen

Mithilfe der Vorlage in Kapitel D können Sie Satzstreifen für einfache Sätze selbst gestalten ▶PL_KapD_Satzstreifen.

Nomen: Hose, Kleid, Socken, Hemd, Schuhe, Bluse; *Verben:* kaufen, tragen, sind, ist; *Adjektive:* blau, grün, schwarz, rot, weiß, braun

Didaktisierung der Kursbuchaufgaben **9**

Aufgabe 6 — Methode: MT

Wortstellung mit Wortartsymbolen: Die Wörter sollen zu einem Satz geordnet werden. Die Wortartsymbole helfen bei der Strukturierung. Sie können die Symbole auch zunächst über die ungeordneten Wörter malen lassen.

Als Schnell-Leseübung zu zweit können Sie die Wörter auf Papierstreifen austeilen. Ein TN deckt ein Wort für wenige Sekunden auf und deckt es danach gleich wieder zu. Der andere TN soll versuchen, das Wort in dieser kurzen Zeit zu lesen. Wenn alle TN diese Wörter schnell erkennen, dann lassen Sie diese Wörter in ganzen Sätzen lesen.

Sie können die Satzstreifen aber auch zerschneiden und als Einzelwörter an die TN austeilen. Die TN sollen nun in Partnerarbeit sinnvolle Sätze legen. Die Wortartsymbole werden zusätzlich über jeden Satz gelegt.

Die Hose ist gelb. Das Hemd ist rot. Die Socken sind weiß. Die Jacke ist schwarz.

weitere Übungen

Mithilfe der Vorlage in Kapitel D können Sie Satzstreifen für einfache Sätze selbst gestalten
▶PL_KapD_Satzstreifen.

Aufgabe 7 — Methode: MT

Wortstellung: Es soll jeweils aus dem Nomen und dem Adjektiv ein ganzer Satz gebildet werden, d. h., Ihre TN sollen das Verb *ist* an der richtigen Stelle ergänzen.

Diese Aufgabe schließt an die vorherige Aufgabe an.

Zusätzlich können die TN Kleidungsstücke nach Diktat ausmalen. Sie diktieren z. B.: „Die Hose ist blau." Die TN malen die Hose blau an usw.

weitere Übungen sowie eine Vorlage zum Ausmalen von Kleidungsstücken

Die Hose ist blau. Der Rock ist lila. Die Jacke ist braun. Das Hemd ist blau (oder: hellblau). Das Kleid ist gelb.
In den Sätzen bleibt die Reihenfolge der Wortartsymbole immer gleich, also wie im Beispiel.

Aufgabe 8 — Methode: RG

Bildwörterbuch: Die TN sollen die Kleidungsstücke farbig anmalen und dann zu jedem Bild links einen Satz auf Deutsch, rechts denselben Satz in der Muttersprache schreiben (z. B. in lateinischen Buchstaben).

Mit dieser Übung können die syntaktischen Strukturen der Muttersprache und des Deutschen verglichen werden: „Gibt es einen Artikel? Verändert sich das Adjektiv? Gleicht sich die Reihenfolge der Wörter im Satz?" (▶RG)

(G) Wortstellung

Mithilfe des Bilderpools und der Vorlage in Kapitel C können Sie sich weitere Aufgaben dieses Typs erstellen.

Aufgabe 9

Zuordnungsübung: Die TN sollen aus der Liste oberhalb anhand der Bilder und vorgegebenen Adjektive jeweils das richtige Gegenteil in die rechte Spalte eintragen.

Zur Vorbereitung der Übung können Sie mündlich mit den Teilnehmern noch einmal verschiedene Adjektive besprechen, die im Zusammenhang mit Kleidung bzw. dem Kauf von Kleidung relevant sein können.

Nach der Übung können mündlich auch andere Gegenteile thematisiert werden, die für das Themengebiet eine Rolle spielen, z. B. *dunkel/hell, schön/hässlich, freundlich/unfreundlich, dick/dünn, weich/rau, dick/schlank* sowie Synonyme zu den zuvor eingeführten Adjektiven (z. B. *billig – günstig – preiswert*).

Sie können hier auch die Verwendung des Wortes *zu* einführen: *Das Hemd ist zu groß. Die Hose ist zu eng. Das Hemd ist zu weit.*

groß – klein, kurz – lang, eng – weit, teuer – billig, alt – neu

Aufgabe 10 — Methode: MT

Zuordnungsübung: Die TN sollen bei jedem Satz entscheiden, welches Adjektiv semantisch passt. Dieses Adjektiv soll dann in die Zeile eingetragen werden.

Lassen Sie die Adjektive zunächst laut vorlesen und besprechen Sie die Bedeutung ausführlich: „Was bedeuten sie? Gibt es ein Gegenteil?"

In der Übung sollte deutlich werden, dass es Adjektive gibt, die häufig für den Bereich *Kleidung* verwendet werden, und Adjektive, die man eher in anderen Kontexten findet. Thematisieren Sie bei der Besprechung der Lösung mündlich auch solche anderen Kontexte: „Die Bluse kann nicht freundlich sein. Aber wer oder was kann freundlich sein? / Das Kleid kann nicht hart sein. Aber wer oder was kann hart sein?" usw.

Die Übung ist zudem eine gute Gelegenheit, noch einmal die Wortartsymbole (▶MT) zu wiederholen und Syntaxübungen mit demselben Satzschema mündlich an der Tafel durchzuführen. Hierzu können Sie die Symbole an die Tafel schreiben, und die TN sollen Sätze bilden, indem sie jeweils einen Artikel, ein passendes Nomen, *ist* oder *sind* sowie ein passendes Adjektiv darunterschreiben.

Ⓖ Adjektive und Wortstellung

55

1. Die Bluse ist billig. 2. Das Kleid ist teuer. 3. Der Mantel ist warm. 4. Der Schlafanzug ist lang. 5. Die Hose ist blau.

Aufgabe 11 — Methode: LS

Lesetext mit Aufgabe und Hörtext: Die TN sollen die Geschichte zunächst nur hören und auf Grundlage des Bildes das Gehörte verstehen. Anschließend beantworten sie schriftliche Fragen zum Text, indem sie die richtigen Antworten zuordnen.

Lassen Sie den Text entsprechend den methodischen Hinweisen (▶LS) bearbeiten: Wortschatzarbeit anhand des Bildes, Erzählen und Vorlesen der Geschichte durch die LP, Verständnissicherung durch Aufgaben, selbstständiges Lesen.

Im Zusammenhang mit dieser Übung können Sie mit Ihren TN über das Einkaufen von Kleidung sprechen. Wo gehen Ihre TN einkaufen? Mit wem gehen sie einkaufen? Welche Kleidung und welche Farben bevorzugen Ihre TN? Welche Kleidung trägt man in den Herkunftsländern? Welche Unterschiede gibt es?

Lesetext
56

Dialog zum Bildimpuls
PL 12

🖱 Sie finden das Bild in A4-Format auf der Plattform, sodass Sie es auf Folie ziehen und im Kurs zunächst mündlich besprechen können (Bildimpuls).

Kapitel 10 – Jahreszeiten und Wetter

Folgende Wörter begegnen Ihnen in diesem Kapitel, die nichts oder nur mittelbar mit dem Thema *Jahreszeiten und Wetter* zu tun haben: *Deutschland* sowie aus dem Lesetext (Aufgabe 13): *Bild, einen Film schauen, Fußball, Garten, rufen, sagen, schwimmen, sich langweilen, spazieren gehen, spielen, Urlaub.*

Aufgabe 1 — Methode: PH

Wort-Bild-Zuordnung: Die TN lesen die Wörter und schreiben sie unterhalb der Bilder auf die Linien.

Beachten Sie, dass die Bilder *Wind* und *Sturm* sehr ähnlich sind. Sie unterscheiden sich durch den stärkeren Angriff auf die Bäume. Darüber können Sie auch den Unterschied zwischen den beiden Bedeutungen klar machen. Das Bild *Schnee* könnte auch für *Winter* eingesetzt werden; jedoch sollte immer klar sein, um welches Phänomen es gerade geht. Im Kursbuch gibt es daher zwei verschiedene bildliche Darstellungen für *Winter* und *Schnee*.

Anhand des Titelbildes, das Sie als Bildimpuls auf der Plattform finden, können Sie auch besprechen, welches Wetter in Deutschland zu verschiedenen Jahreszeiten üblicherweise vorherrscht. Nehmen Sie auch landeskundliche bzw. kulturkontrastive Vergleiche vor: Wie ist das Wetter in den Heimatländern der TN? Gibt es Schnee? Gibt es oft Stürme? Führen Sie hierzu geeignete Redemittel ein: „Wie ist das Wetter heute? Wie ist das Wetter in Ihrem Heimatland?"

Sie können auch darlegen, dass das Wetter häufig als Einstieg in ein Gespräch verwendet wird.

weitere Übungen

Mithilfe des Bilderpools und der Vorlage in Kapitel C können Sie sich weitere Aufgaben dieses Typs erstellen.

der Schnee, das Gewitter, der Wind, der Sturm, die Wolke, das Glatteis

Aufgabe 2 — Methode: SM

Silben ergänzen: Die TN sollen im ersten Teil der Aufgabe die richtige Anfangssilbe finden und die falsche Silbe durchstreichen. Im zweiten Teil müssen sie die richtige Endsilbe finden und die falsche durchstreichen.

Mit dieser Übung können Sie das genaue Lesen, die richtige Schreibweise und das genaue Aussprechen von Silben trainieren. Wichtig ist, dass die Wörter bereits bekannt sind und sowohl gelesen als auch gesprochen und geschrieben wurden. Zur Lösung der Aufgabe müssen Ihre TN die Silben sehr genau lesen, um dann zu entscheiden, wie das Wort richtig geschrieben wird. Bitten Sie die TN, die Silben auch laut zu sprechen, um so noch einmal die genaue Aussprache zu üben.

Anhand des Bildimpulses auf der Plattform können Sie hier kurz die verschiedenen Jahreszeiten mündlich thematisieren. Ausführlichere Übungen zu den Jahreszeiten folgen später in diesem Kapitel.

weitere Übungen

Regen, Sonne, Nebel, Winter, Sommer, Frühling, Wolke, Glatteis

Aufgabe 3

Kreuzworträtsel: Die TN sollen zu den Bildern die richtigen Wörter entweder waagerecht oder senkrecht in die Buchstabenkästchen eintragen.

Im Kreuzworträtsel gibt es keine Definitionen zu den Wörtern, sondern Bilder. Die Schwierigkeit für die TN liegt darin, dass sie jeden einzelnen Buchstaben in ein Feld eintragen müssen (dabei werden die einzelnen Laute des Diphthongs *ei* und der Buchstabenkombinationen *st, nn* getrennt geschrieben).

Wenn das senkrechte und waagerechte Schreiben der Wörter noch zu schwierig ist, setzen Sie das entsprechende Arbeitsblatt zur Anbahnung von Kreuzworträtseln ein.

Arbeitsblatt zur Anbahnung von Kreuzworträtseln (dem waagerechten und senkrechten Schreiben von Wörtern)

waagerecht: 3 = Sommer, 4 = Winter, 5 = Schnee, 7 = Regen, 8 = Glatteis;
senkrecht: 1 = Wolke, 2 = Gewitter, 3 = Sonne, 5 = Sturm, 6 = Herbst; Lösungswort: Wetter

Aufgabe 4 — Methode: MT

Nomen und Verben: Die TN malen die Wortartsymbole über die Wörter und schreiben die Wörter dann in die Tabelle.

Zur Erinnerung an die Unterscheidung von Nomen und Verben können Sie zunächst mündlich wiederholen: „Was sind Verben?" und „Was sind Nomen?" sowie „Ist das ein Verb oder ein Nomen?" Hierzu nennen Sie je ein Wort, und die TN sollen sagen, ob es sich um ein Verb oder ein Nomen handelt.

In dieser Aufgabe kann thematisiert werden, dass ein ähnliches Wort als Nomen und als Verb auftreten kann. Hier eignen sich auch Übungen der Morphemmethode ▶PL_Kap10_Auf04.

Lassen Sie die TN mit den Wörtern dann auch Sätze mündlich selbst bilden. Sie können hierzu die Bildkarten (▶Kapitel D) verwenden.

Sammeln Sie die selbst gebildeten Sätze an der Tafel oder formulieren Sie einfache Sätze für die Tafel (z. B. *Der Regen ist kalt/gut. Es regnet. Der Schnee ist weiß/kalt/schön. Es schneit. Die Sonne scheint. Es donnert und es blitzt bei Gewitter.*). Lassen Sie dann die TN die Wortartsymbole oberhalb der Wörter im Satz an der Tafel ergänzen (entweder durch Malen oder mit magnetischen Moosgummi-Symbolen ▶MT). Mit dieser Übung wird auch die nächste Aufgabe vorbereitet.

(G) Nomen und Verben unterscheiden

weitere Übungen

Bildkarten zu den Wetterphänomenen
▶PL_KapD_Anleitung_Bildkarten

Nomen: Schnee, Wind, Regen, Sonne, Donner, Blitz; *Verben:* schneit, regnet, stürmen, scheint, donnern, blitzen

Aufgabe 5 — Methode: MT

Nomen, Verben und Adjektive: Die TN malen die Wortartsymbole über die Wörter im Satz.

Wiederholen Sie zunächst noch einmal, was ein Adjektiv ist.

Beachten Sie: Pronomen und Artikel sind in den Sätzen bereits vorgegeben (= markiert mit Symbolen), da sonst zu viele Wortarten gleichzeitig bestimmt werden müssten. Alle Informationen zu den Wortartsymbolen sowie eine Übersicht finden Sie im Methodenhandbuch unter ▶MT.

(G) Nomen, Verben und Adjektive unterscheiden

weitere Übungen

1. Der *(hellblaues Dreieck)* Regen *(schwarzes Dreieck)* ist *(roter Kreis)* nass *(orangefarbenes Dreieck)*. 2. Es *(lila Dreieck)* regnet *(roter Kreis)*. 3. Der *(hellblaues Dreieck)* Schnee *(schwarzes Dreieck)* ist *(roter Kreis)* kalt *(orangefarbenes Dreieck)*. 4. Es *(lila Dreieck)* schneit *(roter Kreis)*. 5. Der *(hellblaues Dreieck)* Blitz *(schwarzes Dreieck)* ist *(roter Kreis)* hell *(orangefarbenes Dreieck)*. 6. Es *(lila Dreieck)* blitzt *(roter Kreis)*. 7. Der *(hellblaues Dreieck)* Donner *(schwarzes Dreieck)* ist *(roter Kreis)* laut *(orangefarbenes Dreieck)*. 8. Es *(lila Dreieck)* donnert *(roter Kreis)*.

Didaktisierung der Kursbuchaufgaben

Aufgabe 6

Fragen beantworten: Die Fragen sollen schriftlich beantwortet werden. Ob in einem ganzen Satz (*Das Wetter ist schön.*) oder einem korrekten elliptischen Satz (*schön*), bleibt dem TN überlassen. Korrigiert werden sollten aber ungrammatische Konstruktionen (**ist schön*).

Die Fragen sollten zunächst auf Grundlage der vorangegangenen Aufgaben mündlich beantwortet werden. Hierzu können Sie auch kurze Dialoge mit den TN anleiten.

Die Dialoge auf der CD geben verschiedene Antwortmöglichkeiten vor. Lassen Sie die Dialoge nachsprechen. Die TN können nach jedem Dialog mit eigenen Worten sagen, was sie gehört haben. Thematisieren Sie hier auch kurz die korrekte Präposition im Hinblick auf Monate und Jahreszeiten: *im* Januar, *im* August, *im* Sommer, *im* Frühling usw. Aus interkultureller Sicht bietet es sich hier zudem an, zu erläutern, dass das Reden über das Wetter in Deutschland häufig auch eine Small-Talk-Funktion erfüllt.

Die Hörübung enthält eine aufgesprochene Arbeitsanweisung und eignet sich daher besonders gut als Hausaufgabe.

57 + 58

weitere Übungen

Aufgabe 7 — Methode: SM

Wörter zweifarbig schreiben: Die TN schreiben die Silben der vorgegebenen Wörter in zwei verschiedenen Farben.

Die TN sollen die einzelnen Silben und die Silbengrenzen erkennen. Dazu können Sie die Wochentage bei Bedarf auch gemeinsam laut sprechen und klatschen lassen. Anschließend schreiben die TN die Wörter in zwei Farben, d. h., sie wechseln den Stift, wenn die eine Silbe endet und eine neue Silbe beginnt. Durch den Stiftwechsel werden die Pause bzw. der Neuansatz beim Sprechen nachgeahmt. Das anschließende Lesen der Wörter wird durch die Zweifarbigkeit erleichtert.

weitere Übungen

Mithilfe der Vorlage in Kapitel C können Sie sich weitere Aufgaben dieses Typs erstellen.

Mon-tag, Diens-tag, Mitt-woch, Don-ners-tag, Frei-tag, Sams-tag, Sonn-tag

Aufgabe 8

Wochentage: Die fehlenden Wochentage auf dem Kalenderblatt sollen in die richtigen Spalten eingetragen werden.

Hier kann eine inhaltliche Frage vorangestellt werden, z. B.: „Welcher Tag ist heute?"

Ziel dieser Übung ist der Umgang mit einem Kalender sowie das Schreiben der Wochentage. Zusätzlich müssen die Wochentage noch in eine Tabelle eingetragen werden. Dafür sollten die Wochentage mündlich bekannt und auch bereits geschrieben worden sein. Ebenso sollten Sie mit Ihren TN über die Reihenfolge der Wochentage und den Aufbau eines Kalenders gesprochen haben. Dazu bietet es sich an, einen aktuellen Kalender im Klassenraum aufzuhängen und daran das jeweilige Datum und den Wochentag zu üben. Auch Termine wie Geburtstage oder Ferien können in den Kalender eingetragen werden.

Sie können mithilfe eines Kalenders auch dialogisch die Wochentage und das Datum (inklusive Ordnungszahlen) üben: „Was für ein Tag ist der 4. Januar?" – „Der 4. Januar ist ein Montag." / „Was für ein Tag ist der 28. Januar?" – „Der 28. Januar ist ein Donnerstag."

Montag, Dienstag, Mittwoch, Donnerstag, Freitag, Samstag, Sonntag

Aufgabe 9

Zuordnungsübung: Die TN sollen die Monate sortieren und dann auf der rechten Seite auf die Linien hinter die entsprechenden Ordnungszahlen schreiben.

Vgl. hierzu auch Aufgabe 7 (*Wörter zweifarbig schreiben*) sowie die dazugehörige Plattform-Aufgabe (*Silbenpuzzle* zu den Monaten ▶PL_Kap10_Auf07). Zur Förderung der Ganzworterfassung beim Lesen der Monate bietet sich eine Schnell-Leseübung (▶PL_Kap10_Auf06) an.

Sie können diese Aufgabe außerdem nutzen, um mit den TN das Datum auch mit den dazugehörigen Ordnungszahlen mündlich zu üben: *Heute ist der 1. März. / Heute ist der 1.3.* oder *Mein Geburtstag ist am 23. August. / Mein Geburtstag ist am 23.8.*

Für die schriftliche Übung empfiehlt sich z. B. ein Kurzdiktat, bei dem das Datum entweder mit dem Monat oder mit der Ordnungszahl diktiert und in der jeweils anderen Version notiert werden muss: *Heute ist der 15. August.* (diktiert) – *Heute ist der 15.8.* (vom TN geschrieben). Lassen Sie die TN auch das Wort *Datum* häufig lesen und schreiben, da es ihnen im Alltag oft begegnet.

 Sie können die richtige Reihenfolge der Monate auch von der CD vorspielen (entweder nur die Monate oder als ganze Sätze mit der jeweiligen Ordnungszahl).

weitere Übungen

1. Januar, 2. Februar, 3. März, 4. April, 5. Mai, 6. Juni, 7. Juli, 8. August, 9. September, 10. Oktober, 11. November, 12. Dezember

Aufgabe 10

Lücken füllen: Die TN sollen die obenstehenden Wörter in die Lücken eintragen.

Die Zahlenverhältnisse lassen sich gut anhand des Jahreskreises mit der Jahreskette veranschaulichen (▶MT). Die TN lernen dabei das Jahr in einem Zyklus sowie die Monate und Jahreszeiten kennen, verknüpfen diese symbolisch mit Farben (siehe auch Bildimpuls zu Kapitel 10), und die Tage des Jahres lassen sich in Form von Perlen auf einer Schnur einzeln benennen und mit wichtigen Ereignissen belegen (Geburtstage, Festtage). TN ohne Schulerfahrung können so wichtige Grundlagen nachholen; für fortgeschrittene TN kann die Veranschaulichung vor allem als Mnemotechnik für den Wortschatz dienen.

Vorbereitend auf die Übung sollten Singular und Plural der Wörter *Jahr, Monat, Woche* und *Tag* geübt werden. Thematisieren Sie bei Bedarf auch den Begriff *Frühjahr* als Alternative zu *Frühling*.

Üben Sie mit den TN, einen Kalender richtig zu lesen (Monate, Wochen, Wochentage, Datum) und weisen Sie die Monate ihren Jahreszeiten zu.

Mit sehr fortgeschrittenen TN können Sie mündlich auch die verschiedenen Temperaturen zu den Jahreszeiten thematisieren. So können noch einmal Zahlen wiederholt und ggf. ein Thermometer gelesen werden: *Wie warm/kalt ist es? Wie ist die Temperatur? Es ist 18 Grad. Es ist minus ein Grad / ein Grad unter Null. Es ist plus vier Grad / vier Grad über Null.*

1. Jahr, 2. Wochen, 3. Woche, 4. Tage, 5. Tag

Aufgabe 11 — Methode: RG

Bildwörterbuch: Links wird das deutsche, rechts das muttersprachliche Wort geschrieben (z. B. in lateinischen Buchstaben).

Vorher sollten Sie danach fragen, wie die Wörter in den Muttersprachen heißen, um die TN für die muttersprachlichen Wörter zu sensibilisieren.

Danach können Sie gemeinsam mit den TN die muttersprachlichen Wörter an die Tafel schreiben. Zeigen Sie insbesondere, dass man dafür die muttersprachliche Schrift nicht kennen muss. TN, die sich gegen die Übersetzung sperren, sollten Sie nicht drängen.

weitere Übungen

Arbeitsblätter zu Nomen und Verben im Hinblick auf Wortfamilien in verschiedenen Sprachen ▶**PL_KapB_RG_Wortfamilien**

Mithilfe des Bilderpools und der Vorlage in Kapitel C können Sie sich weitere Aufgaben dieses Typs erstellen.

Deutsch: Gewitter, Nebel, Regen, Schnee, Sonne

Aufgabe 12 — Methode: SM

Silbentabelle: Die TN sollen die beiden Buchstaben, die sich im jeweiligen Tabellenfeld treffen, nebeneinanderschreiben und dann als Silbe laut vorlesen.

weitere Übungen

ja, ju, jau, sa, su, sau, la, lu, lau

Aufgabe 13 — Methode: LS

Lesetext mit Aufgabe und Hörtext: Die TN sollen die Geschichte zunächst nur hören und auf Grundlage des Bildes das Gehörte verstehen. Anschließend beantworten sie schriftliche Fragen zum Text, indem sie die richtigen Antworten zuordnen.

Lassen Sie den Text entsprechend den methodischen Hinweisen (▶**LS**) bearbeiten: Wortschatzarbeit anhand des Bildes, Erzählen und Vorlesen der Geschichte durch die LP, Verständnissicherung durch Aufgaben, selbstständiges Lesen.

Im Rahmen dieser Übung bietet es sich an, anschließend mit den TN ins Gespräch darüber zu kommen, welche Jahreszeiten und welches Wetter sie gern oder gar nicht mögen. Aus kulturkontrastiver Sicht ist es – ggf. im Zusammenhang mit Aufgabe 11 – auch interessant zu erfahren, welches Wetter und welche Temperaturen im Heimatland zu welcher Jahreszeit herrschen. In einigen Ländern und Kulturen wird Regen z. B. nicht als schlechtes Wetter, sondern als sehr positiv empfunden.

Wenn Sie Kapitel 8 bereits bearbeitet haben, können sich Ihre TN auch mündlich darüber austauschen, welche Hobbys und Sportarten sie zu welcher Jahreszeit ausüben (können) und welche Feiertage in welche Jahreszeit fallen. Hierzu ist der unpersönliche Ausdruck *man kann* hilfreich: „Man kann im Sommer Fußball spielen. Man kann im Februar Fasching feiern."

Lesetext
61

Dialog zum Bildimpuls
PL 13

Das Bild in A4-Format kann auf Folie gezogen werden, um es im Kurs zunächst mündlich besprechen zu können (Bildimpuls).

Den Dialogtext zum Bild finden Sie ebenfalls auf der Plattform.

Kapitel 11 – Arbeit

Folgende Wörter begegnen Ihnen in diesem Kapitel, die nichts oder nur mittelbar mit dem Thema *Arbeit* zu tun haben: *Auto, Briefe, Brot, Brötchen, Essen, Geburtsdatum, Haare, Hausnummer, Kinder, Kleider, Leute, morgen, Muttersprache, Name, Ort, Pakete, Papier, Patient(en), PLZ (Postleitzahl), Schüler, Straße, Suppe, Vorname* sowie aus dem Lesetext (Aufgabe 14): *Abendbrot, am Tisch, aufstehen, dafür, das stimmt, erzählen, essen, Fenster, früh, früher, Kuchen, lecker, leider, Medizin, morgens, sagen, schon, sitzen, später, Tür, um wie viel Uhr, vielleicht, wollen*.

Aufgabe 1 — Methode: PH

Wort-Bild-Zuordnung: Die TN lesen die Wörter und schreiben sie unterhalb der Bilder auf die Linien.

Bei dieser Übung kann neben dem Wortschatz und den neuen Buchstaben das Prinzip des Ausschlussverfahrens sowie die Lern- bzw. Arbeitsstrategie des Wegstreichens bereits verwendeter Wörter geübt werden.

Der Gebrauch von *Schreiner* und *Tischler* ist regional unterschiedlich. Sollten Sie also in einer Region unterrichten, in der der Begriff *Tischler* gebräuchlich ist, so sollten Sie diesen auch einführen. Wenn Sie in einer Region unterrichten, in der die Berufsbezeichnung *Metzger* statt *Fleischer* oder *Schreiner* statt *Tischler* gebräuchlich ist, dann sind diese Wörter für Ihre TN nicht offensichtlich als Ableitungen erkennbar, denn sie erkennen in der Regel *Schrein* und *Metz* nicht. Trotzdem sollten sie die *-er*-Endung erkennen können und deshalb auch diese Wörter wie die anderen analysieren. Sollten die TN nach den Stämmen fragen, können Sie erklären, dass es sich um veraltete/ungebräuchliche Wörter handelt.

weitere Übungen

der Arzt, die Kellnerin, der Bäcker, der Schreiner, die Küchenhilfe, die Frisörin, der Schneider

Aufgabe 2 — Methode: SM

Silbentabelle: Die TN sollen aus den Lauten Silben bilden und diese in die freien Felder der Tabelle schreiben. Anschließend sollen die TN die Silben lesen und dann die Umlaute in den Wörtern unter der Tabelle unterstreichen.

Nachdem die TN selbst Silben mit den Umlauten gebildet haben, sollen sie diese lesen und dabei die korrekte Aussprache üben. Anschließend sollen sie die Umlaute in den Wörtern unterstreichen.

weitere Übungen

Mithilfe der Vorlage in Kapitel C können Sie sich weitere Aufgaben dieses Typs erstellen.

bä, bö, bü, kä, kö, kü, nä, nö, nü

Aufgabe 3

Zuordnungsübung: Die TN sollen die männliche und die weibliche Form einander zuordnen.

Mithilfe dieser Übung können Sie danach das Tabellenschreiben üben: Die TN sollen eine zweispaltige Tabelle ins Heft malen und die Wörter dort hineinschreiben. Die männliche und die weibliche Form sollen dabei in einer Zeile stehen. Das Prinzip dieser Aufgabe sollte zuvor an der Tafel durchgenommen werden.

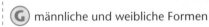

männliche und weibliche Formen

weitere Übungen

Schreiner – Schreinerin, Arzt – Ärztin, Lehrer – Lehrerin, Koch – Köchin, Schneider – Schneiderin, Mechaniker – Mechanikerin, Bäcker – Bäckerin, Frisör – Frisörin, Sachbearbeiter – Sachbearbeiterin

Didaktisierung der Kursbuchaufgaben **11**

Aufgabe 4 — Methode: MM

Berufsbezeichnungen: Die männliche und die weibliche Form sollen neben das Bild geschrieben werden.

Beachten Sie, dass auf den Bildern entweder ein Mann oder eine Frau zu sehen ist. Davon muss nun abstrahiert werden.

Es sollte darauf geachtet werden, dass der Artikel dazugeschrieben wird: *der* für die männliche Form und *die* für die weibliche Form.

Sie können hier auch thematisieren, dass in Deutschland die meisten Frauen eine sehr gute Ausbildung haben und viele Frauen studieren. In Deutschland gibt es zudem die Schulpflicht für alle Kinder.

(G) männliche und weibliche Formen

weitere Übungen

der Mechaniker – die Mechanikerin, der Metzger – die Metzgerin, der Schneider – die Schneiderin, der Bäcker – die Bäckerin, der Lehrer – die Lehrerin, der Arzt – die Ärztin, der Schreiner – die Schreinerin

Aufgabe 5 — Methode: MM

Konjugation: Die TN sollen die richtigen Verbformen in die Lücken eintragen.

Die Konjugation sollte zunächst noch einmal mündlich wiederholt werden. Einige Tätigkeiten dieser Aufgabe können im Vorfeld noch einmal wiederholt und die Verben geschrieben werden. Während der Übung können Sie die TN anleiten, bereits in den Lücken verwendete Wörter im Kasten durchzustreichen. Schwächere TN können sich auf den ersten Block beschränken (*ich, er, sie* Pl.); stärkere TN können die Konjugation in weiteren bzw. allen Personen üben.

(G) Konjugation

62 So können die TN selbst hören und kontrollieren, ob das eingesetzte Verb richtig ist.

weitere Übungen

schneiden: 1. schneid|et, 2. schneid|e, 3. schneid|en; *backen:* 1. back|e, 2. back|t, 3. back|st; *arbeiten:* 1. arbeit|e, 2. arbeit|en, 3. arbeit|est

Aufgabe 6 — Methode: MM

Lücken füllen: Die TN sollen das passende Wort ergänzen.

Die in der Aufgabe vorkommenden Berufe und ihre Tätigkeiten sollten noch einmal mündlich wiederholt werden. Sollte den TN die Aufgabe zu schwer erscheinen, können Sie zunächst auch nur die Sätze herausgreifen, in denen entweder nur das Verb oder nur der Beruf ergänzt werden soll.

weitere Übungen

1. back|t, 2. bring|t, 3. koch|t, 4. untersuch|t, 5. schneid|et, 6. arbeit|et

Aufgabe 7

Multiple-Choice: Die TN betrachten das Bild und lesen die Sätze a-c. Dann soll entschieden werden, welcher der Sätze zu dem Bild passt.

Wenn die TN Schwierigkeiten mit dem Lesen der Sätze haben, können Sie diese auch von CD abspielen lassen. Sie können nach jedem Block pausieren, bis jeder TN sein Kreuz gesetzt hat.

63

 weitere Übungen

1b, 2b, 3c, 4b, 5a

Aufgabe 8

Zuordnungsübung: Die TN sollen dem jeweiligen Beruf aus mehreren Verben die richtige Tätigkeit zuordnen.

Hier stehen mehrere Verben/Tätigkeiten zur Auswahl, die dann richtig zugeordnet werden müssen. Nach der Zuordnung sollten die Verben wie in den Aufgaben 5 und 6 konjugiert werden.

Bäcker – backen, Lehrerin – unterrichten, Schneider – nähen, Reinigungskraft – putzen, Arzt – untersuchen, Mechaniker – reparieren

Aufgabe 9   Methode: MT

Wortstellung: Die Wörter stehen in der falschen Reihenfolge und müssen zu einem korrekten Satz entsprechend dem syntaktischen Schema „Artikel + Nomen + Verb + Nomen" geordnet werden. Die Wortartsymbole dienen als Hilfestellung.

Sie sollten vorher die Wortarten wiederholen. Dabei bietet es sich an, schon die in der Aufgabe vorkommenden Wörter zu verwenden.

Als Schnell-Leseübung zu zweit können Sie die Wörter auf Papierstreifen austeilen. Ein TN deckt ein Wort für wenige Sekunden auf und deckt es danach gleich wieder zu. Der andere TN soll versuchen, das Wort in dieser kurzen Zeit zu lesen. Wenn alle TN diese Wörter schnell erkennen, dann lassen Sie diese Wörter in ganzen Sätzen lesen.

Sie können die Satzstreifen aber auch zerschneiden und als Einzelwörter an die TN austeilen. Die TN sollen nun in Partnerarbeit sinnvolle Sätze legen. Die Wortartsymbole werden zusätzlich über jeden Satz gelegt.

weitere Übungen

Mithilfe der Vorlage in Kapitel D können Sie Satzstreifen für einfache Sätze selbst gestalten ▶**PL_KapD_Satzstreifen**.

1. Der Bäcker backt Brot. 2. Die Lehrerin unterrichtet Schüler. 3. Der Arzt untersucht Patienten. 4. Die Reinigungskraft putzt Büros. 5. Der Schneider näht Kleider. 6. Der Mechaniker repariert Autos.

Didaktisierung der Kursbuchaufgaben

Aufgabe 10

Fragen beantworten: Die Fragen sollen schriftlich beantwortet werden. Ob in einem ganzen Satz (*Der Mechaniker repariert Autos.*) oder einem korrekten elliptischen Satz (*Der Mechaniker.*), bleibt den TN überlassen. Korrigiert werden sollten aber ungrammatische Konstruktionen (**Mechaniker der*).

Falls diese Übungsform noch zu schwer ist, können Sie die Fragen auch laut vorlesen und zunächst mündlich beantworten lassen. Erst wenn die Fragen gut verstanden wurden, können Ihre TN versuchen, eine Antwort zu schreiben. Je nachdem, wie schwer sich ein TN mit der Beantwortung tut, kann auch eine ungrammatische Antwort lobend stehen gelassen werden. Entscheidend ist dann, dass Sie anhand der Antwort erkennen können, ob die Frage vom TN überhaupt verstanden wurde. So können Sie die Anforderungen dieser Aufgabe von TN zu TN unterschiedlich hoch stecken (Binnendifferenzierung).

Die vorletzte Frage leitet über zum Thema *Arbeitsamt*. Hier brauchen Ihre TN nur das Wort *Arbeitsamt* in die Lücke einzutragen. Schreiben Sie es bei Bedarf an die Tafel und erklären Sie die Zusammensetzung (*arbeiten – Amt*). Die letzte Frage ist bereits beantwortet (*Formulare*) und leitet zu Aufgabe 13 über.

Erklären Sie in diesem Zusammenhang auch, wofür das Arbeitsamt oder die Arbeitsagentur zuständig ist, z. B. dass die TN eine Arbeitsgenehmigung benötigen etc.

Aufgabe 11

Formular ausfüllen: Die TN sollen das Formular mit ihren persönlichen Angaben ausfüllen.

Das Ausfüllen des Formulars soll den TN helfen, diese Aufgabe auch in der Realität zu bewältigen. Bei Bedarf können Sie ein solches Formular auch auf Folie ausdrucken und es dann am OHP gemeinsam mit den TN ausfüllen.

weitere Übungen mit unterschiedlichen Formularvarianten

Aufgabe 12   Methode: LS

Lesetext mit Aufgabe und Hörtext: Die TN sollen die Geschichte zunächst nur hören und auf Grundlage des Bildes das Gehörte verstehen. Anschließend beantworten sie schriftliche Fragen zum Text, indem sie die richtigen Antworten zuordnen.

Lassen Sie den Text entsprechend den methodischen Hinweisen (▶LS) bearbeiten: Wortschatzarbeit anhand des Bildes, Erzählen und Vorlesen der Geschichte durch die LP, Verständnissicherung durch Aufgaben, selbstständiges Lesen.

Im Zusammenhang mit dieser Übung bietet es sich an, die TN zu kleinen Dialogen anzuleiten und entsprechende Redemittel zur Verfügung zu stellen: „Haben Sie einen Beruf? Was sind Sie von Beruf?" – „Ich arbeite als … Ich möchte als … arbeiten." Thematisieren Sie mögliche Bildungswege in Deutschland (Ausbildung/Studium). Die Familiensituation der Familie Rabe lädt darüber hinaus zu einem mündlichen Austausch und interkulturellen Vergleich ein: Sind Mütter im Heimatland berufstätig? Welche Berufe haben die TN erst in Deutschland kennengelernt? Welche Berufe ihres Heimatlandes gibt es in Deutschland nicht? Welche Bildungswege stehen offen? Gibt es eine Schulpflicht? usw.

Lesetext
64

Dialog zum Bildimpuls
PL 14

 Sie finden das Bild in A4-Format auf der Plattform, sodass Sie es auf Folie ziehen und im Kurs zunächst mündlich besprechen können (Bildimpuls).

Den Dialogtext zum Bild sowie weiterführende Übungen finden Sie ebenfalls auf der Plattform.

Kapitel 12 – Bank und Post

Aufgabe 1 — Methode: LS

Zuordnungsübung: Die TN sollen das Bild anschauen, dann die Wörter und Sätze lesen und anschließend die richtigen Zahlen eintragen.

Vorbereitend können Sie das Bild auf einer Folie zeigen und die Objekte und Tätigkeiten zunächst mündlich benennen lassen.

Zum Einüben der mündlichen Kommunikation auf der Post können Sie mit Ihren TN anhand des Bildes auch überlegen, wie das Gespräch zwischen dem Postbeamten und Maria ablaufen könnte (Paket aufgeben, Brief frankieren, Briefmarken kaufen, sich über Briefmarken informieren usw.). Mit fortgeschritteneren TN können Sie auch verschiedene Dialoge zum Bild einüben.

Folienvorlage für das Bild (Bildimpuls zu Aufgabe 1)

die Briefmarken = 3, Lena malt ein Bild. = 2, Maria packt ein Paket. = 6, der Briefumschlag = 8, die Stifte = 4, das Paket = 7, der Postbeamte = 5, die Postbank = 1

Aufgabe 2 — Methode: SM

Silbenpuzzle: Die TN setzen die Silben zu einem sinnvollen Wort zusammen.

weitere Übungen

Mithilfe der Vorlage in Kapitel C können Sie sich weitere Aufgaben dieses Typs erstellen.

Postbank, Absender, Briefmarke, Briefkasten, Briefumschlag

Aufgabe 3 — Methode: PH

Wort-Bild-Zuordnung: Die TN lesen die Wörter und schreiben sie unterhalb der Bilder auf die Linien.

weitere Übungen

Mithilfe des Bilderpools und der Vorlage in Kapitel C können Sie sich weitere Aufgaben dieses Typs erstellen.

der Briefumschlag, die Briefmarke, der Briefkasten, der Briefkasten, das Paket, die Adresse, der Brief

Didaktisierung der Kursbuchaufgaben **12**

Aufgabe 4

Komposita bilden: Die passenden Wortteile sollen zusammengesetzt werden.

Die Wortteile können zunächst als Schnell-Leseübung geübt werden: In Partnerarbeit wird ein Wortteil nur kurz aufgedeckt. Der Übungspartner soll dabei das Wort so schnell wie möglich erkennen.

G Komposita

die Wortteile als Vorlage zum Ausschneiden

Briefumschlag, Briefkasten, Briefmarke, Postbank, Postbote

Aufgabe 5

Kreuzworträtsel: Die TN sollen zu den Bildern die richtigen Wörter waagerecht oder senkrecht in die Buchstabenkästchen eintragen.

Das Kreuzworträtsel hat keine Definitionen, sondern Bilder. Die Schwierigkeit für die TN liegt darin, dass sie jeden einzelnen Buchstaben in ein Feld eintragen müssen. Dabei werden die einzelnen Laute des Diphthongs *au* und von Lautkombinationen wie *ie*, *sch*, *ss* (entgegen den PH) getrennt geschrieben. Der Umlaut *ä* wird als solcher geschrieben. Wenn das senkrechte und waagerechte Schreiben der Wörter noch zu schwierig ist, setzen Sie das entsprechende Arbeitsblatt zur Anbahnung von Kreuzworträtseln ein.

Für leistungsstärkere TN finden Sie auch ein Kreuzworträtsel auf der Plattform. Als Anreiz ist dort zusätzlich ein Lösungswort zu finden.

Arbeitsblatt zur Anbahnung von Kreuzworträtseln (dem waagerechten und senkrechten Schreiben von Wörtern) sowie ein weiteres Kreuzworträtsel

1 = Briefkasten, 2 = Briefmarke, 3 = Paket, 4 = Adresse, 5 = Briefumschlag, 6 = Brief

Aufgabe 6

Zuordnungsübung: Die TN sollen zunächst die Abkürzungen den voll ausgeschriebenen Wörtern zuordnen. Anschließend füllen sie das darunterstehende Formular mit ihren persönlichen Angaben aus.

Besprechen Sie zunächst mündlich, was eine Abkürzung ist, und lassen Sie sich – sofern bei den TN bereits bekannt – einige bekannte Abkürzungen nennen. Überlegen Sie dann gemeinsam mündlich, wie man Wörter wie *Straße* oder *Nummer* abkürzen könnte. Lassen Sie im Anschluss an die Übung kurze Dialoge durchführen, in denen die TN gegenseitig die eingetragenen persönlichen Daten aus dem Formular erfragen: *Wie ist Ihre/deine Postleitzahl? Wo wohnen Sie / wohnst du? Wie ist Ihre/deine Telefonnummer?*

weitere Übungen

Str. = Straße, PLZ = Postleitzahl, Nr. = Nummer

Aufgabe 7

Briefe adressieren: Die eigene Adresse soll aufgeschrieben werden. Dann soll die Adresse einer anderen Person aus dem Kurs notiert werden. Dazu ist es nötig, die Adresse zunächst zu erfragen. Da die eigene Adresse zunächst aufgeschrieben wurde, kann diese auch vom jeweils anderen TN abgeschrieben werden.

Sie können Briefumschläge mitbringen und das Adressieren so unmittelbar üben. Dann fällt es den TN leichter, zu verstehen, was wohin geschrieben werden muss. Das Nennen und Aufschreiben der eigenen Adresse (und anderer Daten, die in Formularen abgefragt werden) sollten Sie so oft wie möglich wiederholen.

weitere Übungen

Aufgabe 8 — Methode: MT

Artikel, Nomen und Verben: Die TN sollen die Wortarten der einzelnen Wörter bestimmen und sie in die richtige Tabellenspalte eintragen.

Die Unterscheidung von Artikel, Nomen und Verben sollte zunächst für alle wiederholt werden, ebenso die Symbole der Wortarten (▶MT).

Die TN können die Symbole auch zunächst an der Tafel über die Wörter malen, bevor sie diese in die Tabelle schreiben.

Nach der Tabellen-Übung sollten Sie zur Vorbereitung von Aufgabe 9 mündlich die Konjugation zunächst noch einmal wiederholen und verschiedene Sätze mündlich bilden lassen, bevor die TN die Sätze dann (in Aufgabe 9) aufschreiben. Hierbei müssen ggf. noch mehr Wörter ergänzt werden. Der Artikel im Akkusativ (z. B. *den Brief*) sollte hier korrekt vorgesprochen werden; von den TN muss er jedoch noch nicht beherrscht werden.

Ⓖ Wortarten

 weitere Übungen

Artikel: der, die; *Nomen:* Paket, Post, Mann, Frau, Brief, Briefmarke; *Verben:* bringen, kaufen, schreiben

Aufgabe 9

Konjugation und Wortstellung: Die TN sollen Sätze aus den Wörtern der Aufgabe 8 bilden. Hierbei müssen die Verben entsprechend konjugiert werden.

siehe Aufgabe 8

Ⓖ Konjugation, Wortstellung

 Beispielsätze
65

 Lesetext auf der Plattform
PL 15

 Dialog zum Bildimpuls auf der Plattform
PL 16

 Lesetext mit Aufgaben zum Thema *Post*

Aufgabe 10

Zuordnungsübung: Die TN sollen die Wörter zunächst lesen und anschließend den entsprechenden Bildausschnitten zuordnen. Die Wörter sollen direkt in die Felder geschrieben werden.

In dieser Aufgabe sollen die TN die wichtigsten Wörter für ihre alltäglichen Bankgeschäfte kennenlernen. Besprechen Sie daher zunächst mündlich, was die TN konkret tun, wenn sie Geld benötigen und den Geldautomaten benutzen, wie sie sehen, wie viel Geld auf dem Konto ist usw. Führen Sie mündlich den nötigen Wortschatz ein.

Bringen Sie am besten einen eigenen geschwärzten Kontoauszug oder ein Musterbeispiel aus dem Internet mit in den Kurs und besprechen Sie, wie man diese Kontoauszüge liest. Weisen Sie auch darauf hin, dass Kontoauszüge eine gewisse Zeit aufzuheben sind.

von oben nach unten: Geldautomat, EC-Karte, Geld abheben; *von links nach rechts:* Kontoauszugsdrucker, Kontoauszug

12 Didaktisierung der Kursbuchaufgaben

Aufgabe 11 — Methode: SM

Silbentabelle: Die Tabelle soll ausgefüllt und dann gelesen werden. Dabei werden *sp*, *st* und *sch* noch einmal besonders geübt.

 weitere Übungen zu *sp*, *st* und *sch*, siehe auch in Kapitel A

spi, spa, spei, sti, sta, stei, schi, scha, schei

Aufgabe 12 — Methode: MM

Konjugation: Die TN schreiben die konjugierten Formen des Verbs *bezahlen* in das Haus. Unten sollen die Verbformen in die Sätze eingefügt werden.

Konjugation

 weitere Übungen zur Konjugation

Im Haus: be|zahl|e, be|zahl|st, be|zahl|t, be|zahl|en, be|zahl|t, be|zahl|en
In den Sätzen: 1. be|zahl|e, 2. be|zahl|t, 3. be|zahl|t, 4. be|zahl|en, 5. be|zahl|t, 6. be|zahl|en

Aufgabe 13 — Methode: MM

Konjugation: Die TN schreiben die konjugierten Formen der Verben im Haus rechts in die Sätze.

Wiederholen Sie vorher mündlich die Konjugation.

Die Hörübung enthält eine aufgesprochene Arbeitsanweisung und eignet sich daher besonders gut als Hausaufgabe.

Konjugation

66

 weitere Übungen

1. überweise, 2. überweist, 3. überweisen, 4. sparen, 5. spare, 6. spart, 7. spart, 8. holt, 9. hole, 10. holen

Aufgabe 14   Methode: LS

Lesetext mit Aufgabe und Hörtext: Die TN sollen die Geschichte zunächst nur hören und auf Grundlage des Bildes das Gehörte verstehen. Anschließend beantworten sie schriftliche Fragen zum Text, indem sie die richtigen Antworten zuordnen.

Lassen Sie den Text entsprechend den methodischen Hinweisen (▶LS) bearbeiten: Wortschatzarbeit anhand des Bildes, Erzählen und Vorlesen der Geschichte durch die LP, Verständnissicherung durch Aufgaben, selbstständiges Lesen.

Besprechen Sie anhand des Bildes und der Geschichte noch einmal alle für die TN wichtigen Wörter und Abläufe für die täglichen Bankgeschäfte. Thematisieren Sie mündlich auch das Konzept von Sparen und Zinsen. Gerade das Konzept von Zinsen sollte besprochen werden, da dies nicht überall üblich ist und das Überziehen eines Kontos leicht passieren kann.

Lesetext
67

Dialog zum Bildimpuls
PL 17

Sie finden das Bild in A4-Format auf der Plattform, sodass Sie es auf Folie ziehen und im Kurs zunächst mündlich besprechen können (Bildimpuls).

Den Dialogtext zum Bild sowie weiterführende Übungen finden Sie ebenfalls auf der Plattform.

Kapitel 13 – Behörden

Aufgabe 1 — Methode: SM

Silbensalat: Die TN sollen die Silben in die richtige Reihenfolge bringen und die Wörter zweifarbig schreiben.

Dieser Wortschatz-Einstieg eignet sich für ein erstes thematisches Gespräch mit den TN: „Mit welchen Behörden haben Sie regelmäßig zu tun? Was kennen Sie? Was kennen Sie noch nicht?"

Lassen Sie Ihre TN auch erzählen, welche anderen Ämter und Behörden sie in Deutschland kennengelernt haben. „Was war leicht? Was war schwierig?"

Erläutern Sie bei Bedarf die für Ihre Region üblichen Bezeichnungen für die Behörden, z. B. Arbeitsamt/Arbeitsagentur, Jobcenter/ARGE, Ausländeramt/Ausländerbehörde, Einwohnermeldeamt/Stadtbüro/Bürgerbüro usw.

Die Zuständigkeiten und Funktionen der verschiedenen Behörden können Sie ebenfalls jetzt oder aber auch später im Zusammenhang mit den nachfolgenden Aufgaben näher beleuchten.

 68

 weitere Übungen

Standesamt, Arbeitsamt, Einwohnermeldeamt, Ausländerbehörde

Aufgabe 2 — Methode: MM

Konjugation: Die TN schreiben die Formen des Verbs *gehen* entsprechend den Pronomen in das Haus.

Sie können diesen Aufgabentyp zuvor an der Tafel noch einmal üben, indem Sie ein Haus an die Tafel malen und verschiedene Formen des Verbs hineinschreiben lassen.

 Konjugation

 weitere Übungen

erste Spalte bleibt frei, geh e, geh st, geh t, geh en, geh t, geh en

Aufgabe 3

Konjugation: Die TN schreiben das Verb *gehen* in der richtigen Form in die Lücken.

Damit die TN die langen Wörter besser (er)lesen können, bietet es sich an, diese in Silben zu zerlegen (▶SM). Eine entsprechende Übung zur Vorbereitung finden Sie auf der Plattform. Die Aufgabenbereiche der einzelnen Ämter können Sie im Zusammenhang mit Aufgabe 4 ausführlicher besprechen.

 Konjugation

 weitere Übungen

1. gehe, 2. gehst, 3. geht, 4. gehen

Aufgabe 4

Richtig oder falsch: Die TN sollen die Sätze lesen oder hören und mitlesen und dann ankreuzen, ob die Aussage richtig oder falsch ist.

Erklären Sie bei Bedarf noch einmal das Prinzip des Ankreuzens bei Multiple-Choice-Aufgaben (z. B. an der Tafel).

Thematisieren Sie anhand der einzelnen Sätze mündlich die verschiedenen Aufgaben der Ämter. Stellen Sie insbesondere noch einmal die Ämter in den Mittelpunkt, die Ihre TN in Aufgabe 1 bereits genannt haben und die auch in Aufgabe 3 erwähnt werden. Erläutern Sie weitere Funktionen, die nicht in den Sätzen genannt sind, z. B. Standesamt (Heirat, Überprüfung von Schein-Ehen, Anmeldung neugeborener Kinder), Jugendamt (Vergabe von Kindergartenplätzen, familiäre Probleme), Arbeitsamt (Arbeitsvermittlung, Arbeitslosengeld, Kindergeldstelle), Ausländerbehörde (Aufenthaltserlaubnis, Pass usw.) oder Sozialamt (finanzielle Unterstützung durch Sozialhilfe, Wohngeld).

Ihre TN können mithilfe des Hörtextes ihre Antworten auch selbst überprüfen.

69

1. richtig, 2. richtig, 3. falsch, 4. falsch, 5. richtig

Aufgabe 5

Zuordnungsübung: Die TN sollen mithilfe eines Pfeils die Aussage und das zuständige Amt miteinander verbinden.

Erläutern Sie bei Bedarf das unpersönliche Pronomen *man* und die dazugehörige Konjugation in der 3. Person Singular.

Der Begriff *zuständig* kann im Zusammenhang mit den verschiedenen Aufgaben der Behörden erklärt werden.

Als kommunikative Übung bietet sich im Anschluss die Arbeit mit dem Telefonbuch oder den Gelben Seiten an. Lassen Sie Ihre TN selbst erlebte oder fiktive Situationen benennen und das zuständige Amt in Ihrer Stadt bzw. Region (mit Adresse, Öffnungszeiten, Telefonnummer) heraussuchen.

1d, 2e, 3a, 4c, 5b

Aufgabe 6 — Methode: PH

Hörübung: Lassen Sie die Silben zuerst vorlesen, um sicherzugehen, dass den TN bewusst ist, welche Laute sich hinter den Buchstaben „verbergen". Dann sprechen Sie eine Silbe bzw. ein „Wort" mehrfach vor oder lassen es von CD abspielen, und die TN kreuzen das an, was sie gehört haben.

Auch als Partnerarbeit möglich. Dabei können die TN lernen, wie wichtig es ist, dass die Laute korrekt ausgesprochen werden, denn nur dann können sie auch richtig gehört werden.

Ähnliche Übungen können Sie auch im Plenum an der Tafel machen und dabei jedem einzelnen TN genau solche Laute zur Differenzierung geben, die ihm schwerfallen (▶PH).

70

 Übungen dieses Typs mit muttersprachenspezifischen Übungen ▶PL_KapB_muttersprachenspezifische Hörübungen

Mithilfe der Vorlage in Kapitel C können Sie sich weitere Aufgaben dieses Typs erstellen.

1. der, 2. kle, 3. beu, 4. sü, 5. kla, 6. eine, 7. acha, 8. an

Didaktisierung der Kursbuchaufgaben **13**

Aufgabe 7

Wort-Bild-Zuordnung: Die TN sollen jeweils die richtigen Wörter bzw. Phrasen auswählen und unter die Bilder schreiben. Bereits verwendete Wörter können durchgestrichen werden.

Diese Übung kann dazu dienen, Behördengänge anzubahnen. Besprechen Sie daher vorbereitend mit Ihren TN, was man alles tun muss, wenn man auf ein Amt geht (z. B. anmelden, begrüßen, Fragen stellen und beantworten, Formulare ausfüllen, unterschreiben, einen neuen Termin vereinbaren usw.).

Sie können an dieser Stelle auch die üblichen Bezeichnungen für die Ansprechpartner in den Behörden mündlich einführen (z. B. Beamte bei Polizei oder Standesamt, Fallmanager im Jobcenter, Sachbearbeiter usw.).

Es bietet sich an, kurze Behördengespräche (am Telefon oder persönlich) in Form von Dialogen mündlich zu üben.

der Sachbearbeiter, eine Nummer ziehen, warten, die Sachbearbeiterin, mit der Sachbearbeiterin sprechen, ankreuzen

Aufgabe 8   Methode: MM

Konjugation: Die TN schreiben zunächst das trennbare Verb (im Infinitiv) in das Haus. Das Präfix *aus* wird in die erste Spalte geschrieben, der Stamm in das mittlere Kästchen, die Endung *-en* in die letzte Spalte. Danach tragen sie die richtigen Formen in die Sätze ein.

Sie können diese Übung zunächst an der Tafel zeigen und das trennbare Verb in das Haus schreiben. Lassen Sie nun mündlich Sätze bilden und zeigen Sie, dass die Endung konjugiert werden muss, das Präfix aus der ersten Spalte aber nach hinten geht.

G Konjugation

weitere Übungen

aus füll en; 1. füll e ... aus, 2. füll st ... aus, 3. füll t ... aus, 4. füll en ... aus, 5. füll t ... aus, 6. füll en ... aus, 7. füll t ... aus

Aufgabe 9   Methode: SM

Silbenbogen: Die TN malen wie im Beispielwort Silbenbogen unter die Wörter. Dazu lesen sie die Wörter zunächst laut vor und klatschen dabei die Silben. Jede einzelne Silbe wird mit einem Bogen gekennzeichnet.

Ziel der Aufgabe ist es, das vokalische *r* am Silbenende zu sehen und korrekt auszusprechen.

weitere Übungen

Alter, arbeiten, Arbeitsamt, Ausländerbehörde, Bewerbung, Geburtsdatum, Geburtsort, Nummer, verwitwet, Vorname

Aufgabe 10

Formular ausfüllen: Die TN tragen ihre persönlichen Angaben in das Formular ein. Dabei ist zu beachten, dass pro Buchstabe ein Kästchen vorgesehen ist.

Zum Verständnis der häufigen Angabe bezüglich des Geburtsdatums als TTMM-JJJJ finden Sie vor der Aufgabe eine Anbahnungsübung. Die TN schreiben ihr Geburtsdatum zunächst normal auf die Linie. Danach soll verstanden werden, was die Abkürzungen T, M und J bedeuten, und das Geburtsdatum entsprechend in die Kästchen eingetragen werden.

weitere Übungen

Aufgabe 11

Lücken füllen: Die TN sollen die vorgegebenen Wörter in die richtigen Lücken eintragen.

Formulare sind häufig mit schriftlichen Erklärungen versehen (z. B. „Nicht Zutreffendes bitte streichen"). Das stark vereinfachte Bewerbungsformular dient in erster Linie der Wortschatzwiederholung. Besprechen Sie vorher mündlich noch einmal die wichtigsten Verben (*ausfüllen, ankreuzen, unterschreiben, abgeben*) sowie die häufigsten Formularfelder für persönliche Angaben.

Je nach Sprachniveau und Interesse bzw. Relevanz für Ihre TN können Sie anhand dieser und der folgenden Aufgabe auch Bewerbungen auf dem Arbeitsmarkt thematisieren (Stellenangebote, Bewerbungsunterlagen, Lebenslauf, Vorstellungsgespräch usw.).

weitere Übungen

Familienname, Alter, Familienstand, Beruf, Arbeitsplatz

Aufgabe 12 — Methode: LS

Lesetext mit Aufgabe und Hörtext: Die TN sollen die Geschichte zunächst nur hören und auf Grundlage des Bildes das Gehörte verstehen. Anschließend beantworten sie schriftliche Fragen zum Text, indem sie die richtigen Antworten zuordnen.

Lassen Sie den Text entsprechend den methodischen Hinweisen (▶LS) bearbeiten: Wortschatzarbeit anhand des Bildes, Erzählen und Vorlesen der Geschichte durch die LP, Verständnissicherung durch Aufgaben, selbstständiges Lesen.

Sie können mit den TN mündlich mögliche Strategien erörtern, wie man eine Stelle suchen kann. Die finanzielle Unterstützung über die Arbeitsagentur, das Jobcenter oder das Sozialamt kann ebenfalls thematisiert werden. Im Zusammenhang mit Aufgabe 11 können auch Bewerbungen und Vorstellungsgespräche behandelt werden.

Lesetext 71

Dialog zum Bildimpuls PL 18

 Sie finden das Bild im A4-Format auf der Plattform, sodass Sie es auf Folie ziehen und im Kurs zunächst mündlich besprechen können (Bildimpuls).

Den Dialogtext zum Bild sowie weiterführende Übungen finden Sie ebenfalls auf der Plattform.

Kapitel 14 – Verkehr

Aufgabe 1

Wort-Bild-Zuordnung: Die TN lesen die Wörter und schreiben sie unter die Bilder.

Der Wortschatz sollte zunächst mündlich geübt bzw. eingeführt werden. Sie können Ihre TN fragen, wie (mit welchem Verkehrsmittel) sie zum Kurs kommen.

weitere Übungen

Mithilfe des Bilderpools und der Vorlage in Kapitel C können Sie sich weitere Aufgaben dieses Typs erstellen.

das Auto, die U-Bahn, das Taxi, die Straßenbahn, der Bus, der Zug, der Fußgänger, das Flugzeug

Aufgabe 2

Zuordnungsübung: Die TN sollen den Namen des abgebildeten Ortes und die Verkehrsmittel aus Aufgabe 1 auf die Linien schreiben.

Diese Aufgabe können Sie mündlich vorbereiten, indem Sie fragen: „Welche Verkehrsmittel gibt es auf dem Flughafen? Welche auf dem Bahnhof?" usw.

Die Lösung hängt von der örtlichen Umgebung ab. So gibt es an manchen Bahnhöfen auch U-Bahnen und Busse, an anderen nicht. Lassen Sie die Aufgabe also so lösen, wie es im Erfahrungsbereich Ihrer TN liegt.

Lösungsvorschlag: 1. Das ist ein Flughafen. – das Flugzeug 2. Das ist ein Bahnhof. – der Zug, die U-Bahn 3. Das ist eine Straße. – das Auto, das Taxi, die Straßenbahn, der Bus 4. Das ist ein Gehweg. – der Fußgänger

Aufgabe 3   Methode: MM

Konjugation: Die TN schreiben die trennbaren Verben in die Lücken. Der Stamm des Wortes *flieg* bzw. *komm* gehört in das dunkle Feld, die Konjugationsendung in das helle Feld. Das abtrennbare Wortteil *ab* bzw. *an* wird in die Lücke am Satzende geschrieben.

Sie können die Übung anbahnen, indem Sie die Konjugationsformen in ein Morphem-Haus an die Tafel schreiben lassen (▶MM).

(G) trennbare Verben

weitere Übungen

1. flieg e … ab, 2. flieg st … ab, 3. flieg en … ab, 4. komm st … an, 5. komm e … an, 6. komm t … an

Aufgabe 4 — Methode: MT

Artikel, Nomen, Verben und Präpositionen: Die TN malen die Wortartsymbole über die Wörter der Sätze.

Die TN üben, Artikel, Nomen und Verben zu unterscheiden. Die Präpositionen sind in den Sätzen bereits markiert. Je nach Lerngruppe können Sie auch die Erkennung der Präpositionen üben ▶Plattform.

Das Verb wird an dieser Stelle symbolisch in zwei Teile geteilt. Dies können Sie mit einem geteilten roten Kreis (▶MT) darstellen.

G Wortarten

 weitere Übungen

Aufgabe 5 — Methode: PH

Hörübung: Nur je eine der beiden Silben wird vorgesprochen. Die TN kreuzen die gehörte Silbe an.

Die Hörübung enthält eine aufgesprochene Arbeitsanweisung und eignet sich daher besonders gut als Hausaufgabe.

🔘 72

 Mithilfe der Vorlage in Kapitel C können Sie sich weitere Aufgaben dieses Typs erstellen.

1. sta, 2. zie, 3. ha, 4. stau, 5. sie, 6. schie, 7. ax, 8. eck

Aufgabe 6

Wort-Bild-Zuordnung: Die obenstehenden Wörter werden in die Kästchen geschrieben.

Sie können die Begriffe zunächst mündlich einführen und besprechen.

weitere Übungen und Bildimpuls

links, von oben: der Zugführer, der Zug, die Schienen; *rechts, von oben:* der Bahnhof, der Bahnsteig

Aufgabe 7

Abkürzungen: Die Abkürzungen für die Züge und für das Wort *Hauptbahnhof* werden einander zugeordnet.

Die Aufgabe dient zum einen der besonderen Übung von c und x in den angegebenen Wörtern und zum anderen der Vorbereitung von Aufgabe 8.

weitere Übungen zu x und c siehe auch ▶Kapitel A

EC = Eurocity, IC = Intercity, ICE = Intercityexpress, RE = Regionalexpress, EN = EuroNight (Euro-Nachtzug), Hbf = Hauptbahnhof

Aufgabe 8

Fahrplan lesen: Die TN lernen, sich auf einem Fahrplan zurechtzufinden. Sie suchen die gefragten Informationen aus dem Fahrplan heraus.

Diese Übung können Sie anbahnen, indem Sie die Fragen zunächst außer Acht lassen. Die TN lernen zunächst, den Fahrplan zu lesen. Dazu können Sie eine Zeile gemeinsam lesen und besprechen, welche Informationen enthalten sind: Uhrzeit der Abfahrt, Zugnummer, Zugart (z. B. EC, RE), Zwischenhalte, Endbahnhof, Ankunftszeiten, Gleis. Sie können darüber sprechen, was die Unterschiede zwischen IC, ICE, RE u. a. sind und dabei auch Bahnen Ihrer Region benennen.

Danach können Sie ähnliche Fragen wie in der Aufgabe stellen, welche mündlich beantwortet werden.

In anderen Ländern sind andere Verkehrsmittel und andere Abläufe üblich. Sie können kontrastiv thematisieren, welche Verkehrsmittel für welche Reisen verwendet werden und wie man Fahrkarten kauft, was die 1. und 2. Klasse bedeuten, welche Ermäßigungen es gibt, dass Züge an Feiertagen anders verkehren und wie man sich anderen Reisenden gegenüber verhält. Hier einige Hinweise, wie es in anderen Ländern sein kann: Statt einer Fahrkarte füllt man ein Formular aus. Es kann Ermäßigungen für geehrte Soldaten oder Kriegswitwen geben. Man spricht mit Fremden im Zug. Mitunter gibt es keine Fahrpläne.

 weitere Übungen

1. ab 8.47 Uhr, ICE, an 13.46 Uhr, Gleis 18; 2. ab 8.52 Uhr, RE, an 8.58 Uhr, Gleis 31; 3. 23.40 Uhr, EN, an 8.45 Uhr, Gleis 1

Aufgabe 9

Wortstellung: Die TN schreiben die Sätze auf. Die Informationen entnehmen sie der Tabelle.

Sie können die Satzanfänge zunächst außer Acht lassen und mündlich mit der Tabelle arbeiten. Wenn nötig, können zunächst die Verkehrsmittel mit dem Artikel benannt werden. Dann können Sie mündlich Sätze bilden lassen: Dazu wird die links vom Bild genannte Person verwendet + das Verb *fahren* + *mit dem/mit der* + Verkehrsmittel. Die Struktur des Satzes ist sehr komplex und sollte daher zunächst gut geübt werden. Einzelne Sätze können auch an die Tafel geschrieben werden. Bevor die TN die Übung ins Buch schreiben, können die Sätze an der Tafel weggewischt werden, oder die Tafel wird zugeklappt.

Beachten Sie, dass es hier nicht um die Einübung des Dativs geht.

 Wortstellung

Zur Selbstkontrolle können Sie die 73 Sätze von CD abspielen lassen. Wenn die Aufgabe zu schwierig ist, können Sie vor Lösung der Aufgabe die Sätze von CD abspielen lassen, die Lösung in der Tabelle nachvollziehen und dann erst schreiben lassen.

 weitere Übungen

1. Die Kinder fahren mit dem Bus. 2. Ich fahre mit dem Zug. 3. Du fährst mit der U-Bahn. 4. Maria fährt mit dem Taxi.

Aufgabe 10	Methode: MM

Vorsilben: Die Vorsilben *ver-*, *raus-*, *um-* und *ab-* werden vor den Stamm gesetzt. Die Verben sollen semantisch in die Sätze eingefügt werden. Die Sätze sind so gestaltet, dass nicht konjugiert werden muss.

Die TN sollen lernen, dass mit verschiedenen Vorsilben die Bedeutung variiert. Es soll hier nicht um die Konjugation gehen. Falls Sie diese doch thematisieren wollen, dann bedenken Sie, dass einige der Verben trennbar sind, andere nicht (▶Plattform).	Vorsilben Beispielsätze können Sie von CD 74 abspielen lassen. Wenn die Aufgabe zu schwierig ist, können Sie vor Lösung der Aufgabe die Sätze von CD abspielen lassen.  weitere Übungen

1. |ver| |fahr| |en|, 2. |ab| |fahr| |en|, 3. |raus| |fahr| |en|, 4. |um| |fahr| |en|

Aufgabe 11	Methode: LS

Lesetext mit Aufgabe und Hörtext: Die TN sollen die Geschichte zunächst nur hören und auf Grundlage des Bildes das Gehörte verstehen. Anschließend beantworten sie schriftliche Fragen zum Text, indem sie die richtigen Antworten zuordnen.

Lassen Sie den Text entsprechend den methodischen Hinweisen (▶LS) bearbeiten: Wortschatzarbeit anhand des Bildes, Erzählen und Vorlesen der Geschichte durch die LP, Verständnissicherung durch Aufgaben, selbstständiges Lesen. Im Rahmen dieser Übung bietet es sich an, anschließend mit den TN ins Gespräch zu kommen: „Fahren Sie in den Urlaub?" Falls ja: „Welche Verkehrsmittel nutzen Sie für den Urlaub?" und „Welche Verkehrsmittel nutzen Sie im Alltag?" Insbesondere zu den Geschehnissen am Flughafen können Sie neben dem Aufgeben und Abholen von Gepäck auch andere typische Abläufe besprechen (z. B. Zoll).	Lesetext 75  Dialog zum Bildimpuls PL 19 Sie finden das Bild im A4-Format auf der Plattform, sodass Sie es auf Folie ziehen und im Kurs zunächst mündlich besprechen können (Bildimpuls). Den Dialogtext zum Bild sowie weiterführende Übungen finden Sie ebenfalls auf der Plattform.

Kapitel 15 – Umwelt und Umweltschutz

Umweltschutz ist ein sehr wichtiges Thema. Ihre TN sollten verstehen lernen, warum und wie wir unsere Umwelt schützen können, insbesondere weil es in einigen ihrer Heimatländer kein Verständnis von/für Umweltschutz gibt.

Zur Einführung in das Thema sollten Sie darüber sprechen, was Umwelt eigentlich ist (z. B. die Luft, das Wasser, die Bäume und Blumen). Warum sollten wir unsere Umwelt schützen und wie können wir das tun? Beispielsweise durch Mülltrennung. Wir werfen nicht alles in eine Tonne, sondern trennen das, was man noch weiter verwerten/benutzen kann, z. B. Papier, Glas und Plastik. Aus altem Papier kann man neues Papier herstellen. Fragen Sie weiter, welche Mülltonnen Ihre TN kennen, was in welche Mülltonne kommt und wohin Medikamente und Batterien gebracht werden.

Sprechen Sie auch darüber, wie wertvoll Wasser ist und warum wir es nicht verschwenden sollten, auch wenn es in Deutschland scheinbar endlos verfügbar aus der Leitung kommt. Woher kommt das Wasser? (Regen kommt, fällt auf den Boden/in den See, geht in die Erde, geht in das Grundwasser, verdunstet, es kommen Wolken, es regnet ...). Das ist ein Kreislauf. Verschmutztes Wasser muss wieder gereinigt und aufbereitet werden, damit wir es trinken können. Das alles kostet viel Geld. Deshalb sollten wir das Wasser nicht zu lange laufen lassen, den Wasserhahn immer zudrehen, weniger baden, stattdessen duschen usw. Genauso können Sie fragen: „Woher kommt der Strom?" Sprechen Sie darüber, dass der Strom sehr teuer ist und wir ihn deshalb nicht verschwenden sollten. Fragen Sie, was wir tun können, um Strom zu sparen (z. B. nicht so lange Licht anlassen, Fernseher nicht im Standby-Modus lassen usw.).

Aufgabe 1

Wort-Bild-Zuordnung: Die TN schreiben die Wörter unter die Bilder.

Zunächst sollten Sie in das Thema einführen und über Umweltschutz und Mülltrennung sprechen. Klären Sie vorher ab, welche Wörter bereits bekannt sind und ob Ihre TN grundsätzlich wissen, wie man in Deutschland den Müll trennt.

weitere Übungen

Die Folienvorlage für das Bild finden Sie auf der Plattform (Bildimpuls zu Aufgabe 1).

Mithilfe des Bilderpools und der Vorlage in Kapitel C können Sie sich weitere Aufgaben dieses Typs erstellen.

1. Container für alte Schuhe, 2. gelber Sack und gelbe Tonne, 3. Restmülltonne, 4. Biotonne, 5. Batterienrücknahme, 6. Altpapiertonne, 7. Container für Altkleider, 8. Sperrmüll, 9. Altglascontainer

Aufgabe 2

Müllentsorgung: Die TN sollen aus der Liste verschiedene Abfälle auswählen und den jeweiligen Tonnen zuordnen, indem sie die Begriffe auf die Linien (neben die dazugehörige Mülltonne) schreiben.

Um diese Aufgabe zu lösen, sollten Sie vorher in das Thema eingeführt haben.

weitere Übungen

Mithilfe des Bilderpools und der Vorlage in Kapitel C können Sie sich weitere Aufgaben dieses Typs erstellen.

Aufgabe 3 — Methode: SM

Silbenmosaik: Die TN sollen das Silbenmosaik von links nach rechts und in Treppen lesen.

Diese Leseaufgabe dient der richtigen Aussprache von *au* und *äu/eu* in unterschiedlichen Silben (Lautkombinationen).

Mithilfe der Vorlage in Kapitel C können Sie sich weitere Aufgaben dieses Typs erstellen.

Aufgabe 4 — Methode: MM

Konjugation: Die TN sollen die richtige Konjugationsform der Verben *trennen* und *wegwerfen* in das Haus/entsprechend den Pronomen außerhalb des Hauses eintragen. Der Wortstamm steht immer im mittleren (dunkleren) Feld. Das Präfix *weg* muss in die rechte Spalte eingetragen werden.

Weisen Sie auf den Unterschied der beiden Verben und auf die Besonderheit bei trennbaren Verben (die Vorsilbe steht am Ende) hin. Üben Sie die besondere Wortstellung zunächst mündlich. Sammeln Sie an der Tafel weitere Beispiele für trennbare Verben. Diese müssen nicht unbedingt zum Thema passen (z. B. *anrufen, weggehen, wegfahren, einkaufen* usw.). Der Vokalwechsel bei *wegwerfen* für die 2. und 3. Person Singular ist hier bewusst weggelassen worden. Sie können den Vokalwechsel mithilfe weiterführender Aufgaben auf der Plattform thematisieren. Ebenso können Sie beide Verben im Perfekt üben.

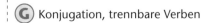

Konjugation, trennbare Verben

weitere Übungen zum Vokalwechsel und zum Perfekt sowie zur Unterscheidung von Nomen und Verben

Mithilfe der Vorlage in Kapitel C können Sie sich weitere Aufgaben dieses Typs erstellen.

trennen: 1. Spalte bleibt leer; ich [trenn][e], du [trenn][st], er/sie [trenn][t], wir [trenn][en], ihr [trenn][t], sie [trenn][en]
wegwerfen: 1. Spalte bleibt leer; ich [werf][e] weg, wir [werf][en] weg, ihr [werf][t] weg, sie [werf][en] weg

Aufgabe 5 — Methode: MM

Konjugation: Die TN schreiben die konjugierten Formen des Verbs *wegwerfen* in die Felder und setzen das Präfix *weg* ans Ende des Satzes.

Diese Aufgabe schließt direkt an Aufgabe 4 an. Üben Sie die Wortstellung im Satz mündlich und auch mit anderen trennbaren Verben. Auch hier ist das Phänomen des Vokalwechsels in der 2. und 3. Person Singular bewusst weggelassen. Falls Sie den Vokalwechsel thematisieren möchten, finden Sie entsprechende Aufgaben auf der Plattform.

Konjugation, Wortstellung, trennbare Verben

weitere Übungen zum Vokalwechsel und zum Perfekt

Mithilfe der Vorlage in Kapitel C können Sie sich weitere Aufgaben dieses Typs erstellen.

1. Ich [werf][e] den Müll [weg]. 2. Wir [werf][en] die Obstschalen [weg]. 3. Ihr [werf][t] alte Zeitungen [weg].
4. Die Leute [werf][en] Essensreste [weg]. 5. Ich [werf][e] die alten Dosen [weg].

Didaktisierung der Kursbuchaufgaben **15**

Aufgabe 6

Zuordnungsübung: Die TN sollen den Müll (auf der linken Seite) den entsprechenden Containern und Mülltonnen (auf der rechten Seite) zuordnen.

Diese Aufgabe ist ähnlich wie Aufgabe 2, wobei hier die zugehörigen Begriffe mit einer Linie oder einem Pfeil verbunden werden. Diese Aufgabe kann eine anschließende mündliche Kommunikation sinnvoll vorbereiten. Nach der schriftlichen Zuordnung können Sie Ihre TN fragen: „Wo kommen leere Batterien hin?" Antwort: „In die Box im Supermarkt".

weitere Übungen

leere Batterien – in die Box im Supermarkt; alte Hosen, alte Jacken, alte Pullover – in den Container für Altkleider; alte Medikamente – in die Apotheke; altes Sofa – zum Sperrmüll; alte Zeitungen – in die Altpapiertonne; leeres Marmeladenglas – in den Container für Altglas

Aufgabe 7

Fragen beantworten: Die TN sollen die Fragen beantworten.

Besprechen Sie die verschiedenen Müllarten zunächst mündlich. Klären Sie ab, wo der Müll hinkommt. Wissen Ihre TN, wo sie alte Elektrogeräte oder Medikamente entsorgen können? Falls nicht, sprechen Sie zunächst darüber. Eine Müllkarte (ein Müllwegweiser) Ihrer Gemeinde/Stadt kann dabei hilfreich sein.

weitere Übungen

1. Das alte Sofa kommt zum Sperrmüll. 2. Die alten Medikamente kommen in die Apotheke. 3. Das leere Marmeladenglas kommt in den Container für Altglas. 4. Die leeren Batterien kommen in die Box im Supermarkt. 5. Alte Pullover kommen in den Container für Altkleider. 6. Alte Zeitungen kommen in die Altpapiertonne.

Aufgabe 8   Methode: SM

Silbenrätsel: Die TN sollen die einzelnen Silben zu sinnvollen Wörtern zusammensetzen und die Wörter am Anfang großschreiben.

78

1. Mülltonne, 2. Zeitschriften, 3. Mülltrennung, 4. Plastikmüll, 5. Container

Aufgabe 9

Wort-Bild-Zuordnung: Die TN schreiben die Wörter in die Kästchen. Die Pfeile zeigen an, welche Bedeutung gemeint ist.

Besprechen Sie das Bild zunächst mit Ihren TN. Ziel der Aufgabe ist es, zu verstehen, welchen Kreislauf das Wasser nimmt und dass es wichtig ist, mit Wasser ökonomisch umzugehen.

Sie können sich das Bild aus dem Bilderpool auf Folie kopieren/drucken
▶**KapE_Bilderpool.**

von oben links im Uhrzeigersinn: die Wolken, der Himmel, die Sonne, verdunsten, der Boden, der See, das Grundwasser, der Wald, der Baum, die Stadt, der Berg

Aufgabe 10

Kreuzworträtsel: Die TN sollen zu den Bildern die richtigen Wörter entweder waagerecht oder senkrecht in die Buchstabenkästchen eintragen.

Jeder Buchstabe wird einzeln in ein Feld eingetragen (also entgegen den Phonetischen Methoden werden *au* und die Doppelbuchstaben *ee, mm* und *nn* getrennt). Wenn das senkrechte und waagerechte Schreiben der Wörter noch zu schwierig ist, setzen Sie das entsprechende Arbeitsblatt zur Anbahnung von Kreuzworträtseln ein.

Arbeitsblatt zur Anbahnung von Kreuzworträtseln (dem waagerechten und senkrechten Schreiben von Wörtern)

waagerecht: 4 = verdunsten, 7 = Wolken; *senkrecht:* 1 = Himmel, 2 = Baum, 3 = See, 5 = Sonne, 6 = Boden

Aufgabe 11 — Methode: LS

Lesetext mit Aufgabe und Hörtext: Die TN sollen die Geschichte zunächst nur hören und auf Grundlage des Bildes das Gehörte verstehen. Anschließend beantworten sie schriftliche Fragen zum Text, indem sie die richtigen Antworten zuordnen.

Lassen Sie den Text entsprechend den methodischen Hinweisen (▶LS) bearbeiten: Wortschatzarbeit anhand des Bildes, Erzählen und Vorlesen der Geschichte durch die LP, Verständnissicherung durch Aufgaben, selbstständiges Lesen.

Im Rahmen dieser Übung bietet es sich an, anschließend noch einmal mit den TN ins Gespräch zu kommen: „Trennen Sie Müll? Wenn ja, welche verschiedenen Container benutzen Sie? Ist Mülltrennung schwierig? Warum? Wie sparen Sie Strom und Wasser?"

G Es bietet sich an, hier noch einmal mündliche (ggf. auch schriftliche) Übungen zur Kompositabildung durchzuführen: Tonne für Altpapier = Altpapiertonne, Container für Altkleider = Altkleidercontainer, Tonne für Restmüll = Restmülltonne, Tüte für Müll = Mülltüte usw.

Lesetext
79

Dialog zum Bildimpuls
PL 20

Sie finden das Bild im A4-Format auf der Plattform, sodass Sie es auf Folie ziehen und im Kurs zunächst mündlich besprechen können (Bildimpuls).

Den Dialogtext zum Bild sowie weiterführende Aufgaben finden Sie ebenfalls auf der Plattform.

Die Plattform: Online-Materialien

Die Plattform ergänzt die Kursbuch-Übungen durch zahlreiche Arbeitsblätter, anpassbare Vorlagen und einen Bilderpool zum Herunterladen. Sie ermöglicht die Erstellung eigener Unterrichtsmaterialien, angepasst an die jeweilige Lerngruppe.

Auf der Plattform befinden sich folgende Materialien:
- Kopiervorlagen 1–15
- Kapitel A – Buchstabeneinführung
- Kapitel B – Material zum Methodenhandbuch
- Kapitel C – Material zum Methodenhandbuch Anpassbare Vorlagen zum Selbsterstellen von Arbeitsblättern
- Kapitel D – Anleitungen zur Materialerstellung
- Kapitel E – Bilderpool

Die Online-Materialien sind kostenlos.
www.klett-sprachen.de/alphamar

Frei zugängliche Online-Materialien

Kopiervorlagen zu den Kapiteln 1–15

- zusätzliche Arbeitsblätter zu konkreten Aufgaben in den jeweiligen Kapiteln des Kursbuches zur Binnendifferenzierung
- Bildimpuls und Dialogarbeitsblatt zu den jeweiligen Kapiteln des Kursbuches
- 10 bis 15 Dateien pro Kapitel

Kapitel 1 – Ernährung
Kapitel 2 – Körper
Kapitel 3 – Tagesablauf
Kapitel 4 – Familie
Kapitel 5 – Einkauf und Küche
Kapitel 6 – Wohnen
Kapitel 7 – Krank sein
Kapitel 8 – Freizeit und Feste
Kapitel 9 – Kleidung
Kapitel 10 – Jahreszeiten und Wetter
Kapitel 11 – Arbeit
Kapitel 12 – Bank und Post
Kapitel 13 – Behörden
Kapitel 14 – Verkehr
Kapitel 15 – Umwelt und Umweltschutz

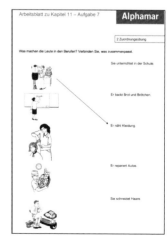

Kapitel A – Buchstabeneinführung

- zusätzliche Arbeitsblätter zu konkreten Aufgaben im Kapitel A des Kursbuches
- Bildimpuls zu Kapitel A
- Arbeitsblätter zu allen Buchstaben, die nicht im Kapitel A des Kursbuches eingeführt werden: PL_KapA_*(jeweiliger Buchstabe)*
- Übungen zu den im Kursbuch eingeführten Buchstaben: PL_KapA_Schreibübungen_*(jeweiliger Buchstabe)*
- Arbeitsblätter zu orthografischen Besonderheiten
- Hinweise und Übungsvorschläge zur mündlichen Kommunikation im Anfangsunterricht (PL_KapA_Anfangskommunikation)
- ca. 80 Dateien

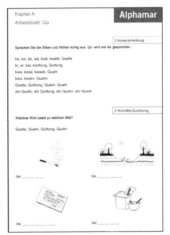
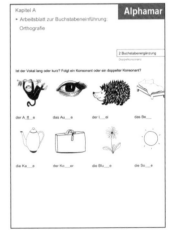

Kapitel B – Material zum Methodenhandbuch

- Hinweis-Arbeitsblätter, die eine unmittelbare Ergänzung zu den Methodenbeschreibungen im Methodenhandbuch darstellen
- 23 Dateien

Kapitel C – Materialien zum Methodenhandbuch – Anpassbare Vorlagen zum Selbsterstellen von Arbeitsblättern

- Vorlagen für viele der im Kursbuch verwendeten Aufgabentypen
- 18 Dateien

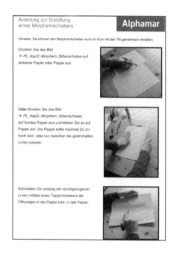

Kapitel D – Anleitungen zur Materialerstellung

- Hinweise zur Erstellung von Unterrichtsmaterialien, Schritt-für-Schritt-Fotoanleitungen sowie Druckvorlagen für die Materialerstellung
- Wort-Bildkarten für das bewegliche Alphabet bzw. für die Lesedosen zu jedem Kapitel
- ca. 35 Dateien

Kapitel E – Bilderpool

- alle Bilder aus dem Kursbuch in Farbe und schwarz-weiß
- ca. 400 Dateien